Tamsin Calidas

ELEMENTARWELLEN

Aus dem Englischen von
Dietlind Falk

HarperCollins

Die englische Originalausgabe erschien 2020 unter dem Titel
I Am An Island bei Transworld Publishers, Penguin Random House UK.

Die deutsche Erstausgabe erschien 2020 als Hardcover unter dem Titel
Vor mir nichts als Meer in der Verlagsgruppe HarperCollins.
Elementarwellen ist die aktualisierte Paperbackausgabe.

1. Auflage 2023

Gesetzt aus der Adobe Garamond
von GGP Media GmbH, Pößneck
Druck und Bindung von CPI books GmbH, Leck
Printed in Germany
ISBN 978-3-365-00420-3
www.harpercollins.de

Klimaneutral
Druckprodukt
ClimatePartner.com/15109-2009-1001

MIX
Papier
FSC FSC® C083411

Für Cristall,
all die Flügel,
die Wildnis
und die klaren Gewässer

Kein Feuer wird mich verbrennen
Ni teintera teine mi

Noch die Sonne mich sengen
No mo ghrian a losgadh mi

Noch der Mond mich blenden
Cha leg a 'ghealch mo planadh

Noch das Wasser mich ertränken
Cha teid usage a bhathadh dhomh

»Brighids Herkunft«
Carmina Gadelica

INHALT

ERSTER AKT

1

MÖWEN

Wer in Oban ankommt, sieht als Allererstes das graue Meer und eine schmale Bucht, die sich in den schützenden Arm des tief liegenden Hafens schmiegt. Aus der Ferne wirkt die See merkwürdig zäh, eine unförmige Wassermasse, rastlos und schwerfällig. Ein Schritt in Richtung der Fischerboote und der mächtig aufragenden Schiffe, und man riecht den gewellten, dunkel metallischen Ölfilm und den Diesel, der in sich kräuselnden Kanälen abfließt, die entstehen, wenn die Boote anlegen, an die Kais gezogen und dort sicher vertäut werden.

Das Geräusch der Wellen unterscheidet sich kaum vom Verkehrsrauschen in der City. Doch sobald man den Blick hebt und das Salz der frischen Luft schmeckt, wird einem klar, dass dieser

Himmel anders als alles ist, was man zurückgelassen hat, schillernd und unbeständig. Wer darauf horcht, kann das Lachen der Möwen hören. Und jenseits davon den eindringlichen Ruf der Wildgänse, die sich in tiefer V-Formation auf ihren Weg machen.

Sich neu auszurichten und den richtigen Ort für sich zu finden ist ein außergewöhnlicher Moment. Seit Jahren hatte ich davon geträumt, auf einen rauen, weiten Horizont zu schauen – seit ich im Flur meiner Wohnung eine alte Karte von Schottland aufgehängt hatte. Sie erstreckte sich über eine komplette schmale Wand. Immer wenn ich an ihr vorüberging, streifte sie mein Blick und wurde aufgrund des Winkels jedes Mal in die Lücke zwischen den Landmassen geleitet. Es geschieht immer in diesem Transit, im Übergang von einem Ort zum nächsten, dass sich das Herz öffnet und alle Träume ihren Anfang nehmen. Ich drückte meine Nase gegen das dicke Papier, atmete seinen dumpfen Geruch ein, während mein Finger die zerklüfteten Küstenlinien der vielen verstreuten Hebrideninseln nachzeichnete, die sich im Minch, der Nordsee und dem Little Minch gegen die kräftigen Gezeiten des Atlantiks stemmten, bis hinauf zu den gewundenen Fjorden des Nordmeers. In diesen Momenten, mit geschlossenen Augen, verschwanden der lärmende Verkehr, die auf der Straße hallenden Rufe und meine türenknallenden Nachbarn in einer Böe kalter Gischt in den dicken, wirbelnden Kronen der Sturzwellen, die die salzige Luft durchnässten, während die Möwen mit ihrem klagenden Schrei den Himmel zerschnitten.

Forderten mich diese imposanten Vögel heraus, zumindest von einem wilderen Leben zu träumen, wenn ich ihnen schon nicht folgen konnte? Ich weiß nicht, was Möwen an sich haben, dass sie unseren Blick dazu einladen, sich vom Horizont zu lösen und nach einem Himmel dahinter Ausschau zu halten, der sich jenseits unserer unmittelbaren Umgebung erstreckt. Immer wenn ich ihre wehklagenden Schreie höre, verfängt sich mein Herz und wagt es, sich treiben zu lassen. Es ist, als würde sich etwas in meinem Innern losmachen, die feinen Bande und engmaschigen Netze entwirren, die einen an ein Leben binden, von dem man weiß, dass es zu eng ist. Manchmal erschrak ich, wenn ich die Augen öffnete und das zerknitterte Papier wahrnahm, fest an die Haut meiner Wange gepresst. Dann ging ich schnell zur Tür, riss sie auf und stand da, mit erhobenem Blick und angespannten Schultern, und schaute in den dünnen, blassblauen Himmel über den Autos und Bussen. Ich hörte die Möwen und sah sie weit in der Ferne schweben, versprengte weiße Lichtverwehungen, die hoch über der City kreisten. Mein Kompass, inmitten eines blauen Orbits, der sämtliche Kontinente und Orte umfasste, zog mich und führte mich geradewegs von Londons Zentrum nach Oban und zu ebendiesen wellenumtosten Inseln, die von ihrem rastlosen Meer umspült wurden.

Auf Obans regennasser Promenade zittert die Nadel.

»Also, was meinst du?«

»Hmm?«, frage ich und schlage den Jackenkragen hoch bis unter die Ohren.

»Hier.«

Als ich zu meinem Mann Rab schaue, wedelt er mit einer aufgeweichten Zeitung. Wir drängen uns in einem schmalen Hauseingang aneinander wie Frischvermählte, nur ist die Umklammerung eher der Not als unserem Verlangen geschuldet. Atemlos versuchen wir, Wind und Regen zu entkommen. Wir zittern in unseren viel zu dünnen Jacken, bis auf die Haut durchnässt, das kalte Gemäuer bietet kaum Schutz vor einem dieser sintflutartigen Wolkenbrüche, wie ihn das Obaner Wetterrepertoire, das werden wir schon bald lernen, regelmäßig zu bieten hat. Der Regen kommt wie aus dem Nichts, als hätte der Himmel mit einem Mal seine Schleusen geöffnet. Die ganze graue Promenade ist beherrscht von den Wassermassen, sie klatschen auf die schimmernden Gehsteige und spritzen von dort wieder hoch auf alles, was sich in ihrem Umkreis befindet. Ein beeindruckender Schauer und ein unerbittlicher Guss. Ich fühle, wie meine Zehen schrumpelig werden, blutleer und durchgefroren in meinen Schuhen.

Als der Wind Rab beinahe die Zeitung aus der Hand weht, rennen wir los, quer über die Straße in ein verrauchtes Gasthaus, in dem es durch und durch nach Torf riecht, wir lachen, unsere Jeans klatschnass. Als wir die Tür öffnen, stolpern wir in eine andere Zeit, eine andere Welt. Alles ist aus Holz, kuschelig warm, von kleinen Petroleumlampen erleuchtet. Als ich aus dem Fenster auf die Boote sehe, kommt mir plötzlich der Gedanke, dass mich keine Familie, Verwandte oder Freunde an diesen Ort binden. Ein ungewohntes, seltsam befreiendes Gefühl. Der Himmel verdunkelt sich bereits, wird an seinen Rändern tiefblau, und so halten sich die Augen an das Licht und blinzeln, überrascht über die Erkenntnis, dass sie weit weg von zu Hause sind. Doch trotz der langen ermüdenden Fahrt bin ich aufgeregt, denn mir wird plötzlich klar, dass Schottland ein anderes, lebendiges Land ist, dass uns nun eine ganze Welt von den Zwängen unseres Londoner Daseins trennt. Manchmal kann sich das Leben beengt anfühlen, als trüge man einen Pullover, der im Laufe der Zeit zu klein geworden ist, in dem man sich nicht bewegen kann. Man will sich strecken und ihn abstreifen. Jahrelang hatte ich mir insgeheim gewünscht, den letzten Faden abzureißen. Und jetzt, noch immer kribbelig von dem kalten Wind, der sich draußen um mich gelegt hatte, fühle ich mich unerwartet wach und aufgekratzt. Veränderung ist frisch, messerscharf und vitalisierend. Man zittert vor Aufregung und Kälte.

»Also, was meinst du?«, fragt Rab noch einmal, eine halbe Stunde später, als uns an der Theke zwei Dram Whisky eingegossen werden, die im sanften Licht bernsteinfarben funkeln. Er legt die Hand um das stumpfe Glas.

»Ich glaube, ich könnte mich an das hier gewöhnen«, antworte ich mit glänzenden Augen. Nervös nehme ich einen Schluck von dem Whisky und spüre, wie mich seine Wärme durchflutet. Mit einem Mal kommt es mir gleichzeitig traumgleich und Furcht einflößend real vor, dass wir uns getraut haben, uns in ein anderes Leben aufzumachen. Mir ist immer noch kalt, die Jeans klebt mir an den Beinen, meine Haare sind nass, Wasser tropft in meine Augen.

»Hier, wirf da mal einen Blick drauf.« Rab reicht mir das Stück Zeitung. Es ist so dünn und feucht, dass es am Rand schon einreißt. Ich lege es hin und streiche die Seite vorsichtig glatt. An manchen Stellen ist die Druckerschwärze verlaufen. Und dann sehe ich es.

Die Annonce ist klein, darin ein briefmarkengroßes Foto von einem verfallenen, verwahrlosten Grundstück auf einer Insel. Seit Jahren träume ich von den Wellen und dem wilden Horizont, und da sind sie nun.

Sämtliche Details waren verschwommen, doch ich wusste, dass es eine dieser glücklichen Fügungen war, die ein Leben für immer verändern können. Dieser offene Himmel und das Cottage, die Anbauten und die darbenden Felder sprachen zu mir. Vielleicht war es die Aura stiller Verlassenheit, die mich augenblicklich anzog. Ich stellte mein Glas ab und spürte, wie sich etwas in mir löste.

Sag noch nichts, dachte ich und wünschte mir Rabs Schweigen. Mit angehaltenem Atem ballte ich meine Finger zu Fäusten. In meinem Herzen hatte ich keinen Zweifel. In meinem Kopf wusste ich, dass es perfekt war. Abgesehen von einem Haken: Es lag auf einer Insel. Und auf einer Insel zu leben, so hatten wir uns geschworen, war das eine, was wir niemals tun würden.

»Tja, das wäre perfekt, was?«, bricht Rab schließlich das Schweigen. Wir sehen einander an. Dann wenden wir den Blick ab. Wir beide wissen, was wir nicht aussprechen. Ich sage es zuerst, wiederhole unseren Schwur.

»Nicht auf einer Insel.« Ich verziehe das Gesicht. »Das ist zu abgeschieden. Unpraktisch, macht alles komplizierter, unmöglich, Arbeit zu finden. Und wie sollen wir uns dort integrieren? Kannst du dir vorstellen, auf einer Insel zu leben?« Mein Blick wandert zur Decke, und ich schüttle den Kopf. »Nein, ich glaube nicht. Eine Insel ist zu einsam.«

»Okay, also das Nächste.« Rab zuckt mit den Achseln und blättert um. Doch es gibt kein Nächstes, nichts, was unsere Neugier weckt.

Wir bleiben noch eine Weile in der Kneipe, ins Gespräch vertieft, schmieden Ideen. Als ich aus dem Fenster sehe, klart der Himmel auf. Dort draußen, in diesem Meer, liegen all diese Inseln. Und auf einer, ein wenig abseits von allen anderen, steht ein kleines verfallenes Gehöft leer, das nur darauf wartet, von jemandem geliebt zu werden, von jemandem gefunden zu werden, damit es endlich ein Zuhause werden kann. Ich versuche, nicht daran zu denken, doch es bahnt sich immer wieder den Weg zurück in meine Gedanken, wie um mich zu finden. Während ich die dunklen Wogen betrachte, weiß ich, dass irgendeine neue Richtung uns erwartet. Und auch wenn es keinen Sinn ergibt, fühlt es sich so an, als würden wir, genau wie die Gänse, einem wilderen Anblick oder dem Ruf unseres Herzens folgen, um irgendwie den Weg nach Hause einzuschlagen.

In London hatte ich glückliche Jahre verbracht. Ich lebte in Notting Hill in einer Erdgeschosswohnung, ein kleines Eisentor führte hinaus in den gemeinschaftlich genutzten Garten. Es war ein ruhiger Zufluchtsort im Herzen Westlondons, umgeben vom Trubel der kosmopolitischen Nachbarschaft. Das war Jahre, bevor der Film mit Julia Roberts und Hugh Grant herauskam, zu einer Zeit, als man sein Gemüse noch bar bezahlte und in einer braunen Papiertüte nach Hause trug, alle Straßenverkäufer mit Vornamen kannte und Zigaretten an der Kasse des Spielwarenladens Ecke Kensington Park Road bekam. Das Leben war wie eine Mandala-Kette, eine glitzernde, fragile Abfolge von Partys, ein rastloses, schnellfeuerartiges Auf-dem-Sprung-sein. Eine hoffnungsvolle Zeit, in der man von seiner wundervollen Zukunft träumte, während der Britpop einen wieder auf den Boden zurückholte.

Ich verstand einfach nicht, warum niemand sonst den Garten nutzte. Er war ruhig und wunderschön, nachts lag ich manchmal in Decken gewickelt da und sah hinauf zu den wenigen Sternen, während der Verkehr wellenartig aufkam und wieder abebbte. Auf unsere je eigene Weise blickten wir alle zum Horizont mit dem unruhigen Gefühl: jetzt oder nie. Jeder versuchte, es zu schaffen, in den Windschatten zu rutschen. In Wahrheit gelang es mir an den meisten Tagen mit Mühe und Not, am Ball zu bleiben, genau wie allen anderen, die ich kannte.

In den ersten Monaten lebte ich von Udon-Nudeln, Miso-Suppe, Reiskuchen und Caipirinhas, die so limettengesättigt waren, dass sie einem die Tränen in die Augen trieben. Und braunen 35-mm-Filmrollen. Fotoshootings führten mich über die BBC ins Verlagswesen und schließlich in die Werbung. Tag für Tag jagte ein Markenname den nächsten. Die Zeit verging. Meine Karriere nahm an Fahrt auf, als ich anfing, neue Business-Pitches zu leiten und regelmäßig für Shootings vor Ort in die USA zu reisen. Meine Arbeitszeit explodierte; selbst wenn ich hoch über den Wolken den Atlantik überquerte, war kein Ende in Sicht. Brauner Großstadtnebel heftete sich an die Skyline der City wie aufgequollene Anspannung.

Doch eines Tages kam mein Leben durch einen Unfall zu einem quietschenden Halt. Zwei Taxis krachten frontal ineinander, und in einem davon saß ich. Der Fahrer des anderen Wagens hatte mit Riesentempo eine rote Ampel ignoriert. Der Krankenwagen kam mit Blaulicht und raste mit mir ins nächste Krankenhaus, wo ich für ein Not-MRT in eine Metallröhre geschoben wurde. Die Schmerzen waren unerträglich. Ich konnte kaum laufen, schlafen oder im Bett liegen, an Stehen, Sitzen oder daran, ohne Schmerzensschreie den Kopf zu drehen, war gar nicht zu denken. Am Ende verabreichte man mir Morphium. Es war erleichternd, eine Atempause von den schrecklichen Schmerzen zu haben. Mein Kreuzbein war zertrümmert, ich hatte ein Schleudertrauma im Nacken und in der Brustwirbelsäule, ein durch den Aufprall nach vorn gekipptes Becken, ein gebrochenes und um neunzig Grad gedrehtes Steißbein und einen schweren Bandscheibenvorfall in der Lendenwirbelsäule. Was der Körper aushalten und überstehen kann, ist unglaublich. Während des intensiven Reha-Aufenthalts zog ich Bilanz über mein Leben. Über Nacht hatte sich ein anderes Licht wie eine dunkle Linse über meine Existenz gelegt. Plötzlich war ich mir meiner eigenen Sterblichkeit bewusst, und es kam mir so vor, als würde ganz London auf einem Drahtseil zwischen Leben und Tod balancieren.

Als mein Körper wiederhergestellt war und ich mich erholt hatte, war mir klar, dass ich mich nach etwas anderem sehnte. Und dann lernte ich einen Mann kennen. Er war der Anstoß, von Notting Hill in eine größere Wohnung eine Meile weiter nördlich zu ziehen. Ich verliebte mich in Rab. Er hatte etwas Verschrobenes, Einzigartiges an sich. Er strahlte unwiderstehlichen, unbekümmerten Charme aus. Zwischen uns funkte es sofort. Unser neues, gemeinsames Zuhause lag in der Nähe eines Naturschutzgebietes, und so konnte ich immer die Möwen hören, ihren wilden Schrei, den ich so liebte. Die kleine Gemeinschaft des Viertels mit seinen winzigen Straßen machte einen fröhlichen, familienfreundlichen Eindruck und war anders als meine frühere

Nachbarschaft. Eines Tages gewann ich auf dem Jahrmarkt einen Plastikbeutel voller Goldfische. Wir hatten gerade Besuch von Freunden und legten mit ihrer Hilfe im Garten einen kleinen Teich an. Ich fing an, davon zu träumen, eines Tages eine eigene Familie zu haben, und hoffte, dass ich trotz all der Verletzungen, die der Unfall mir zugefügt hatte, noch eigene Kinder haben könnte. Doch eines Sommers änderte sich alles.

Londoner Stadtviertel sind wechselhaft und können sich so schnell verändern wie der windige, tiefhängende Himmel. Von der vormals geselligen Nachbarschaft merkte man zu unserer Bestürzung zusehends weniger. Ein mutloses, verunsichertes, trostloses Gefühl hielt Einzug ins Viertel. Offenbar waren wir nicht die Einzigen, die dies bemerkten. Die Menschen auf der Straße gingen plötzlich schneller ihres Weges, mit geduckten Köpfen, und sahen einem kaum noch in die Augen, wenn man sich begegnete. Unser Menschsein ist ein verwundbarer, wachsamer Zustand. Über Nacht wurde unser Haus mit Graffiti vollgesprüht, Scheiben wurden eingeworfen. Jemand rief die Polizei. Doch nach einer Weile sprachen selbst die Beamten nicht mehr mit uns, als klar wurde, dass sie uns nicht helfen konnten. Wir hofften, das Ganze aussitzen zu können. Eines Tages, als ich gerade nach Hause kam und in den Garten ging, entfuhr mir ein Schrei: Die Pflanzen waren verwüstet, einige, die gerade blühten, waren mitsamt ihren Wurzeln ausgerissen worden. Unwillkürlich legte ich eine Hand auf meinen Mund und kämpfte mit den Tränen, als ich in unseren Teich blickte. Die Sprühdosen, die an den Wänden leer gesprüht worden waren, schwammen im Wasser. Daneben, versteckt im Schilf, trieben die farblosen, aufgedunsenen Körper unserer vormals hübschen glänzenden Fischchen. Auch in mir starb etwas an jenem Tag.

Ein Nachbar wurde überfallen, ein anderer verprügelt. Ich hörte auf, spazieren zu gehen. Es waren dunkle Wochen, in denen man angespannt an den Fingernägeln kaute. Stress ist unsichtbar, subtil und heimtückisch, er wächst mit der Zeit. Angst ist wie ein schwelendes Feuer. Es braucht nur einen Schrei, eine Sekunde der Furcht, damit die Flammen in der knisternden Glut auflodern.

Die Situation zermürbt mich monatelang, ich fange an, nachts atemlos aufzuwachen, mit klopfendem Herzen. Eines Tages werde ich schließlich Zeugin, wie ein Mann eine Frau aus einem Auto zerrt und versucht, sie zu treten, während sie am Boden liegt. Eine schöne Frau mit zarten Gesichtszügen, elegant gekleidet. Starr und sprachlos vor Schreck stehe ich tatenlos da, bis ich mich selbst schreien höre. Manchmal braucht es einen Moment, bis man auf Gewalt reagieren kann, die direkt vor den eigenen Augen passiert. Schockiert habe ich das Gefühl, zurück in eine Vergangenheit gesogen zu werden, an die ich mich nicht erinnern will, einen Stummfilm in Zeitlupe, in dem ein Kind zu Boden geworfen und festgehalten wird. Mein Schrei erlöst mich aus meiner Starre, er klingt ungewohnt, verstörend. Meine Stimme ist wild und wütend, sie dringt aus einem Ort in mir heraus, von dem ich nicht wusste, dass es ihn gibt.

»Runter von ihr!« Ich schreie, ziehe die Frau an den Armen in Richtung Haus. Der Mann zerrt an ihrer Jacke. Er ist groß, breitschultrig, hat eine laute, hasserfüllte Stimme. Ich habe Angst, dass er sich auf mich stürzen wird, als er mich weiter anbrüllt: »Halt deine verdammte Fresse, du blöde Schlampe.«

Ich höre nicht auf zu schreien, und wir vollführen weiter dieses wahnwitzige Tauziehen um die Frau. Niemand sonst ist auf der Straße, aber ich bin mir sicher, dass Leute an ihren Fenstern stehen. Ich bin verzweifelt, keiner kommt uns zu Hilfe, Autos fahren einfach an uns vorbei. Und dann sage ich: »Ich mache ein Foto von Ihnen«, und tue so, als würde ich mein Handy zücken, obwohl ich weiß, dass ich es zu Hause gelassen habe. Endlich springt der Mann ins Auto, schreit: »DU SCHEISSSCHLAMPE!

Du bist die Nächste!« Dann tritt er aufs Gaspedal, auf der Straße bleiben dunkle Reifenspuren zurück.

Ich sehe ihm hinterher, ich heule und zittre. Es ist ein merkwürdiges Gefühl, gleichzeitig so wütend und ängstlich zu sein, als würde man in zwei verschiedene Richtungen gezogen. Innerlich fühle ich mich immer noch erstarrt, doch durch meinen Körper pumpt das Adrenalin, und meine Stimme ist zu laut. Sie bricht, während ich wütend schluchze. Die Frau hört auf zu weinen, sieht mich zum ersten Mal an und sagt »Danke«. Und dann: »Kann ich kurz zu Ihnen reinkommen? Ich glaube, ich werde ohnmächtig.«

Als ich sie in die Wohnung gebracht habe, eile ich in die Küche, um ihr ein heißes Getränk zu machen. Wenn man unter Schock steht, braucht man etwas Heißes, Süßes in sich. Ich lasse sie im Wohnzimmer allein. Als sie eine Stunde später geht, gebe ich ihr meine Telefonnummer. »Ruf mich an, wenn du zu Hause bist, damit ich weiß, dass du in Sicherheit bist.« Sie ruft nicht an.

Später frage ich Rab: »Hey, hast du meinen Schlüssel gesehen? Ich finde ihn nirgendwo.« Ich bin überrascht, als das Taxiunternehmen anruft. »Wir haben Ihre Nummer von der Kundin. Sie hat gesagt, Sie würden die Fahrt bezahlen.«

»Warum hat sie das getan?«, fragt Rab.

Er sieht mich an und beantwortet seine Frage schließlich selbst: »Weil sie es konnte.«

Auch in dieser Nacht wache ich mit klopfendem Herzen auf. Als ich die Augen öffne, weiß ich sofort, dass etwas nicht stimmt. Ich halte den Atem an, und da – ein Geräusch im Flur. Eine Sekunde später kommt ein Mann ins Zimmer und beugt sich über mich, während ich dort liege, starr vor Angst. Eine große, dunkle, breitschultrige Gestalt. Erst später habe ich das Gefühl, dass sie mir bekannt vorkommt. Ich öffne den Mund, um zu schreien. Doch ich bekomme keinen Ton heraus. Als würde man unter Wasser mit aller Kraft durch die Dunkelheit tauchen, man sieht schon die Oberfläche über sich, doch man weiß, die eigene Lunge wird luftleer sein, bevor man es schafft. Und dann, ganz plötzlich, schreie ich wirklich. Als würde ich wieder zu mir kommen, aus einem Traum erwachen. Doch der Albtraum ist noch nicht vorüber: Der Mann lehnt sich vor und kommt noch näher. Rab wacht auf.

»Hey, was soll das!«, schreit er und springt auf. Er steht da und brüllt und fuchtelt wild mit den Armen. Dann sehe ich, wie er dem Eindringling nackt hinterherrennt, Schritte poltern die Treppe hinunter und raus auf die Straße. Ich wickle mich ein und laufe ihm zitternd hinterher, doch er hat einige Minuten Vorsprung. Ich will nicht, dass Rab allein mit diesem Kerl zusammentrifft. Ich fühle mich in meinen eigenen vier Wänden nicht mehr sicher, und auch nirgendwo sonst.

Mit starrem Blick schauen wir einander an. Meine Hand bedeckt meinen Mund, ich fange wieder an zu zittern.

»Alles ist okay«, sagt er, »ich baue neue Schlösser ein.«

Ich denke an meine fröhlichen kleinen Fische.

»Ich kann nicht mehr«, sage ich.

Wir heirateten. Die Wochenenden verbrachten wir in der Nähe des Naturschutzgebietes, bei schreienden Möwen und am Mast klimpernden Segeln, die im Wind flatterten. Wir planten unseren Umzug an einen neuen Ort, wo wir Leben und Arbeit besser in Einklang bringen könnten, ein ruhigeres, sicheres Heim. Ich träumte von dem Ort, an dem ich eine Familie gründen könnte. Es hatte bereits Verluste und Enttäuschungen gegeben, und bald würde ich vierunddreißig werden.

2

ATLANTIK

Wenn man den London Westway Richtung Norden verlässt, erreicht man nach kurzer Zeit ein lang gezogenes, urbanes Ödland aus rauchenden Industriegebäuden und tristen Asphaltvorhöfen, die von Neonlicht so aggressiv erhellt werden, dass das erste Leuchten der Morgendämmerung beinahe überstrahlt wird. Die Mantelmöwen über mir fliegen still über das Land, nur ab und an wehklagen sie. Ein trostloser verlorener Schrei. Ich stelle mir vor, dass ihnen etwas fehlt.

Wenn ich diese Strecke morgens auf dem Weg zur Arbeit in der Dunkelheit fahre, fühle ich mich nervös und rastlos. Tag für Tag zu schuften kann dazu führen, dass man sich alle möglichen Fragen stellt, die doch offenbleiben. Das geht so weit, dass man mit angespannten Schultern und ständig von neuer Angst erfüllt in den Himmel blickt, um dort Antworten zu finden.

Eines Tages treffen wir die Entscheidung, für ein paar Wochen einen Roadtrip hinauf nach Schottland zu machen und Orte zu erkunden, an denen wir eventuell leben möchten. Wir fahren mitten in der Nacht los, um Staus zu vermeiden und unseren ersten Tag nicht im Auto zu vergeuden. Wir wollen gegen Mittag ankommen. Wenn man sein Ziel erst einmal vor Augen hat, legt man bei den ersten zaghaften Begrünungen nicht mehr Halt ein. Man ist fokussiert auf die Straße und drückt das Gaspedal durch, immer Richtung Norden. Und die wilde Schönheit ist überwältigend – man fährt hinaus und durch die Dunkelheit in den Sonnenaufgang, schnurgerade wie der Krähenflug, und langsam öffnet sich der Himmel, hebt sich, und Licht fällt durch die aufgerissenen Wolken. Hier gibt es nur die Berge, Heideland und frische regnerische Windböen. Ein paar Stunden lang fällt der Horizont steil ab, schroff, wird von dem hektischen Hin und Her der Scheibenwischer und dem Dauerregen zerteilt, sodass man den Kopf in den Nacken legen muss, um seinen Rand zu sehen. Die lange Fahrt ist anstrengend, aber wir sind aufgekratzt.

Als ich aussteige, um mich ein wenig zu strecken, stockt mir der Atem. Über der Bucht fliegen Gänse wie ein Pfeil ins Herz des schwachen Lichts, eine schiefergraue Nieselböe genau dort, wo der Horizont ins Meer fällt. Die Luft in Schottland ist anders als der schale Londoner Mief. Mit tiefen Zügen fülle ich meine Lunge mit ihr, sie ist sauber, süß, kalt und feucht.

»Hier ist es herrlich«, sage ich zu Rab gewandt. Nur hört er mich nicht, der Wind zieht mir die Worte aus dem Mund und trägt sie fort. Es ist eine Erleichterung, nichts sagen zu müssen. Gegen die Elemente kann man nicht ankämpfen. Ich halte mein Gesicht in den Wind und atme.

Ein paar Tage später ist Oban im Regen menschenleer. Nur die Immobilienmaklerin ist noch da, um uns den Weg zu erklären. »So kurzfristig bekommen Sie Ihr Auto nicht mehr auf die Fähre, also machen Sie sich schon mal drauf gefasst, zu laufen«, verkündet sie uns.

»Also gehen wir von der Fähre und laufen die drei Meilen zu Fuß, und dann wartet dort jemand auf uns?«

Sie zuckt die Achseln. »Falls nicht, ist das auch egal. Die Tür ist offen. Erwarten Sie nicht allzu viel. Da hat seit fünf Jahren niemand mehr gewohnt.«

Als ich aufbrechen will, mustert sie mich einmal kühl von oben bis unten. »Sie sind nicht von hier. Wollen Sie sich das nicht noch mal überlegen, bevor Sie den ganzen Weg fahren? Machen Sie sich besser keine allzu großen Hoffnungen. Ist eine andere Welt dort draußen, nur Schafe und Bauern, ein kleiner Laden und ansonsten nichts als Wasser.«

»Das macht nichts«, sage ich. »Wir fahren hin.«

»Das Inselleben ist … anders. Ist nicht nach jedermanns Geschmack.« Diese Worte wirft sie mir hinterher, als die Tür hinter uns zuknallt.

Vielleicht hat sie recht, doch vielleicht wird es unser Stückchen Himmel sein. Eine winzige Felseninsel, abgeschnitten vom Rest der Welt. Ein einziger langer Horizont, freier Himmel und das wunderschöne blaue Meer. In meinem Herzen hoffe ich, dass es nach meinem Geschmack sein wird.

Es war ein grauer Märztag, der Himmel bleiern bedeckt, der Wind rau. Die Überfahrt war schwierig gewesen, der Skipper warnte uns, dass die Fähre für den Rückweg vielleicht ausfallen würde. Die Wettervorhersage war Wind gegen Tide, mit scharfen Windböen. Am Ende beschlossen wir, es zu riskieren. Falls nötig, dachten wir, würden wir in einem Bed & Breakfast übernachten.

Wir wussten nicht, dass es auf der Insel nur ein einziges B & B gab, und das hatte im März geschlossen.

Tatsächlich war das Autodeck bereits voll, ein großes Landwirtschaftsfahrzeug voller Heuballen nahm drei der vier Plätze ein, zwei weitere Autos, die auf einen Platz gehofft hatten, wurden zurückgelassen, als sich die Rampe vom Steg hob.

Die Insel war keine fünfzehn Meilen lang, in der Breite brachte sie es noch nicht einmal auf eine halbe Meile, und hatte fast hundertzwanzig ständige und an die zehn zeitweise Bewohner. Der Skipper versicherte uns, dass die drei Meilen von der Fähre zum Grundstück hin und zurück, immer entlang einer einspurigen Straße mit tiefen Schlaglöchern, nicht länger als ein paar Stunden dauern würden. Eindringlich gab er uns auf den Weg mit, die letzte Fähre nicht zu verpassen. Es fühlte sich bedeutsam an, das hell erleuchtete Schiff über die Wellen und den engen Kanal Richtung Festland fortschwanken zu sehen, als wir uns auf den Weg machten.

»Ich nehme mal an, das hier ist die Hauptstraße«, sinnierte Rab und warf einen Blick über die Schulter. »Der Highway ins Hinterland.«

»Ich frage mich, wie hier die Rushhour läuft.« Ich lächelte und dachte an London. Es gab keine Möglichkeit, einander auszuweichen oder zu wenden. »Zu Fuß ist es definitiv besser.«

Ab und an machten wir einen Schritt auf den schlammbespritzten Abhang zu, wenn ein zerbeultes Auto oder ein rostiger alter Traktor an uns vorbeiratterte. Die Straße war so eng, dass man nicht umhinkam, einen Blick auf die Insassen zu werfen. Das Fahrzeug wurde dann langsamer, die Gesichter hinter den beschlagenen Scheiben musterten uns eingehend, bevor es wieder beschleunigte und weiterfuhr. Manchmal passierten wir zwei Autos, die kurzerhand mitten auf der Straße angehalten hatten. Heruntergekurbelte Scheiben, brummende Motoren. Zigaretten werden angezündet, Neuigkeiten ausgetauscht. Einmal wandert eine Flasche zwischen den Autos hin und her. In rhythmischem Singsang wird der Tag besprochen. Sämtliche Augenpaare starren neugierig, als wir vorbeikommen. Bei einer Gelegenheit meint jemand: »Neulinge.« Ich höre auf den Klang des Wortes, das wie Abfall auf die Straße geworfen wird. Ja, denke ich, aber hoffentlich nicht mehr lange. Ich merke mir den Tonfall. Eines Tages wird er sich hoffentlich verändert haben, wenn sie sich an uns gewöhnt und uns kennengelernt haben.

Der schneidende Wind fuhr in unsere Jacken, wir spürten ihn sogar durch die Handschuhe und filzgefütterten Mützen. Möwen sammelten sich an den vollgeregneten Futterkrippen für die Schafe, der Boden bedeckt von Binsen und altem verwehtem Heu. Auf den hohen *Beinns* und den Hügeln lag noch immer dicker Schnee, die steilen Kartäler glitzerten. Die erste Schneeschmelze hatte eingesetzt und nährte Wasserfälle, die von den Gipfeln donnerten.

Wir gingen von der Straße ab und fanden das kleine Cottage nach wenigen Minuten Fußweg. Ein holpriger Pfad führte uns den Hang hinunter, vorbei an einem uralten Scheunengemäuer, das noch seine ursprünglichen Strebebalken aufwies. Eine Tür hatte die Scheune nicht. Der Boden bestand aus glatten Pflastersteinen und Steinplatten, ihr einziger Inhalt waren über Jahrzehnte angesammelter Dreck, Stroh und leere Schwalbennester. Das unbewohnte Steincottage war heruntergekommen, seine Wände waren grau, feucht und in furchtbarem Zustand. An der Eingangstür gab es kein Schloss, sie ließ sich mit einem Stoß öffnen. Nachdem wir zögerlich angeklopft hatten, traten wir ein. Niemand war da. Von innen wirkte das Häuschen noch kleiner: vier leere Zimmer, dazwischen meterdicke Wände aus Natursteinen, die aus dem Boden ausgegraben worden waren. Man hörte keinen Verkehr, keine Nachbarn. Suchend wanderten unsere Blicke umher.

Was mich faszinierte, war die Stille, die über allem lag. Sie fühlte sich durchlässig an, als wäre der gesamte Himmel in sie hineingeflossen, bis es kaum noch Platz für anderes gab. Keine lauten Stimmen, keine Wurfgeschosse, die durch Scheiben krachten. Keine über ein Metallgitter klappernden Stöcke, keine vorbeidonnernden Busse. Im Innern des Cottage herrschte eine Stille wie kaltes, klares Wasser. Und ich wusste, dass es diese Stille war, nach der ich so lange gesucht hatte. Es spielte keine Rolle, dass es im Cottage kein fließend Wasser, keinen Strom und keine Abwasserrohre gab, und keine Farbe an den Wänden. Es spielte keine Rolle, dass es keine Heizung und keine Dämmung gab. Oder dass es drinnen genauso bitterkalt war wie draußen, bei nur einem einzigen Feuerrost an der Hinterwand eines der Zimmer. Es spielte keine Rolle, dass es ein Ort war, der seit fünf Jahren nicht mehr bewohnt und geliebt worden war, oder dass es im Dach Zeichen von Maus- und Rattenbefall und Vogelnestern gab.

Draußen stand ein alter undichter Wohnwagen, in dem wir schlafen würden – für wie viele Monate auch immer –, bis das Haus bewohnbar wäre. Am hinteren Ende des Hofes befand sich ein *Loch*, ein See mit Trinkwasser, wo wir Wasserkübel füllen konnten, um uns zu waschen. An die nördliche Giebelwand war eine unbeheizte Wellblechhütte angebaut worden, in der einstmals der Ablammungsgehilfe untergebracht worden war. Der Boden war dreckig, die Wände hatte jemand sorgfältig mit einigen Ausgaben der *Oban Times* aus den 1950ern tapeziert. Ich war gerührt davon, wie viel Mühe derjenige sich dabei gegeben hatte. Auf einer Holztruhe lag ein winziges Haushaltsbuch, in das jemand Shilling- und Pencebeträge notiert hatte. Neben der dünnen feuchten Matratze fand ich eine King-James-Bibel mit winziger Schrift und eine kleine Tilley-Lampe mit einem Docht aus Stoff. Als ich hinausging, sah ich nur noch Hügel und Berge.

»Was meinst du?«, fragt Rab mich auf dem Rückweg zur Fähre. Ich zögere nicht. Ich sehe ihn nur mit einem Lächeln an.

Sobald ich zwei Balken Netz auf meinem Handy habe, mache ich ein Kaufangebot. Sechs Wochen später ist der Hof auf der Insel, den man hier *Croft* nennt, unser Zuhause.

Am Tag des Umzugs stand ich überraschend allein an Deck, als die Fähre vom Festland ablegte, eine Furcht einflößende Herausforderung. Es hatte ein Problem gegeben. Das Heck unseres Umzugs-Lkw lag zu niedrig, um auf das altmodische Boot zu fahren, obwohl uns beim Kauf der Tickets sechs Wochen zuvor das Gegenteil versichert worden war. Der auf dem Kai zurückbleibende Rab hob angesichts dieser unerwarteten Wende resigniert die Hände.

»Keine Sorge, ich komme zu dir«, rief er. »Ich organisiere irgendwie ein Boot und setze über.«

»Wie?«, rief ich zurück. »Es gibt keine andere Fähre. Das hier ist die letzte für heute.«

»Keine Ahnung.« Er zuckte mit den Schultern. »Ich mach das schon.«

Während der Himmel aufklarte, saß ich an Deck und sah Rab und dem Festland dabei zu, wie beide, ebenso wie mein früheres Leben, von mir wegdrifteten und in der Ferne verschwanden. Ich hatte kein Essen im Auto. Mein einziges Hab und Gut waren die Kleider, die ich am Leib trug, und meine betagte Katze in ihrem Korb, die mit großen Augen zusah, wie die Fähre über den Kanal ratterte und dabei starke Wellen aufwarf.

Von der Rampe hinunter- und die Insel hochzufahren war ein merkwürdiges Gefühl. Wir hatten diesen Tag bis ins letzte Detail gemeinsam durchgeplant, und nun war ich allein. Ich fand den Hof wieder und das Cottage, das in seiner eigenen wilden Schönheit dastand. Im Garten wucherten mittlerweile die Brombeersträucher, und der Pfad zum Haus war nun mit etlichen Wildblumen überwachsen: strahlender Eisenhut, Dotterblumen, Fingerhut, Sumpf-Schwertlilien und wilde Orchideen, so weit das Auge reichte.

Ich öffnete die Tür und seufzte erleichtert. Es war genauso, wie ich es in Erinnerung behalten hatte: ohne fließend Wasser und Strom, die Wände alles andere als lotrecht, Boden und Wände mit Schmutz überzogen und völlig verstaubt, ein bisschen wie ein großes Vogel- oder Mausnest. Aber das spielte keine Rolle. Ich war zu Hause. Bevor ich mich daranmachte, die Hinterlassenschaften mehrerer Wildtiergenerationen aufzufegen, die sich hier niedergelassen hatten, legte ich meine flachen Hände auf die dicken nackten Steinwände und flüsterte: »Ich bin jetzt da. Ich weiß nicht, wer du bist, und ich weiß, dass du mich nicht kennst. Aber ich weiß, dass wir uns verstehen werden. Ich bleibe hier. Du bist mein Zuhause.«

Hinterher machte ich draußen auf einem kleinen Rost mit ein paar Ästen ein Feuer und verbrannte den Kehricht. Ich hörte die Flammen knistern, die am Staub und Dreck meiner kleinen Opfergabe züngelten. Ich hielt mein Gesicht in den Wind und beobachtete den sich verdunkelnden Himmel, den immer heller strahlenden Abendstern, die Inseldämmerung, die sich zu einem strahlenden, vereinzelt verschleierten Nachthimmel wandelte. Ich horchte und spürte, wie sich der Hauch der Einsamkeit um mich legte. Und für ein paar Stunden füllte sich das, was ich als Stille wahrgenommen hatte, mit ungewohnten Geräuschen und Bewegungen der Wildnis – von Eulen, Fledermäusen, Bussarden und Gänsen, deren Rufe aus dem dunklen Himmel klangen. Es waren kostbare Momente, von unbegrenzten Möglichkeiten durchtränkt.

Ich werde den Tag niemals vergessen, an dem ich auf die Insel reiste, um mein neues Leben zu beginnen. Allein anzukommen, als Fremde, war einer dieser nervenaufreibenden Zufälle, deren Echo erst Jahre später widerhallt. Manchmal glaube ich, es war meine erste Prüfung, um meine Ängste zu überwinden und aufs Ungewisse zu vertrauen.

Ich ahnte damals nicht, dass jene ersten Jahre den Anbruch einer intensiveren, wilderen, mir alles abverlangenden Zeit markierten, die sich als Zerreißprobe für meinen Mut, meine Kraft und mein Durchhaltevermögen entpuppen würde. Sich weiterzuentwickeln ist nicht immer leicht, und manchmal muss man einem neuen Samen auf die Sprünge helfen, ja ihn sogar zu seinem Glück zwingen, damit er wächst und gedeiht.

3

INSEL

Noch bevor ich die Augen öffne, weiß ich, dass es zu früh ist. Sachtes Mondlicht fällt durch die gesprungenen Scheiben des Wohnwagens, von denen einige halb geöffnet sind, Kondenswasser glänzt auf dem Glas. Eine leichte Brise strömt herein und lässt die Küchenhandtücher, die über einer Anglerschnur hängen, die wir an den dünnen Wänden festgemacht haben, schlaff flattern. Schlaftrunken blinzle ich und sehe das kleine Haus, das tief im offenen Feld steht, dahinter im Schatten die Berge. Ich sehe die wilden Gräser. Und plötzlich weiß ich wieder, wo ich bin.

»Da bist du ja«, flüstere ich. Mein Blick wandert über die Silhouette des Cottage. Seine niedrige Silhouette schimmert geisterhaft wie ein Irrlicht, das in der Dämmerung flackert. Ich liebe seinen Anblick, wenn es mit mir erwacht und auf den Sonnenaufgang wartet. Ich zähle die Tage, bis wir endlich einziehen können. In mir ist ein Verlangen, eine tiefe Sehnsucht, die ich für keinen anderen Ort jemals empfunden habe. Als wir das Cottage zum ersten Mal sahen, wirkte es so verlassen und ungeliebt. Mir ist es ein ungeheures Bedürfnis, dass es wieder geliebt und bewohnt wird, nach so vielen Jahren der Vernachlässigung, ohne Pflege, ganz allein. Ich will es zu einem Heim machen, mich an seine starken Wände anlehnen. Und eines Tages hoffe ich, sie mit trippelnden kleinen Füßen und hellem Gelächter zu füllen.

Über uns, an der Schwelle zur Unendlichkeit, erfüllt das glitzernde, verstreute Leuchten der Milchstraße den Nachthimmel. Strahlende Sternencluster und unzählige weiß schimmernde Lichter erhellen das Firmament. Ich habe schon gehört von diesem außerirdisch gelblichen Highland-Himmel, von den *Lemon Skies*, doch nichts hätte mich auf diesen bemerkenswerten Anblick vorbereiten können. Nie habe ich etwas Schöneres gesehen.

»Bist du wach?«, frage ich, als Rab sich neben mir regt.

Lange ist es still. Also bemühe ich mich, reglos dazuliegen. Ich beobachte seinen Körper beim Atmen und wünsche mir, er möge die Augen öffnen.

Es ist erstaunlich, was für einen Unterschied einige kurze Wochen ohne den Londoner Alltagsstress machen. Ich bemerke subtile Veränderungen an meinem Körper: Meine angespannte Haut wird wieder elastischer, die Sonne und die Meeresluft tun ihr gut. Meine salzverklebten Haare haben ein dunkles Rotgold angenommen. Wir werden kräftiger und schlanker. Seit Wochen habe ich mich nicht mehr geschminkt. Der kleine Taschenspiegel, den ich hastig irgendwo ganz unten in meine Reisetasche geschoben hatte, ist längst verschwunden. Am Ende höre ich auf, nach ihm zu suchen, und es fühlt sich merkwürdig befreiend an, alte Gewohnheiten loszulassen.

Von den rauen Steinwänden sind meine Hände mit weißen Flecken, Schnitten und Kratzern übersät. Wenn ich sie umdrehe, sehe ich meine rötlichen wunden Knöchel, das kommt vom vielen Scheuern des rauen spröden Putzes. Als wir mit dem Hausputz fertig sind, überziehen wir die wettergegerbten Wände mit strahlend weißer Farbe, die rissige Tür und die Fenster streiche ich himmelblau. Bei Sonnenaufgang spiegelt sich für kurze Zeit bläulicher Nebel in den Scheiben, bis die Lichtstrahlen unterhalb des Horizonts sinken und der Himmel wieder von der Dämmerung umhüllt ist. Bei Sonnenuntergang scheint sich das Firmament in einem Bronzefeuer von innen heraus in Vergessenheit brennen zu wollen. So verstreicht ein weiterer Tag. Wir machen kleine Fortschritte, doch es ist schon fast Mittsommer. Und nichts deutet darauf hin, dass die Hitzewelle nachlassen wird.

»Ich hätte nie gedacht, dass wir so was mal machen, und jetzt sind wir hier«, sinniert Rab häufig. Ich lächle schüchtern, während er sanft meine Hand umschließt, denn ich muss mich immer noch zwicken, wenn ich den Ring an meinem Finger sehe. Er ist wie ein kleiner Hoffnungsschimmer. Wir sind erst seit sechs Monaten verheiratet, und schon liegen sechs kurze Wochen, sechshundert Meilen und ein Meer zwischen uns und unserem alten Leben in London. Erstaunlich, wie erfüllt sich unser neues Leben anfühlt, obwohl es auf die absolute Notwendigkeit heruntergeschraubt ist. Wir besitzen nicht mehr als unsere zwei vollgestopften Reisetaschen, eine alte Vespa, einen Grill und einen kleinen Campingkocher. Manchmal muss ich darüber lachen, wie wenig wir wirklich brauchen. Aber manchmal macht sich ein Gefühl der Bedrohung in mir breit. Ich frage mich, ob dieses Land unsere Bedürfnisse abdecken kann. Ich hoffe, dass wir diese unverfälschte Einfachheit beibehalten können, unseren Glauben an uns selbst und unsere Entschlossenheit. Ich weiß, dass unser Leben nicht die ganze Zeit so reibungslos und unkompliziert ablaufen wird, so freigeistig und genügsam wir auch sein mögen. Mir ist bewusst, dass wir auf das Ende des Sommers vielleicht nicht ausreichend vorbereitet sind. Trotzdem bin ich froh, dass wir uns nicht von übermäßiger Vorsicht haben bremsen lassen. Ich sage mir, dass es an uns ist, ob das hier funktioniert oder nicht. Es ist wie ein Geschenk, als hätten wir absolut nichts zu verlieren.

Wir halten morgens noch immer Händchen unter der Decke. Eine ungewohnte Umgebung lässt einen die Dinge anders betrachten, mit frischen und offenen Augen. Man wird ruhig. Doch an manchen Tagen halte ich abrupt inne. Merkwürdig, was für einen Sog die Stille auf einen ausüben kann. Auch wenn die Gräser immer höher wachsen, wirkt der lang gezogene Horizont schnell bestürzend kahl. Hier fehlt es an den üblichen Ablenkungen, auf der Insel gibt es keine Geschäfte, nur ein kleines Postamt, in dem man auch ein paar Grundnahrungsmittel kaufen kann. Es gibt keine Restaurants, Hotels, Cafés oder Pubs, wo man Leute treffen könnte. Auch öffentliche Dienste sind nur begrenzt vorhanden. Es gibt eine kleine Grundschule, aber keinen Hausarzt und keine Polizeistation, nur eine Teilzeitkrankenschwester und eine freiwillige Feuerwehr. Keine weiteren Notfalldienste. Ab und an veranstaltet die Kirche Freizeitaktivitäten für die kleine Gemeinde, die Women's Guild stellt Tee dafür bereit, doch angesichts einer alternden Bevölkerung werden die kargen Bänke nur von einigen wenigen Gläubigen besetzt. Eine einspurige Straße führt von Norden nach Süden, ab und an verläuft sich eine Abzweigung auf Kies und Geröll. Die Insel ist eine kleine umzingelte Landmasse, umgeben von einem den Gezeiten unterworfenen Meer, das von dem noch wilderen Atlantik genährt wird. Wo auch immer man steht, spürt man das kalte, beißend salzige Wasser auf der Haut und hört das Schreien der Möwen. Manchmal, wenn man über die wogenden Gräser aufs unruhige Meer hinausschaut, kann der Ausblick eigenartig überfordernd sein.

An manchen Tagen empfinde ich eine solche Leere, dass ich mich frage: »Wo sind denn alle?« Es ist schwer vorstellbar, dass hier tatsächlich nur eine Handvoll anderer Menschen leben. Die Straße ist wenig befahren, ab und zu mal ein Traktor oder ein verbeultes Auto. Während aus Tagen Wochen werden, ist es ganz natürlich, Ausschau nach Mitmenschen zu halten, mit denen man nähere Bekanntschaft schließen und den Himmel teilen kann. Um dazugehören zu können, braucht man Menschen und eine Gemeinschaft. Und, das spreche ich nicht laut aus, es braucht Akzeptanz. Wir sind viel rumgekommen, doch diese Insel fühlt sich abgeschiedener an als jeder andere Ort, an dem wir waren. Wenn ich die Hügel erkunde, spüre ich, dass mich eine ungekannte Freiheit durchströmt. Der Landschaft wohnt etwas Unverfälschtes, Belebendes inne. Wenn man keine andere Ablenkung hat, kommt man in der Natur zur Ruhe.

Im fahlen Morgenlicht und mit dem Schatten der Berge in unserem Rücken in einem heruntergekommenen Wohnwagen zu liegen, neben jemandem, den ich liebe und der sanft atmet, ist alles, was ich vom Leben will. Das Gefühl ist wild und befreiend. Rab glücklich zu sehen bringt mich dazu, mich leise zu bewegen. Was für eine Erleichterung, unser Leben wieder in geruhsamen Bahnen zu wissen. Nur dass an diesem Morgen etwas anders ist. Als ich mich aufsetze und den Kopf neige, um zu horchen, schaukelt der Wohnwagen plötzlich ein wenig. Ich höre seine trockene rostige Verkleidung schaben, in spitzen Splittern abbrechen.

Rab regt sich, er rollt sich auf die Seite und legt sich den Arm über die Augen, um sie vor dem Licht abzuschirmen. Ich schlüpfe aus dem Bett, wickle mich in eine weiche Wolldecke und drücke die Tür des Wohnwagens auf, um nach dem Rechten zu sehen. Beim ersten Schritt nach draußen kitzeln Blütenköpfe an meinen nackten Beinen, und das Gras glitzert, es schimmert in der Stille der sich weit erstreckenden Felder. Die frische Luft und das Sternenlicht legen sich kühl auf meine Haut.

Im Schatten regt sich etwas, begleitet von einem leisen Schnauben. Ein Rascheln trifft auf mein überraschtes Einatmen. Unsere Kühe sind samt Kälbchen vom Hof über die Felder zu uns spaziert. Kurz darauf steht Rab neben mir.

»Was geht denn hier vor sich?«

Wir sehen einander an. Und lachen. Die Situation ist herrlich absurd.

»Wir müssen wohl ein paar Pfähle besorgen und sie einzäunen«, seufzt Rab müde und fährt mit seiner Hand über die kaputte Wohnwagenverkleidung. »Und das Loch hier müssen wir flicken.«

»Pssst«, sage ich. »Nicht jetzt.«

Wir beide sprechen die Gedanken des anderen nicht aus: dass ab Herbst der Wind hindurchpfeifen wird.

»Sieh nur, sie sind einfach neugierig.« Ich strecke die Finger aus, um ihr glattes Sommerfell zu berühren. Dies ist unser erster wirklicher Kontakt mit den Kühen, seit wir sie auf dem Markt auf dem Festland gekauft haben. Rab dabei zuzusehen, wie er mit einem Handzeichen oder einem kurzen Kopfnicken in dem hektischen Auktionsring seine Gebote machte, war nervenaufreibend. Dicht gedrängt, die verschwitzten Körper gegen die niedrigen Gitter der Auktionsarena gepresst, standen wir da im grellen Licht, im feuchten Sägemehl, es stank nach Dung und Urin, Tore knallten, Kühe muhten ohrenbetäubend, als sie in den Ring aufgetrieben wurden. Unaufhörlich krakeelte eine Stimme durch den Lautsprecher, um die Verkäufe anzuheizen. Man konnte kaum einen klaren Gedanken fassen. Mir fiel auf, dass ich die einzige Frau in dem Gedränge um den Ring herum war, nur einige kleine Grüppchen von ihnen hockten weiter oben auf den harten Holzbänken. Hätte ich mich eigentlich dorthin, zu ihnen, setzen sollen?

Die Kühe haben volle zehn Tage gebraucht, um sich hier auf dem Hof einzugewöhnen. Ihr Atem ist warm und süß, erfüllt von dem kräuterreichen Sommergras und den winzigen Wildblumen. Ich versuche, mich nicht allzu hastig zu bewegen, während ihr sanfter Atem aus ihren feuchten Nüstern bläht, sie uns umsichtig wittern, langsam ihre Zungen herausstrecken, die Luft schmecken, und ihre Flanken vor in Zaum gehaltener Energie nervös zittern. Eine dunkle Kuh kommt vor, stupst mich sanft an und zieht sich aufgeregt wieder zurück. »Sie sind noch nicht an uns gewöhnt«, sage ich. »Aber bald werden sie es sein.« Und ich denke an die Schafe, die wir noch kaufen müssen und über deren Aufzucht und Pflege wir ebenso wenig wissen. Ich sage mir, dass es mit den Tieren wie mit allem im Leben ist: Es gibt immer ein erstes Mal.

»Wie ist unsere Familie derart angewachsen?«, frage ich, als Rab sich umdreht und mich zu sich zieht.

Ich sehne mich danach, rund zu sein wie der Vollmond am Himmel, zu warten, während die Jahreszeiten verstreichen. Ich schließe die Augen und wünsche mir etwas. Ein Kind, das ich in meinen Armen halten kann.

Manchmal wünschte ich, der Tag möge ewig so weitergehen. Dass diese Idylle niemals aufhört. Die Zeit verstreicht gemächlich wie die Bachforellen, die knapp unter der glatten Seeoberfläche hin und her gleiten. Ein einsamer Reiher flattert mit seinem kräftigen Körper aus dem Schilf auf. Die trockene Hitze macht uns träge. Und so zieht der Sommer mühelos vorüber wie die Schwalben, die Jagd auf Insekten machen, die mit ihrem Schnabel picken, bevor sie wieder zurück gen Himmel wirbeln.

Jeden Morgen schlüpfen wir in unsere Overalls, darunter tragen wir nichts. In dem kleinen Bach fülle ich ein paar Eimer Wasser und klatsche es gegen die Wände, reibe Jahre des Drecks, Verfalls und dicken Schlamms fort. Es ist ein mulmiges Gefühl, zu wissen, dass wir in ein Haus ziehen werden, das von unvorhergesehenen Schwierigkeiten heimgesucht worden ist, und dass der Besitzer nicht mehr imstande oder willens war, auf dem Hof zu bleiben, auf dem er oder sie zur Welt gekommen war. Unsere Ankunft bezeugt das Ende dieses Lebens, aus und vorbei, ein weiterer Stammhalter hat den Weg des Pragmatismus gewählt, statt sein Erbe zu bewahren, und uns sein Heim verkauft. Während ich drinnen schrubbe, höre ich, wie Rab draußen auf dem Dach herumklettert, alte Schindeln ausbessert und den dünnen metallenen First befestigt. Das Dach hat viele Lücken und Löcher, seine gesprungenen und wettergegerbten Schindeln hat das Moos aufgeweicht. Ich versuche, mir den uns unbekannten Winter vorzustellen, wenn der Meeresspiegel ansteigt und der Wind durch die Löcher pfeifen wird. Ich bin froh, dass unser Cottage so geduckt dasteht, seine Fassade unprätentiös, bodenständig. Ich erinnere mich an das Sprichwort über den zu hoch sprießenden Mohn, der rücksichtslos niedergemäht wird.

Wir eignen uns das Land um unser Haus herum an und entdecken Orte der Schönheit und des Verfalls. Die Wiesen sind von wilden Orchideen, Hunds-Veilchen, Schwertlilien, Scharbockskraut, strahlend blauem Männertreu und den ersten bleichen Glockenblumen überzogen. Doch man muss nur ein wenig tiefer graben und stößt unter diesem dünnen Überzug auf verwitterte Friedhöfe und abgesackte Aufschüttungen. Ein Haufen Steine verdeckt gewundene Hörner, einen zerschmetterten Kuhschädel, kaputte Flaschen und ein paar dünne weiße Knochen. Und ich beginne, mich zu fragen, was sonst noch vor uns verborgen bleibt.

Eines Tages beschließen wir, dass es längst an der Zeit ist, uns einen freien Tag zu nehmen. Da heute ein Rugbyspiel läuft und wir keinen Fernseher haben, setzt Rab mit der Fähre nach Oban über, um sich ein Pint und ein paar Stunden für sich allein zu gönnen. Seit Wochen hocken wir ununterbrochen aufeinander.

Wir beide brauchen etwas Abstand. Ich habe keine Lust auf Oban und bleibe allein auf dem Hof zurück. Das Gras ist schon so hoch, dass ich meine, vor neugierigen Blicken geschützt zu sein, als ich mich in die Sonne lege – also ziehe ich T-Shirt und Jeans aus. Und dann denke ich, wenn nicht hier, wo dann, unter freiem Himmel auf der Wiese, wo sonst kann ich frei sein? Also ziehe ich alles aus. Die Sonne brennt heiß auf meinem Gesicht. Ich nicke ein, lausche den Vögeln und der leichten Brise.

Einige Zeit später werde ich plötzlich wach. Etwas ist anders. Mit einem Mal zwitschern die Vögel im Baum hinter mir nervös und fliegen auf. Sie sagen mir, dass ich nicht allein bin. Instinktiv greife ich nach meinen Sachen, dann erstarre ich. Zwei Männer kommen querfeldein auf mich zu, mit einigem Tempo, irgendwo zwischen Joggen und Rennen. Ich weiß, dass sie mich gesehen haben. Wie peinlich, denke ich, doch immerhin respektieren sie jetzt sicher meine Privatsphäre und schlagen eine andere Richtung ein. Doch das tun sie nicht. Weder ändern sie die Richtung, noch werden sie langsamer. Sie kommen direkt auf mich zu. Plötzlich werfe ich mir, so schnell es geht, die Klamotten über. Es ist kompliziert sich anzuziehen, ohne dabei aufzustehen und damit noch mehr von sich zu zeigen. Als sie beinahe über mir stehen, rolle ich mich weg, liege mit dem Rücken zu ihnen, während ich wütend den Hosenknopf zumache. Im nächsten Moment bauen sie sich über mir auf, während ich auf dem Rücken liege, sie werfen ihre Schatten über mich. Ich halte die Hand über meine Augen und blinzle gegen die Sonne. Doch mehr als zwei Schatten sehe ich nicht, die Sonne hinter ihnen strahlt mir direkt in die Augen.

»Wollten Sie nicht überraschen«, entschuldigt sich einer von ihnen.

Der andere lacht, lehnt sich vor, streckt mir seine Hand entgegen. »Sieh mal einer an, was haben wir denn da?«

Ich nehme seine Hand nicht. Stattdessen rolle ich mich auf die Seite und stehe schnellstmöglich auf. Ich bin durcheinander. Ich binde mir das Haar zu einem strengen Knoten und mache einen Schritt zurück, klopfe ungelenk einige Samen und Grashalme von mir ab, blicke von dem einen zu dem anderen. Dann schaue ich hinunter auf meine nackten Zehen.

Ich fühle mich ihnen unterlegen. Dabei stehe ich doch hier aufrecht mit beiden Beinen auf meinem eigenen Hof. Ich frage mich, ob es normal ist, dass andere über Felder spazieren, die ihnen gar nicht gehören, oder sieht man das hier nicht so eng?

Ich weiß nicht, warum, doch plötzlich entschuldige ich mich. Und werde noch verwirrter und wütender, denn ich fühle mich auf dem falschen Fuß erwischt, außerhalb meines Wohlfühlbereichs.

»Entschuldigung, ich habe Sie nicht gesehen«, sage ich gequält.

Der zweite Mann lacht. »Aye, wir Sie schon.«

Ich werde rot, funkle ihn an, er zwinkert mir zu. Meine Wangen glühen, also sehe ich schnell weg.

»Beachten Sie ihn gar nicht.« Der erste Mann schubst den anderen ein wenig beiseite. Seine Augen sind klar und braun und spiegeln Scharfsinn und Gerissenheit wider. Ich fühle, wie sein Blick mich durchbohrt.

Ich bücke mich, um meine Sachen aufzusammeln: ein Buch, meine Turnschuhe. Die Männer rühren sich nicht.

»Aber was machen Sie?«, frage ich ungelenk. »Ich meine, was machen Sie hier?«

»Gute Frage. Was machen wir hier?« Er wendet sich seinem Freund zu. »Ich war wohl auf der Suche nach Ihnen.« Er zwinkert. »Aber das stimmt nicht ganz.« Er kichert und schüttelt den Kopf. »Ich hab wohl einen Sonnenstich.« Unverhohlen starrt er mich an. »Uns ist ein Vieh ausgebüxt. Wir sind auf der Suche nach einer Aue.«

Ich verschränke die Arme. Weiß nicht, ob ich ihm glauben soll. Die Geste fühlt sich halbherzig und kraftlos an, meine Worte kommen ungewohnt heftig aus mir heraus: »Ist ja komisch, die Felder hier sind nämlich leer. Hier sind keine Schafe, hier grasen nur Kühe.«

Und es stimmt. Kein Schaf weit und breit. Die Auktion, bei der wir unsere Herde ersteigern wollen, ist erst in ein paar Wochen.

»Hm, das mag ja sein, war aber eben noch anders.« Er grinst. »Man weiß nie, was sich hier so versteckt.«

Sprachlos sehe ich ihn an. In Momenten wie diesen wünsche ich mir, schlagfertig zu sein. Langsam lerne ich, dass man hier eine scharfe Zunge braucht, um sich nicht unterbuttern zu lassen und sein Revier zu verteidigen. Erfolglos suche ich nach einer passenden Antwort. Die richtigen Worte werden mir erst Stunden später einfallen, zu Hause.

»Entschuldigung, ich will nicht unhöflich sein«, sage ich, »aber hier sind keine Schafe. Und das hier ist mein Hof.«

Der erste Mann fixiert mich prompt mit seinem Blick und verschränkt langsam die Arme. »Tja, sehen Sie, genau da liegen Sie falsch«, sagt er leise.

Verwirrt sehe ich ihn an.

»Aye, meine Liebe, vergessen Sie nie, dass Sie auf *Hectors Croft* wohnen.«

Ich schüttle den Kopf. »Nein, das hier ist unser Croft, meines und Rabs. Wir haben es gerade gekauft.« Doch sobald sie einmal aus meinem Mund sind, will ich die Worte zurücknehmen.

»Aye, haben Sie wohl. Nun, nennen Sie es, wie Sie wollen«, entgegnet er. »Aber das hier ist schon immer *Hectors Croft* gewesen.«

Eine beißende Spannung entsteht zwischen uns. Als hätten wir uns einen Schritt voneinander entfernt. Ein Wind zieht zwischen uns auf, als wäre der Tag plötzlich abgekühlt.

»Habt euch den kleinen Hof hier unter den Nagel gerissen, was? Eure kleine Flagge in den Boden gerammt, na sicher. Mit eurem Scheckbuch das erobert, was ihr mit dem Schwert nicht haben konntet.«

Er starrt mich an. Mustert mich mit seinem funkelnden Blick. Nimmt Maß. Es fühlt sich unangenehm und aufdringlich an. Mir schwindelt, ich weiß nicht, wo ich stehe. Lange bleibt es still.

Dann lacht er und zuckt mit den Achseln. »Na, lassen wir's gut sein. War doch nur ein kleiner Sturm in Ihrem schnieken Wasserglas. Vielleicht laden Sie uns beim nächsten Mal auf ein Stelldichein zu sich ein, wie sich das für die echte Gastfreundschaft der Highlander gehört.«

Die Art, wie er das sagt, ist irgendwie angriffslustig. Ich sehe auf meine Füße. Mir scheint, dass ich ungehobelt gewesen bin, doch ebenso wurde ich gedemütigt. Vor allem bin ich verwirrt.

»Es tut mir leid« – warum ich mich schon wieder entschuldige, ist mir nicht klar, nur dass es mir so vorkommt, als hätte ich um ein Haar einen ernsthaften Fauxpas begangen. Ich sage mir, dass es aus diesem Grund in Ordnung ist.

»Beim nächsten Mal«, sage ich vorsichtig, »können Sie gern auf ein Dram zu mir und Rab ins Haus kommen.«

Ich strecke die Hand aus. Die Geste scheint mir etwas zu formell, doch anders lässt sich die Abmachung nicht besiegeln.

Er nimmt meine Hand und drückt so fest zu, dass ich das Gesicht verziehe. Ich sehe ihm in die Augen, trotzdem lässt er nicht los. Und dann, ohne Vorwarnung, schüttelt er sie verächtlich ab.

»Vergessen Sie eins nicht«, sagt er scharf. »Hier in Schottland hat jeder Mann das Recht herumzustreifen. Also passen Sie lieber auf, wo Sie meinen, die Kleider abwerfen zu müssen.«

Benommen sehe ich auf. Sie fühlen sich vor den Kopf gestoßen. Doch mir geht es nicht anders. Ich reibe mir die Hand und beobachte verwirrt, wie die Männer endlich abziehen. Beim

Gehen lachen sie. Der Mann, der meine Hand zerquetscht hat, haut dem anderen kräftig auf den Rücken. Die Wärme der Sonne scheint sich in Luft aufzulösen. Und ich fühle mich verunsichert, die Helligkeit des Tages ist verdorben.

»Du dumme, dumme Kuh«, schelte ich mich selbst scharf. Doch was genau ich falsch gemacht habe, bleibt mir schleierhaft. Auch als ich alles im Kopf noch einmal durchgehe. Als ich Rab von der Begegnung erzähle, lacht er. »Das waren nur Draufgänger. Natürlich sind sie gekommen. Du lagst im Halbschlaf da und warst splitterfasernackt.« Ich sehe ihn an. Will er sagen, es sei meine eigene Schuld gewesen? Und hätte er sich womöglich genauso verhalten? Das macht mir tagelang zu schaffen, wie glühender Sonnenbrand. Ich habe das Gefühl, einer unsichtbaren Grenze zu nahe gekommen zu sein. Auf der einen Seite ich, allein, und zum ersten Mal steht Rab unerklärlicherweise auf der anderen Seite mir gegenüber und sieht mich an.

Ich vermisse meine Freunde, und Rab geht es nicht anders. Es ist ermüdend, mit niemand anderem reden zu können. Ich frage mich, ob auch Vögel einander überdrüssig werden. Dass sie deshalb Schwärme bilden – um vielstimmigem Zwitschern zu lauschen.

In den vielen Wochen, bevor unser abgelegenes Zuhause einen Festnetzanschluss hat, gehe ich zur Telefonzelle, die am Eingang eines nahe gelegenen Bauernhofes steht, um mit Freunden und Familie in Kontakt zu bleiben. Hastig füttern meine Finger den Schlitz mit Münzen. Jede Minute ist kostbar. »Es ist so schön, deine Stimme zu hören«, sage ich zu einer Freundin. Zu einer anderen: »Schreibst du mir? Als Ersatz für unser wöchentliches Lunch-Date?« Nur dass niemand mehr Tinte benutzt.

Die wenigen Briefe, die ankommen, sind umso wichtiger. Ohne andere Kommunikation sind selbst Rechnungen eine willkommene Abwechslung. Die Post kommt jeden Tag. Immer ist es ein hoffnungsfroher Moment. Morgens fährt das Postauto runter zum Wasser, um auf die Fähre zu warten. Es wendet, fährt rückwärts hinunter zur Anlegestelle und anschließend aufs Schiff. Die Säcke werden eingeladen, dann fährt es wieder die Insel hoch zur kleinen Poststelle, wo alles sortiert und anschließend in sämtliche Briefkästen ausgeliefert wird oder direkt bis zur unverschlossenen Haustür. Später wird die zu versendende Post gestempelt, verpackt und per Fähre nach Oban ins Zentraldepot gebracht. Jeder Tag ist geprägt von dieser Routine. Sie erfordert gutes Timing. Denn die Fähre wartet für niemanden, auch nicht für die Post. Nur das Wetter oder technische Schwierigkeiten können diesem minutiös geplanten Ablauf einen Strich durch die Rechnung machen.

Wir können es kaum erwarten, die anderen Inselbewohner kennenzulernen, zu Treffen hinter verschlossenen Türen eingeladen zu werden. Wie sich zeigt, liegt der Schlüssel dazu auf der Straße. Eines Tages fährt das fröhliche rote Postauto vor, als ich gerade im Garten arbeite. Die Postfrau hupt und lässt das Fenster herunter.

»Heut Abend schon was vor?«, fragt sie und lacht, als ich mit den Achseln zucke und den Kopf schüttle. Tatsächlich weiß ich nicht mehr, wann ich zum letzten Mal ausgegangen bin. »Tja, ich hab Geburtstag – wir machen einen Mädelsabend. Ich hol dich irgendwann nach sechs ab.«

»Komm nicht zu spät nach Hause und trink nicht so viel«, witzelt Rab, als draußen eine Hupe ertönt und er mich zur Tür rausschiebt. »Jetzt bist du auf dich gestellt.« Meine Haare sind gewaschen, meine Jeans sauber, und meine Arbeitsstiefel stehen an der Tür. Ich trage Make-up. Für einen Moment erkenne ich mich gar nicht wieder.

»Spring rein!«, ruft jemand. Doch als ich im Begriff bin, die Beifahrertür zu öffnen, sehe ich, dass alle Plätze schon mehr als besetzt sind. »Vorne ist voll!«, ruft dieselbe Stimme. »Steig hinten ein.«

Ich ziehe die Hecktür auf und sage überrascht Hallo – auch die Ladefläche ist beinahe voll besetzt. Mindestens fünf Frauen drängen sich hier. Keine von ihnen sagt etwas, doch ein paar Beine und Körper machen Platz. Eine schreit auf, und eine lacht. »Ey, du sitzt auf meinem Fuß, du Tollpatsch!« Das Eis ist gebrochen. Eine ausgestreckte Hand zieht mich hinein, die Tür wird von außen zugeknallt. Drinnen ist es stockdunkel, bis eine Taschenlampe angeknipst wird. Es wird gekichert, und eine Flasche macht die Runde. Es ist ein wunderbares Gefühl, bei dieser Feier dabei sein zu dürfen, über die Insel zu rauschen, auf dem Weg noch mehr feierwütige Frauen einzusammeln und später jenseits des Wassers mit ihnen in der Bar an der Ablegestelle um einen kleinen Tisch gedrängt zu sitzen. Nachdem der letzte Zehner auf den Tisch geknallt und der letzte Schluck getrunken worden ist, hasten wir zurück zur Fähre, die uns sicher nach Hause bringt.

Auch wenn ich mir nicht alle Namen merken konnte, kenne ich nun eine Handvoll Menschen, die hier leben. Mir dämmert, dass ich Freundschaften für viel zu selbstverständlich gehalten habe, und mir wird erneut bewusst, was für einen drastischen Schritt wir getan haben. Im Nachhinein wirkt unser altes Leben unglaublich einfach, vertraut und stabil. Jeder hat das Bedürfnis, andere Menschen in seiner Nähe zu spüren. Es mag merkwürdig klingen, doch man ist plötzlich weniger wählerisch, was die Gesellschaft anderer angeht, wenn man so dankbar dafür ist, überhaupt in Gesellschaft zu sein.

In der Dunkelheit nach Licht zu suchen hat auf der Insel Tradition. Ein erleuchtetes Fenster, so lerne ich, ist eine Einladung dazu, an der Tür zu klopfen, und wer bei uns Licht sieht, erwartet einen gastfreundlichen Empfang. Unser erster Besuch ist ein älteres Ehepaar, das plötzlich vor der Tür steht und mit uns plaudert.

Hereinkommen wollen sie nicht, doch wir nehmen ihre Wärme, ihre Freundlichkeit und ehrliche Neugier dankbar an. Sie bringen uns eine Blechdose voller Shortbread und einer selbst gemachten Süßigkeit namens Tablet, die aus Zucker, Kondensmilch und Butter besteht, fantastisch schmeckt – und so hart ist, dass man sie besser stückchenweise abbricht, als seine Zähne zu riskieren. Dann ziehen die beiden wieder ihres Weges. Unangekündigt von Tür zu Tür zu gehen ist eine völlig neue, unerwartete Art, sein Gesellschaftsleben zu gestalten.

»Das sollten wir üben«, schlage ich vor.

Hastig packe ich selbst gebackenes Brot und Kekse ein. Ich freue mich, doch es fühlt sich merkwürdig an, bei Fremden an der Tür zu klopfen. Am Ende fällt das Ergebnis wie erwartet aus: Manche Türen bescheren uns ein herzliches Willkommen voller Neugier und Freude, an anderen begegnet man uns mit Skepsis. Und ein paarmal erleben wir offene Feindseligkeit.

»Nun ja, wir wussten ja, dass es nicht leicht wird«, sinniert Rab. Wir sehen einander an. Es verunsichert einen, an einen Ort zu kommen und sich schon nach so kurzer Zeit zu fragen, ob man überhaupt willkommen ist.

Die Gespräche verlaufen gradlinig, folgen altbewährten, festgeschriebenen Mustern, die sich nach den Jahreszeiten oder dem richten, was im Leben der Menschen passiert. Der Austausch ist sparsam, die Worte wie gemeißelt. Wenig wird gesagt, umso bedeutender sind mehr oder weniger subtile Zeichen: das Zucken eines Auges, eine schlagfertige Antwort oder eine barsche Abfuhr. Ich vermisse tiefer gehende Begegnungen. Hinter der gelösten, geübten Warmherzigkeit versteckt sich eine Reserviertheit, ein tief verwurzeltes Sich-in-Acht-Nehmen, um nur ja nichts von sich preiszugeben. Ein Schutzwall, der sich nur schwer überwinden lässt. Man muss warten, bis die Zugbrücke runtergelassen wird. Es braucht Zeit, um sich eine Landschaft anzueignen und sich mit Traditionen vertraut zu machen. Gleichzeitig machen mir manchmal die mangelnde Privatsphäre und Anonymität zu schaffen. Ich frage mich, was man hinter verschlossenen Türen über uns erzählt.

Jede Woche wird von Gesten der Hilfsbereitschaft und Herzlichkeit erhellt – sie sind wie kleine aufblitzende Sonnenstrahlen. Sie lassen merkwürdige erste Begegnungen in Vergessenheit geraten und sind gerade deshalb besonders entzückend, weil sie völlig unerwartet und willkürlich passieren. Jemand nimmt mich an einem Regentag von der Fähre im Auto mit. Jemand winkt freundlich, als wir an einem offenen Fenster vorbeispazieren, oder ruft, man solle hereinkommen. Scheinwerferlicht in der Einfahrt, lange nachdem es dunkel geworden ist, ein Dram als Absacker, aus einem tief in der Brusttasche der Schurwolljacke steckenden Flachmann eingeschüttet, um uns in unserem neuen Heim alles Gute zu wünschen oder ganz einfach durch unverblümtes Nachfragen herauszufinden, wer wir überhaupt sind. Manchmal ist es etwas merkwürdig und ungewohnt, so lebhaft und gleichzeitig prüfend von Menschen in Empfang genommen zu werden, die wir erst ein paarmal flüchtig gesehen haben oder die wir gar nicht kennen.

Eines Morgens braust ein Kastenwagen aus unserer Einfahrt. Zurückgelassen hat er eine alte Holzkommode, an der eine anonyme Nachricht heftet. In hübscher Schrift lesen wir: »Wir hoffen, dass ihr sie gebrauchen könnt.« Ich bin gerührt von der umsichtigen Großzügigkeit. Ich kann mich nicht erinnern, in all unseren Londoner Jahren einmal mitbekommen zu haben, dass neue Nachbarn so bedacht begrüßt worden sind. Später, als wir die Kommode abgeschliffen und geölt haben, entdecken wir winzige Perlmutt-Blümchen in den feinen Holzverzierungen der Schubladen. Ich hoffe, dass wir uns für die Gefallen revanchieren können, entweder durch unsere Arbeitskraft oder in Naturalien, und dass diese Freundlichkeit weder versiegen noch sich gegen uns wenden wird, dass der Wind sich nicht plötzlich dreht.

Natürlich gibt es auch Nachbarn, die sich abwenden, die unser Lächeln nicht erwidern. Doch mit der Zeit lernen wir, welche Türen sich mit einem herzlichen Willkommen öffnen. Und dass für uns als Neulinge auf der Insel Gastfreundschaft und Zugehörigkeit zur Gemeinschaft bedeuten, dass unsere Tür allen offen stehen muss, unabhängig davon, wie man uns empfangen hat.

Am letzten Tag des Sommers hausen wir immer noch im Wohnwagen. Es regnet in Strömen. Der Regen prasselt aufs undichte Dach und durchweicht die Laken, kriecht durch die nach wie vor halb geöffneten Fenster. Wir ziehen die Matratze ins Trockene und stellen Eimer aufs zerrissene Linoleum unter den Fensterlöchern. Draußen ums Haus herum sammelt sich das Wasser in tiefen Pfützen. Selbst bei den Kühen ist die Stimmung gedämpft.

»Ready or not, es wird Zeit für den Umzug«, sagt Rab.

Im Cottage kämpfen wir gegen die Kälte. Die dicken, nicht isolierten Wände werden von den zischenden Scheiten im Herdofen kaum gewärmt. Unsere Haut spannt vom kalten Wasser. Kälte macht müde. Doch hinterher strahlt man von innen.

Der Regen hält an, und das braune vertrocknete Gras wird langsam wieder grün. Am selben Tag, an dem ich das bemerke, kommt der Installateur vom Festland. Seit Wochen warten wir darauf, dass er uns ans Stromnetz anschließt und Rohre durch den Morast legt, die unseren leeren Wassertank mit der Quelle verbinden. Jemand ruft, und Rab winkt glücklich aus dem Fenster. Endlich blubbert frisches Wasser aus dem verkalkten Hahn. Wir saugen fest an einem Schlauch, um die letzte Luft aus dem Rohr zu bekommen. Und obwohl es im Bad eiskalt ist, kommt es uns wie ein kleines Wunder vor, keine Eimer mehr schleppen zu müssen und heißes Wasser zu haben. Der Tank ist so klein, dass er kaum für eine Befüllung der gusseisernen Badewanne reicht. Doch selbst ein paar Zentimeter Wärme auf der Haut sind ein Luxus. Ich steige über den Badewannenrand und seufze vor Wohlbehagen, als die Wärme in meine Knochen strömt.

Ich lausche auf den Regen, auf den Wind, der ums Haus pfeift. Es ist ein wundervolles Gefühl, endlich in unserem Haus zu wohnen. Und obwohl der Sommer und jene ersten idyllischen Wochen vorbei sind, bin ich dankbar für das Dach über unseren Köpfen. Behagen und Unbehagen, so macht es mir bewusst, trennt manchmal nur ein Tropfen Wasser. Und dass damit eine seltsame Tendenz zur Verwilderung einhergeht, denn selbst Tiere haben die Möglichkeit, sich zu putzen und zu waschen. Schockierend, wie schnell man nicht mehr gut miteinander zurechtkommt, wenn einfachste Bedürfnisse über einen längeren Zeitraum nicht erfüllt werden können. Ich möchte mir das Staunen darüber bewahren, dass warmes Wasser aus dem Hahn kommt oder meine Haut dampft, wenn ich aus der Badewanne steige. Dass auch unsere Gespräche jetzt wieder leichter sprudeln, ist eine Erleichterung.

Auch wenn sich die Türen unserer Nachbarn langsam öffnen, fällt mir trotz aller Plaudereien auf, dass in unseren Gesprächen all das mitschwingt, was nicht gesagt wird. Die Frage, die bei jeder neuen Begegnung auftaucht – »Wen kennt ihr hier?« –, unterscheidet sich von dem üblichen »Was arbeitet ihr?«, an das wir in unserem alten Leben gewöhnt waren. Wir sind Fremde. Wir kennen hier niemanden. Wir haben keine Verwandten auf der Insel. Ich bin mir der impliziten Frage ständig bewusst, die mitschwingt und doch nicht gestellt wird: »Was wollt ihr dann hier?«

Am Ende des Sommers bekommen wir Internet. Der Empfang ist schlecht – der Sendemast befindet sich auf offener See, und das Signal wird erst nach Oban und dann über Meilen tosender Wellen zu der Satellitenschüssel an der Feuerwache gesendet.

Trotzdem ist es gut, wieder mit der großen weiten Welt in Verbindung zu stehen. Ich habe es aufgegeben, meine Freunde um Briefe zu bitten. »Schick mir doch eine E-Mail, das geht schneller«, sagen sie. Schwer zu beschreiben, wie viel persönlicher sich ein Brief anfühlt. Ich mag die Stille, die sich zwischen handgeschriebene Worte legen kann.

Ich beobachte die kreischenden Möwen über dem Wasser, wie sie ihre Flügel neigen und sich wagemutig gegen den Wind lehnen. Bei ihnen sieht das so einfach aus. Es braucht Zeit, um unsere Sicht auf die Welt kaum merklich zu brechen, neu zu ordnen und wieder zusammenzufügen. Rab und ich verhalten uns anders, sobald wir das Festland betreten. Auf der Insel interessiert sich fast niemand für das Leben, das wir zurückgelassen haben. Es ist, als hätten wir diesen Teil von uns bereitwillig abgestoßen. Manchmal frage ich mich, ob er für immer unsichtbar bleiben wird. Wir sind gefangen zwischen unserem Wunsch dazuzugehören und der Angst, dass wir, sollten wir bleiben, vielleicht am Ende zu jemand anderem werden.

4

CROFT

Die Gräser breiten sich in wilden Wellen über die Hügel aus. Darüber haucht der Wind, wiegt ihre angeschwollene pralle Fülle. Überall wird der Fruchtstand reif, flächserne Hülsen sind zum Bersten gespannt, bereit, entlang unsichtbarer Nähte aufzuplatzen und die Saat fürs nächste Jahr zu verteilen. Wenn ich über die Hügel wandere, liegt ein ungestümer Überfluss in der Luft. Ein aromatisch krautiger Duft, gewürzt von einem merkwürdigen Schirokko, der in warmen Stößen über das Meer getragen wird. Es ist ermüdend, am Ende des Sommers auf die Ernte zu warten. An manchen Tagen frage ich mich, ob es jemals so weit sein wird.

Sobald die Birkenrinde bricht und Distelwollewölkchen umherwehen, werden die Felder geschoren, und ein weiterer Gipfel ist erklommen. Hasen hüpfen aus den zitternden Binsen, und Seeadlerjunge strecken über den Hügeln ihre unerfahrenen Flügel aus. Ich sehe zu, wie ihre erbarmungslosen Fänge im anziehenden salzigen Auftrieb steigen, frei schwebend, nahezu reglos. Unter ihnen bleiben Vliesbüschel am rauen Weideland hängen, sie flattern wie zerrissene Gebetsfahnen. Das ist der Moment, wenn ein dumpfer, schmerzlicher Hunger im Wind spürbar wird.

Ich erkunde die gesamte Insel. Jede Bucht, jedes Feld, jeden Hektar und jeden Meter Land. Im fahlen, brachen Sonnenaufgang erwachen die Granitgesichter der Felsen zum Leben. Mit jeder Veränderung des Lichts wird die Landschaft schärfer, erleuchtet und merkwürdig machtvoll. Sie würgt ihre Geschenke hervor, ihre glänzenden Geschichten, wie harte, hallende Steine.

Jeder Hügel, jeder Hang, jede Schlucht und jedes Tal hütet ein Geheimnis. Ich höre, wie diese verlorenen Leben atmen, höre das Echo ihrer Stimmen im Wind. Die alten Dörfer stehen verlassen da, dicker Brennnesselwuchs zeigt, wo früher der Misthaufen lag. Mäuse nisten in den verfallenen Ecksteinen, und winzige Farne klammern sich an die Mauern. In jeder kleinen Siedlung folge ich dem überwucherten gewundenen Hauptpfad. Manchmal, wenn sich der Wind dreht, höre ich in der Ferne Kinder, die durchs Gras rennen.

Schnell habe ich einen Lieblingsort: ein felsiges Kap. Es liegt im Nordwesten der Insel, einsam jenseits der Hügel, abgeschieden hinter steilen Wasserläufen und schroffen Klippen, versteckt und nicht leicht erreichbar. Um dahin zu gelangen, muss man sich versteckten Wegen verschreiben. Man kann sich auf dem Seeweg nähern oder zu Fuß einen uralten kümmerlichen Wald aus Birken und Eichen, Erlen und Eschen durchqueren.

Keinen Weg und keine klare Markierung verzeichnet die Karte. Nur durch Zufall finde ich das Kap, als mir eines Tages an seiner entferntesten Küste eine schmale Weidefläche auffällt. Diese geheimen gewundenen Pfade sind wie in Vergessenheit geratene Liedzeilen, an die sich nur Hirsche und Schafe erinnern, dünne Risse im weichen torfigen Boden. Ich komme kaum durchs Dickicht, reiße mir Löcher in die Kleidung und verfange mich mit den Haaren in Brombeersträuchern, bis ich nach vorn falle. Ich lerne, mich noch kleiner zu machen. Hier, außer Sichtweite, ist es ruhig und erholsam.

Nordwestwinde haben diesem entlegenen Kap eine ganz eigene Form gegeben: ein riesiges erhobenes Gesicht im Profil, die blinden Augen gen Himmel gerichtet. Die stumpfe Brust, das wild entschlossene Haupt und die feine Adlernase, geschliffen aus Vulkangestein und Basalt. Hier schlummern jede Menge Legenden: Dies ist der letzte Ruheort von Ossian, dem Hüter des Bodens. Der Mensch ist ein Anachronismus, das Land gehört ihm nicht. Die Gesteinsschichten stammen aus dunkleren Zeiten voller Mythen und Urinstinkten, sie waren zuerst hier – und tragen die kreative und zerstörerische Macht der Erde in sich.

Steine werden behauen, *Duns* errichtet und vernichtet, Forts mit fensterlosen Türmen erbaut und schließlich begraben. Schafe kommen, Menschen gehen. Die Zeiten ändern sich. Rundherum wechseln sich Ebbe und Flut ab, und wieder und wieder brechen sich die Wellen. Später kehren die Menschen zurück. Und noch immer überdauert diese Felseninsel. Ganz gleich, wie sehr man sie auch in schmale Weidestreifen aufteilt, jene rigoros begrenzten und veränderlichen Territorien, die man hier *Croft* nennt.

Unser Croft heißt Rocky Ridge oder Rough Farm. Unser Haus ist aus Inselfelsen gebaut. Seine Erinnerungen sind mit der Landschaft verwoben, gestrickt aus uralten gälischen und nordischen Namen. Mein Mund legt sich um ihre ungewohnten Formen. Das Altnordische ist sperrig, hart wie die Berge der Fjorde, doch das Gälische ist weich wie die Felder. Felsen und Erinnerungen bilden das geologische und kulturelle Rückgrat der Insel. Über

Tassen voll Tee, Drams und gebutterten Scones werden Geschichten ausgetauscht, sie werden von den Trägern jener Namen weitergegeben, die über Generationen von Steinmetzen im Auftrag der Kirche in die aufrecht stehenden Steine gemeißelt wurden. Sich ein Bleiberecht zu erarbeiten ist genauso mühsam, wie der Inselerde ihre Steine abzutrotzen. Jedem Inselkind wird es mit Freude verliehen, ebenso denjenigen, die durch eine Heirat ins engmaschige familiäre Netz gelassen werden. Man kann es sich nur verdienen, indem das eigene Leben, die Freude und die Tränen in die dunkle flache Erde bluten.

Jedes bisschen Grund wird eifersüchtig geschützt wie enge Familienbande. Verwandtschaft und Boden sind Territorien, die man heftig verteidigt. Um etwas benennen zu dürfen, muss es einem gehören. Doch sosehr man sich auch anstrengt, verdient hat man es nie. Über Zugehörigkeit und Duldung bestimmen andere, die ihren eigenen Anspruch auf die Erde verteidigen. Die Geschichte des Crofts ist wichtig. Sein Verlust bereitet einigen spürbaren Schmerz, für manche ist er ein Grund für Anfeindungen. Umherliegendes Gerät, Pflüge und Ambosse, um die sich vor unserer Ankunft niemand geschert hat, haben plötzlich wieder eine Herkunft. Es ist merkwürdig, ihr Fehlen zu bemerken, wenn sie plötzlich nicht mehr am alten Ort liegen. Schwer, sich vorzustellen, wie es sein muss, wenn Fremde kommen und die Gewohnheiten des Crofts auf den Kopf stellen. Ich frage mich, ob man uns je vergeben wird, uns einen Teil der Insel genommen zu haben.

Wir bearbeiten unser eigenes Croft. Wir treiben Holzpfosten, die von einen Meter tief gesetzten Eckpfeilern gehalten werden, in die Erde. Mit glänzenden spitzen Krampen bringen wir den Elektrozaun an. Wir bestimmen unsere Marschlinien, unsere Grenzen, und schließlich ist das Croft bereit für eine Herde. Im Herbst kaufen wir auf der Viehauktion in Oban unsere ersten

Schafe: einige Cheviots und einige Hybriden aus einer Kreuzung von Bluefaced Leicester und Blackface, wegen ihrer starken Knochen und feinen Wolle. Unsere erste Lammzeit ist eine erschreckend reale, einschneidende Erfahrung, nicht mehr bloß ein idyllisches Gesprächsthema, denn der Bock macht sich sofort ans Werk.

»Jetzt geht's los«, sagt Rab stolz und lehnt sich über das Metalltor. »Der lässt nichts anbrennen.«

Ich bin überzeugt, dass nichts die Lämmchen am Kommen hindern wird. Und wie leicht die Natur das Geschenk des Lebens erscheinen lässt.

Unsere erste Lammzeit ist düster, schön, schwierig und erbaulich. Es ist so leicht, die ersten Anzeichen zu übersehen, wenn man nicht weiß, wonach man suchen muss. Man muss lernen, den Schleimpfropfen zu finden, der von der Gebärmutter abgesondert wird, und braucht ein geschultes Auge, denn die Beckenbänder werden lockerer, das Kreuzbein senkt sich mit dem Steiß und verbirgt so das angeschwollene Euter und die durch das Einschießen der Milch prallen Zitzen. Bald weiß ich, dass ich nach einer dünnen heraushängenden Wasserblase Ausschau halten muss, die reißt und ihren dampfenden Inhalt auf dem Boden verteilt. Sobald die Fruchtblase geplatzt ist, folgt unruhige Rastlosigkeit. Die Aue läuft angespannt im Kreis, stampft mit ihren Hufen und findet keine Ruhe. Diese Phase kann einige Minuten dauern oder aber, wenn sie mehr als ein paar Stunden anhält, auf Komplikationen hindeuten.

Wenn die Aue sich endlich hinlegt, bin ich erleichtert. Ich beobachte, wie ihre Augen glänzen, wenn sie den Kopf hebt und langsam zu pressen anfängt. Die tatsächliche Geburt beginnt mit ihren harschen stotternden Rufen. Manchmal kommt das Lamm genau richtig auf die Welt. Winzige feuchte Hufe lugen aus der Scheidenöffnung, überzogen mit Schleim und Fruchtwasser.

Kurz danach taucht ein glitschiges Köpfchen auf, ich suche nach dunkelblauen blinden Augen. Sobald die Schulterpartie draußen ist, ist das Schwerste geschafft. Der Körper gleitet rasch in einem warmen Fluss des Lebens und der Nachgeburt heraus. Schnell entfernen unsere Hände die Glückshaube von Mund und Atemwegen. Bei jeder Geburt macht mein Herz beim ersten schwachen, aber schrillen Schrei einen Satz.

»Wenn es mal immer so einfach wäre«, bemerkt Rab, als er die Aue geschickt umdreht und durch sanftes Ziehen an der Zitze der erste cremige Strahl Kolostralmilch herausschießt. Als das Lämmchen sich aufrappelt und trinkt, bin ich überglücklich.

Doch die Geburt verläuft nicht immer problemlos. Manchmal taucht zuerst der Kopf statt der Beine auf, dann muss man ihn zurück in die Aue drücken, denn selbst das heftigste Pressen wird sonst kein Lamm in diese Welt entlassen. Die starken Wehen, die die Hand spürt, mit der man vorsichtig in der Aue arbeitet, sind eine brutale, allmächtige Kraft. Manchmal knickt der Kopf des Lammes ab, oder die Schultern verkeilen sich, oder es bleibt mit einem Ellbogen im Geburtskanal hängen. Oder seine Nabelschnur hat sich mit einem Geschwisterchen verheddert, das noch in der Gebärmutter wartet. Ein Lamm in Fehllage ist schwer auf die Welt zu bringen, ohne dass die Nabelschnur reißt oder die weichen inneren Organe durch unser Eingreifen verletzt werden. Rabs Hände versuchen vorsichtig, diese ungeborenen Leben zu leiten. Es steht so viel auf dem Spiel. Ich zögere keinen Augenblick, als Mund-zu-Mund-Beatmung notwendig ist, ich presse die Lippen auf den Mund des Lämmchens und massiere mit meinen Fingern ein kleines stotterndes Herz. Ein Leben ist erst ein Leben, wenn Luft in die Lunge gelangt. Es ist ein schrecklicher Anblick, wenn ein perfekt geformtes Lamm leblos am Boden liegt. Da wir keine Erfahrung mit dem Vorgang haben, nehmen wir jeden Moment, wie er kommt.

Eines Morgens finde ich ein winziges Lamm ausgestreckt in der Dunkelheit. Es ist kurz vor Beginn der Dämmerung zur Welt gekommen und wurde von seiner Mutter verstoßen. Sein steifer Körper zittert vor Kälte, seine Zunge ist angeschwollen und färbt sich bereits blau. Ich wickle es in meinen Schal und renne mit ihm ins Haus. Mit Handtüchern rubble ich es ab und lege es sachte in einen Karton mit Stroh. Die Zeit wird zeigen, ob es überleben wird, geht mir durch den Kopf, als ich die Wärmelampe anschalte. Mir steigen Tränen in die Augen, als es den Mund öffnet und schreit. So außergewöhnlich ist das Menschsein. Man schätzt das Leben weitaus mehr, wenn man gerade dem Tod entronnen ist.

Mit einiger Mühe führen wir dem Lamm einen dünnen Schlauch in den Magen, und das in warmem Wasser aufgelöste Kolostrumpulver weckt langsam seine Lebensgeister. Nun weiß ich, dass es eine kleine Überlebenschance hat. Doch später lehnt seine Mutter es noch immer ab. Mit ihrer harten, knochigen Stirn boxt sie das Lamm. Wir trennen eine Bucht ab und binden die Aue mit einem weichen Geschirr an, um das Lamm zu schützen. Doch es ist zu geschafft von der Geburt, die Zunge ist noch immer geschwollen, und so kann es nicht an der Zitze saugen. Wir haben keine andere Möglichkeit, als es mit der Flasche großzuziehen. »Es muss trotzdem das Saugen lernen«, sagt uns einer der Bauern. Ein anderer zuckt bloß die Achseln. »Lohnt nicht. Ein Schlag auf den Kopf ist einfacher.«

»Das kann ich nicht, nicht, solange sie um ihr Leben kämpft«, entgegne ich.

Nach jeder Fütterung setzen wir es zurück in die Box. Wir halten die Aue fest, damit das Lamm das Nuckeln lernen kann, doch ein stärkeres Geschwisterchen schubst es grob aus dem Weg. Jedes Mal jagt die Mutter es fort. Sie beruhigt sich nicht, wenn das Lamm in der Box ist. Als ich das Lamm auf den Arm nehme, drückt es sich zitternd an mich.

»Ich ertrage das nicht«, sage ich, als es wieder und wieder fortgeschubst wird. Der Anblick ist furchtbar. Nach drei Tagen setze ich dem ein Ende. Ich trenne das Lamm von der Aue und ziehe es als Haustier auf. Ich nenne es Tilda. Sie schläft im Stall, umgeben vom Anblick und den Geräuschen der Ablammung, doch tagsüber folgt sie mir auf Schritt und Tritt. Sobald ich wach werde, mache ich ein warmes Fläschchen fertig, ziehe eine sterilisierte Gummizitze darüber und laufe zum Stall. Ich höre Tilda – es ist ein ganz besonderes Meckern, mit dem ein Lämmchen nach seiner Mutter ruft. Ein intimer Schrei, in dem sich Wiedererkennen, Vorfreude und Hunger mischen. Drei Wochen lang braucht Tilda Hilfe beim Füttern. Langsam heilt das Trauma ihrer schweren Geburt. Sie hat ein hübsches Gesicht mit ausgeprägten Zügen. »Ich denke, du wirst eines Tages wunderschöne Lämmer zur Welt bringen«, sage ich ihr. Wenn ich sie hochnehme, um sie zu füttern, knabbert sie aufgeregt an meiner Nase. Sie schläft auf meinem Schoß ein. Sie ist fasziniert von der Katze und liebt junge Himbeerblätter.

»Sie kann nicht im Haus bleiben«, meint Rab. Ich habe eine alte Keksdose übergangsweise zu Tildas Toilette umfunktioniert. Doch das wird nur gut gehen, solange sie sehr klein ist, und ich weiß, dass sie bald draußen wird leben müssen. »Sie braucht eine Freundin«, sage ich. Als wir winzige Drillinge zur Welt bringen, leistet das Lämmchen, das im täglichen Kampf um die Muttermilch nicht mit seinen beiden Geschwistern mithalten kann, Tilda Gesellschaft. Ich nenne es Milly. Sie ist so winzig, dass sie sich an kalten Tagen in einen mit Stroh gefüllten Terrakotta-Blumentopf setzt, um sich gegen den Wind zu schützen. Ihre winzige Nase und ihre aufgeweckten Augen folgen Tilda überallhin. Nachts spielen sie auf den Dielen des Cottage und saugen gierig an ihren warmen Fläschchen, bevor sie es sich in ihren Strohboxen gemütlich machen.

Wenn die Lammzeit vorbei ist, begraben wir die Lämmer, die es nicht geschafft haben. Das bringt uns dem Wunder des Lebens näher, genauso wie dem Schmerz seiner Verluste. Es härtet uns gegen die Erschöpfung des anstrengenden Frühjahrs ab.

Die Schafe wissen, wo jeder einzelne Strauch und jeder frische Grashalm ist. Wir brauchen Stunden, um sie von der offenen Weide zurück in den Stall zu treiben. Sobald sie die Bäume gefunden haben, lassen sie sich durch keinen Ruf der Welt von den schmalen Zickzackpfaden abbringen, die über die Klippen verlaufen. »Ich kann das nicht«, rufe ich Rab zu, der über mir klettert und versucht, unsere Herde von einem tückischen Felsvorsprung wegzulenken. Es ist nervenaufreibend, einen festen Tritt zu suchen oder einen Ast, an dem man sich festhalten kann. Eine Stimme plärrt in meinem Kopf: »Das ist viel zu gefährlich!«, eine andere: »Halt dich fest, nicht runtergucken.« Als wir die Tiere endlich in Sicherheit getrieben haben, sind wir beide am Ende unserer Kräfte. »Das ist doch verrückt«, sage ich. »Wir brauchen einen Hund.« Die Schafe umkreisen uns. Sie wissen ganz genau, wo sie für uns am unerreichbarsten sind, allen voran die Matriarchin, die die Herde anführt.

Eines Tages komme ich von einer anderen Farm mit einem Winzling von einem Welpen im Truck nach Hause. Sie hat lange weiche Haare, wie ein dauniger schwarzer Fuchs, weiße Pfoten und eine weiße Schwanzspitze. Als ich sie halte, vergrabe ich meine Finger tief in ihrem seidigen Fell. »Hallo, Maude.« Sie blickt mit strahlenden bernsteinfarbenen Augen zu mir hoch. An jenem Tag verliebe ich mich in sie. Sie ist für mich mehr als ein Arbeitshund. Sie füllt die Leere, die ich in mir trage, bis ich Mutter werde.

»Sie kann nicht draußen bleiben«, sage ich.

Ich will sie ins Haus bringen. Sie ist so winzig, sie soll nicht allein im Steinschuppen sein. Doch Rab bleibt hart. »Sie ist kein Baby. Sie ist ein Arbeitshund.« Und einer der Bauern, der gerade in der Küche steht, nickt bekräftigend und gießt sich das nächste Dram ein. »Geht nicht anders beim Arbeitshund.«

»Sie verweichlicht sonst. Lernt schlechte Angewohnheiten.«

»Ihr macht euch lächerlich und verderbt sie als Arbeitshund.«

Sie ist meine Hündin. Doch die Arbeit auf dem Croft ist Männerarbeit. Also kommt sie am Ende in den Schuppen.

In der ersten Nacht winselt und winselt sie. Ich kann nicht ertragen, dass sich ein so kleines Geschöpf so allein fühlt. Ich gehe raus und setze mich zu ihr ins Stroh. Ich habe eine Wärmflasche in eine weiche Decke gewickelt und einen tickenden Wecker mitgebracht, der sie an den Herzschlag ihrer Mutter erinnern soll. In meinem Bett im Cottage liege ich wach. Ich frage mich, warum es in Ordnung ist, einen Welpen allein zu lassen, ohne sein Rudel oder andere Gesellschaft, aber ein Kind nicht.

Sie wächst schnell. »Du liebst den Hund mehr als mich«, beschwert sich Rab. Ich lache. Auch wenn das nicht vorstellbar ist, mag es auf eine Art stimmen. Maude und ich werden zusammengeschweißt von gegenseitigem Vertrauen und bedingungsloser Liebe, die niemals aufhören werden. Unsere Zuneigung zueinander ist so weit wie der Himmel. Wir werden einander niemals überdrüssig. Manches ist schwer mit Worten auszudrücken.

Jeden Tag drehen Maude und ich auf dem Croft unsere Runden, gewöhnen uns an seine plötzlichen Abhänge, versteckten Ecken, Klippen und Bäume. Das Terrain ist schwierig. Abgesehen von unserem Zaun ist der Grund wild, offen. Ich will Maude nicht anleinen oder sie ein Gewicht mit sich zerren lassen, wie man mir geraten hat. Ich will, dass sie frei ist. Also bringe ich ihr Wörter, Zeichen und Geräusche bei für die Bewegungen, die sie lernen soll. Ich verbringe Stunden damit, mit ihr zu arbeiten und zu spielen, damit sie neue Tonfälle, Pfiffe und Handzeichen lernt. Es dauert nicht lange, und wir treiben zusammen die Schafe. Wir sind unzertrennlich.

Später im Herbst zahlt sich die monatelange Arbeit aus. Hagelkörner prasseln wie Geschosse aus dem immer dunkler werdenden Himmel, als ich mit gesenktem Kopf zügigen Schrittes in Richtung der reifbedeckten Felder gehe. Wir treiben die Schafe zusammen, um sie von den hohen windoffenen Feldern im Norden des Crofts zu den südlichen geschützteren Feldern zu bringen. Die Schafe haben ihre Deckung verlassen, und ein Lamm, noch keine zwei Jahre alt, hat sich einfach von der Herde gelöst. Jetzt hält die Herde nicht mehr zusammen. Es ist, als wäre mit einem Mal eine schwache Naht aufgeplatzt, und nun zerfasert auf beiden Seiten der Stoff.

Als Maude wegrennt, dreht sich der Wind. »Komm her«, rufe ich, doch sie hört mich nicht. Sie ist noch jung. Meine Lippen werden blau von den vielen Pfiffen, und ich könnte heulen vor Kälte. Ich sehe zu, wie sie eine Klippe erklimmt, scharf nach links hechtet und sich dabei überschlägt. Mein Herz bleibt beinahe stehen, als die Schafe auseinanderstieben und auf die abfallende Seite der Klippe zurennen, wo es zehn Meter nach unten geht. Nicht auszudenken, was nun alles schieflaufen kann. »Maude, sieh her. Bitte sieh her.« Doch sie sieht nicht her. Ich stemme mich gegen den Wind und renne los, bete, dass sie sich umdreht. Plötzlich bleibe ich stehen. Ich brülle nicht mehr. Ich lasse mein Rufen, meine Schreie und Pfiffe sein. Ich versuche, mit ihr zu kommunizieren. Nicht mit meiner Stimme, sondern mit meinem Herzen. Womit auch immer ich sie erreiche, mit meiner festen Entschlossenheit oder meiner völligen Verzweiflung – es hat seine eigene Stimme. Sie sieht auf, und ich fühle eine Verbindung zwischen uns. Als fände ein Schlüssel ins Schloss. Sanft leite ich sie an, lotse ihren wirbelnden Körper wie bei der Landung eines Flugzeugs. Ich spüre ihre Anstrengung, ihre enorme hellwache Intelligenz, die wie Strom durch ihr Gehirn fließt, eine intuitive Überspanntheit als Antwort auf meinen stummen Ruf.

Als die Schafe an mir vorbeitrotten, laufe ich hinterher. Ich ziehe das Tor zu und lehne mich außer Atem dagegen, wische mir Wind und Hagel aus den Augen. Ich knie mich hin und halte Maude in den Armen. Ich sehe den Schafen hinterher, die nun vor Wind und Wetter sicher sind, und habe das Gefühl, dass mein Herz gleich vor Stolz platzen wird.

Endlich im Cottage zu wohnen ist herrlich. In den ersten Wochen leben wir sehr spartanisch. Die Einrichtung besteht aus ein paar Stühlen, einem alten Herd und einer dünnen Matratze, die auf dem Fußboden liegt. Eines Tages hole ich einen hübschen alten Tisch aus dem Schuppen. Er ist überzogen mit Spinnweben, Staub und muffigem altem Gärheu. Beim Säubern kriechen winzige Silberfischchen aus seinen Ritzen und Gelenken. Ich stelle mir sein früheres Leben vor, die Gespräche und Geheimnisse, die er gehört haben muss. Ich frage mich, ob unsere Vorgänger dieselben Hoffnungen und Sorgen geplagt haben. In einer Holzkiste im Cottage finde ich ein altes vergilbtes Foto und hänge es an die Wand. Es ist eine Porträtaufnahme von einem Mann und einer Frau. Sie haben harte Gesichtszüge und wachsame, vorwurfsvolle Augen. »Sie müssen aus der Familie stammen, die hier gelebt hat.« Doch Rab nimmt das Foto von der Wand. »Hier gibt es schon genug Leute, die uns beobachten.« Ich glaube, ich weiß, was er meint.

Manchmal sehe ich, wie er hinaus in den Himmel blickt. Er trinkt und raucht mehr als früher.

Eines Tages ziehe ich die Schultern zusammen, als er sagt: »Manchmal wache ich auf und denke, ist es das? Soll das schon alles sein?«

Ich schiele zu ihm hinüber, möchte in seinem Gesicht lesen. Ich bin das Umziehen so leid. Ich erinnere mich daran, wie Rab war, als es mit unserem Londoner Viertel bergab ging, und dachte, wir hätten all das zurückgelassen. Rastlosigkeit führt zu störender Unzufriedenheit. Ich versuche, nicht darüber nachzugrübeln. Das hat unser Leben in der Stadt bedrückend und eng gemacht. Hier fühlt sich der Himmel für mich grenzenlos an. Es bereitet mir Sorgen, Rab in diesem Zustand zu sehen.

Ich behandle den Tisch mit dunklem Öl. Als er trocken ist, bringe ich ihn ins Haus. Seit Monaten haben wir nicht mehr an einem Tisch gesessen. Auf einem Hügel pflücke ich einen winzigen Strauß aus Wildblumen, Glockenblumen und wildem Thymian. Im *Loch* haben wir zwei Forellen gefangen. An dem Abend waschen wir uns, ziehen uns schön an und setzen uns zum Essen. Es fühlt sich an wie ein Date. Wir sehen einander an und lachen. »Es ist albern, aber ich hab weiche Knie«, sage ich.

In der nächsten Minute springt Rab auf. Ich höre einen Traktor, der sich nähert. »Heilige Scheiße, der kracht in den Schuppen!« Doch es kommt nicht so weit, der Fahrer bremst scharf und verfehlt die Ecke des Schuppens um Haaresbreite. Allerdings schrammt er die Regentonne. Dann bleibt er plötzlich stehen.

»Das könnte interessant werden«, sagt Rab. »Endlich ein bisschen Insel-Action.«

Gerade habe ich die herrlich dampfenden rosa Forellen auf den Tisch gestellt. »So viel zum Abendessen«, sage ich gereizt. Doch Rab ist schon zur Tür raus.

Im Garten liegen zwei Männer. Man kann sehen, dass sie mit Schafen gearbeitet haben. Ihre Flanellhemden sind mit Wolle übersät, ihre Jeans voller Matsch. Neben ihnen auf dem Boden liegt eine leere Flasche. Der Jüngere von beiden zieht sich langsam hoch, wobei er sich auf den anderen stützt. Sein Gesicht ist grobschlächtig und gerötet, der Rest von ihm hingegen schmächtig und blass.

»'tschuldigung.« Er schüttelt den Kopf und lallt. »Da bin ich wohl aus der Spur.« Er lehnt sich nach vorn und zieht seinen

Gefährten auf die Füße. »Miese Kurve. Hab zu spät gebremst. Wollte die neuen Nachbarn sehn.« Er torkelt zu Rab und haut ihm kräftig auf die Schulter. »Du glaubst also, du könntest Hectors Croft haben.«

Ich gehe zu ihnen und stelle mich neben Rab. Er macht einen Schritt nach vorn, um dem älteren Mann die Hand zu geben, der sich mit einer plötzlichen Bewegung ans Hinterrad des Traktors lehnt. Ich drehe mich um und wende mich unserem anderen Gast zu, der immerhin noch auf zwei Beinen stehen kann, als mir klar wird, dass ich dieses Gesicht schon einmal gesehen habe.

»Ah, und mit einer hübschen Schnecke noch dazu«, fügt er hinzu und packt mich am Arm. Es ist kein wirklicher Handschlag. Seine Finger schließen sich so fest um mein Handgelenk, dass ich mich kaum losmachen kann. Ich versuche, einen Schritt zur Seite zu machen, doch er lässt nicht los.

Ich schaue zu Rab, doch der ist noch immer mit dem älteren Mann beschäftigt.

»Schon gut«, sage ich und mache noch einen Schritt zurück. »Könnten Sie bitte … Sie tun mir weh.«

»Ach, ist das so?« Ein Flackern wandert über sein Gesicht, es wandelt sich von einem Lächeln zu etwas Härterem. Gerade hält er noch mein Handgelenk fest, doch im nächsten Moment gleiten seine Finger an meinem Arm hoch. Es passiert so schnell, dass ich nicht darauf vorbereitet bin. Er lässt seine Hand in meine Achselhöhle rutschen, die Finger am Träger meines Kleides. Für eine Sekunde bleiben sie dort, betatschen die weiche Haut an der Kurve meiner Brust. Meine Haut brennt unter der ungewollten Berührung.

Er lacht, als ich zusammenzucke und meinen Arm aus seinem Griff löse. Rab dreht sich um, hat keine Ahnung, was sich soeben zugetragen hat. Ich traue mich nicht, es klar und deutlich zu sagen. Stattdessen schaue ich hinunter auf mein Handgelenk, wo sich die weißen Spuren seiner Hand abzeichnen, und spüre noch den Druck seiner Finger. Ich sehe den Mann an, verwirrt, benommen und angespannt.

»Da wir jetzt miteinander bekannt sind«, sagt er angriffslustig, »ladet ihr uns doch bestimmt ins Haus ein.«

Er starrt Rab finster an. »Oder sollen wir euch etwa«, ich beobachte seine Lippen, während er jede Silbe mit Bedacht betont, »für nicht sehr gast-freund-schaft-lich halten?«

»Natürlich seid ihr willkommen«, antwortet Rab vorsichtig. »Und da ihr nun auch meine Frau kennengelernt habt«, er sieht zu mir rüber, »könnt ihr gern auf ein Dram hereinkommen.« Als ich den Kopf schüttle, zieht er verständnislos die Augenbrauen zusammen. Mein Blick bleibt hart. Ich sage Nein.

Es folgt unangenehmes Schweigen.

»Ich glaube nicht, dass das eine gute Idee ist«, sage ich, um die Stille zu füllen. »Ich setze einen Tee auf.«

Rab sieht mich an, verwundert, versteht nicht. Dann zuckt er die Achseln und geht vor zur Tür.

»Du machst jetzt keine Szene«, sagt er mir mit seinem Blick. »Nicht hier, nicht jetzt. Nicht mit zwei Besoffenen.« Ich weiß, dass es ihm wichtig ist, bei diesem Aufeinandertreffen das Gesicht zu wahren. Aber offensichtlich haben diese beiden kräftig einen über den Durst getrunken. Noch ein Dram – und bei denen gehen die Lichter aus. Plötzlich steigt Wut in mir auf. Wenn nicht hier und jetzt, wann dann? Ich bin mir nicht sicher, wer hier recht hat und wer nicht oder wie ich mich verhalten soll, nur habe ich das Gefühl, dass uns unser Zuhause genommen wird. Und dass Rab sich von mir entfernt hat. Ein Gefühl, das mir nicht gefällt.

Schweigend gehen wir ins Haus. Mit kalten, leeren Augen schauen die Forellen mich an. Ich schalte den Ofen ab und schiebe sie wieder hinein, damit sie warm bleiben. Rab holt weitere Gläser aus einem Karton und gießt zwei riesige Drams ein.

Er gibt sich Mühe, die Stimmung locker zu halten, doch die Atmosphäre ist angespannt. Nach einer Stunde gehen bei beiden Männern die Lichter aus.

»Was machen wir jetzt?«, frage ich. »Sie werden noch den ganzen Abend hier herumhängen.« Ich bin so frustriert und wütend. »Herrgott noch mal, Rab, das hier ist unser Zuhause.«

Wir starren einander an, doch unsere Blicke sind leer. Ich hasse es, wenn wir so unterschiedlich reagieren. Plötzlich tritt Rab gegen einen Stuhl. »Stell dich nicht so an.« Und das Gefühl, das dieser Satz hervorruft, ist schlimmer als alles zuvor.

Er rüttelt die Männer wach, ruppig, aber beiläufig. Im Kopf ist er noch mit meiner hastigen Beschreibung von dem beschäftigt, was sich im Garten abgespielt hat. Es ärgert mich, dass er anscheinend meint, das hier wäre lediglich ein Zug in irgendeinem Spiel.

»Tja, danke für den Besuch. Ihr solltet euch auf den Weg machen.«

Im Garten kippt die Stimmung direkt vor meinen Augen. Es ist schrecklich. Im einen Moment sind sie dabei zu gehen. Im nächsten lodert etwas auf. Der jüngere Mann schubst Rab von hinten. Mit breiten Schultern und gespreizten Beinen steht er da und ballt die Fäuste. Als meine eigenen Hände sich zu Fäusten formen, spüre ich, wie meine Nägel sich tief in die Haut bohren. Während sich seine dicken Lippen bewegen, wird mein eigener Mund trocken. Ich erstarre, als sein rotes Gesicht direkt vor Rabs schwebt. Dann dreht er sich zu mir. »Ihr sitzt hier schön im Warmen und glaubt, alles wäre so einfach, was? Tja, wenn ich eins noch mehr hasse als verfluchte Neulinge, dann ist das eine Bande von Bastarden, die sich wo rumtreibt, wo sie nicht hingehört.«

Ich blinzle und merke, dass sich meine Gliedmaßen durch den Adrenalinschub langsam und geschmeidig bewegen. Rab legt dem Mann eine Hand auf die Schulter, und ich kriege einen Schreck, als dieser sie grob abschüttelt. Der Mann muss meine

Angst und ungläubige Wut wittern, denn nun ist sein Gesicht mir so nah, dass ich seinen heißen Atem spüren kann. Ich sehe ihn geradewegs an, und einen Moment lang halte ich mit aller Macht meinen Blick. Doch rasch bricht er. Ich will ihm wehtun, aber in seinen Augen liegt echter, tiefer Hass. Ich starre auf die Spucke an seinem Kinn, seine zu weichen Lippen, seine lallende Zunge und fühle, wie der Raum um mich herum sich verengt.

»Nette Titten, gebärfreudiges Becken«, geifert er. »Dieses Croft braucht eine süße kleine Färse und einen Bullen, der sie deckt.«

Nachdem sie weg sind, essen wir die Forellen nicht. Sie sind trocken und verbrannt. Schweigend sitzen wir da.

»Magst du ein Dram?«, fragt Rab schließlich.

»Ja, mach Doppelte draus«, nicke ich. Dann nehme ich selbst die Flasche. Meine Hand zittert, als ich mein Glas fülle.

Im Herbst bekomme ich eine wunderschöne Highland-Stute. Sie ist cremefarben und strahlt hell wie die blasse Wintersonne. Ich nenne sie Fola. Sie ist eine Zuchtstute, so wild wie die Hügellandschaft. Doch nach einem langen Sommer mit einem Hengst ist sie noch immer nicht trächtig. »Zeit, sie loszuwerden«, meint ein Nachbar. »Für Schmarotzer gibt's keinen Platz auf dem Croft.« Und ich bin traurig. Weil ich weiß, dass die Leute recht haben. Doch da ist eine Sanftheit in Folas Augen, die mich zögern lässt. »Geben wir ihr noch ein wenig mehr Zeit«, schlage ich Rab vor. »Vielleicht können wir sie anderweitig gebrauchen.« Rab bleibt skeptisch.

An Regentagen füllen sich ihre Hufabdrücke mit Wasser. »Sie ruiniert den Boden von unserem Croft.«

»Aber was ist mit den Kühen?«, entgegne ich. »Davon haben wir viel mehr, und ihre Hufe richten größeren Schaden an.«

»Den machen sie durch ihre Kälber wieder gut.« Er verschränkt die Arme vor der Brust und sieht mich herausfordernd an.

Mir gehen die Argumente aus. »Warten wir bis zum Frühling. Ich werde versuchen, einen Kompromiss zu finden.«

Ich bin fest entschlossen. Wir haben herausgefunden, dass unser Croft früher dem Hufschmied gehört hat. Unter den kaputten Balken des Strohdachs des verfallenen Schuppens zeugen Pflastersteine und Boxen davon, dass dort zahme Arbeitspferde gestanden haben müssen. Mir gefällt der Gedanke, dass mit Fola Pferde zurück auf dem Croft sind, und ich frage mich, ob auch sie eines Tages das Land bearbeiten kann.

Ich kann verstehen, dass in der mittlerweile weitgehend mechanisierten Welt der Landwirtschaft der Gedanke an ein Arbeitspferd überholt wirkt. Doch mittlerweile merke ich zunehmend, dass meine Ideen oder Vorschläge von den anderen Bauern, die uns besuchen, ignoriert, belächelt oder postwendend abgetan werden. Manchmal frage ich mich, ob sie der Meinung sind, auch für eine Frau gebe es keinen Platz auf den Feldern.

Ich fange Fola ein und streichle federleicht jeden Quadratzentimeter ihres Körpers. »Schon gut. Du kannst hierbleiben, mit oder ohne ein Fohlen.« Und dann flüstere ich: »Aber du musst mir helfen.« Und ich bin aufgekratzt, denn ich habe wenn auch keine Lösung, dann zumindest einen Plan.

»Braucht viel Zeit, den Willen von ’nem Pferd zu brechen«, sagt mir einer der Bauern.

»Ich werde es auf sanfte Art machen«, gebe ich knapp zurück.

Als wir allein sind, mache ich Fola ein Versprechen. »Ich werde dich niemals vor einen Karren spannen und dich hinter mir herschleifen«, sage ich ihr. Ihre sensiblen Augen sehen mich an. Ich weiß, dass sie zuhört. Es braucht Zeit, bis ein Pferd Vertrauen aufbaut. Ich spreche mit ihr und striegle ihren ganzen Körper mit einem Tuch. Als eine Fliege auf ihrem Fell landet, bemerke ich, wie sie sofort eine Gänsehaut bekommt. Ich denke darüber nach, wie heftig man bei akuter Empfindlichkeit reagieren kann. An diesem Tag träume ich davon, wie wir zusammen über die Hügel galoppieren. Mit der Sonne im Gesicht, dem Wind im Rücken und dem weiten Meer am Horizont.

»Bist du sicher, dass du das tun solltest?«, fragt Rab mich, als ich ohne Sattel aufsteige. Ich bin überglücklich und habe gleichzeitig Todesangst, als sie nervös auf dem Gras ihre unsteten Runden dreht. Am nächsten Tag wirft sie mich ab. Ich lerne, meinen Körper weich zu machen, wenn ich abrutsche. Ich übe. Ich liege im Gras, ganz still, damit sie mich finden kann. Ein Pferd einzureiten erfordert viel Zeit, besonders bei uns beiden, denn wir beide lernen noch. Und dann, eines Tages, sitze ich auf ihr, und ich fühle ihre Atemzüge, die gegen meine Beine drücken, ich klopfe sanft gegen ihren Hals. »Komm schon, Fola, jetzt oder nie.« Sie spitzt die zitternden Ohren.

Ich lehne mich vor, nähere mich mit dem Kopf ihrer Mähne, und ihre Augen funkeln, als sie losgaloppiert. Plötzlich bläst uns der Wind um die Ohren, die Hügel ziehen vorbei, und ich fliege mit Fola. Wir fliegen zusammen. Über unserem Kopf ist der Himmel, unter den Hufen der Taktschlag des festen Erdbodens. Ich habe einen Teil von mir gefunden, der mir unbekannt und neu ist. Ich bin wild und frei.

Im Herbst kommen die Hirsche von den kahlen Hügeln herübergeschwommen. Die Insel sieht sie ankommen und empfängt sie mit einem harten Gesicht. Und doch kommen sie. Getrieben vom Hunger riskieren sie die schwierige Strecke durch die Gezeiten, die um die Insel toben. Fürs Überleben müssen sie alles auf eine Karte setzen, alles für den ersten süßen Bissen. Im Inselinneren verschleiern die reichen Weidelandfurchen und Wiesen, die sich der Länge nach über die gesamte Insel erstrecken, diesen brutalen Kampf. Doch in der Morgendämmerung kann ich das Wild manchmal dabei beobachten, wie es wagt, den steinigen

Pfaden in der Hoffnung auf ein flaches Stück Wiese zu folgen. Die Tiere übertreten Territoriumsgrenzen und riskieren dabei ihr Leben. Sie gemahnen mich, auf jeden meiner Schritte zu achten.

Es gibt die, die uns alles Gute wünschen. Andere wollen scheinbar, noch bevor sie uns kennengelernt haben, dass wir scheitern. Manchmal bekomme ich Schweißausbrüche darüber.

»*Wir* wollten dieses Croft kaufen.«

Darin liegen Angriffslust, Feindseligkeit und die Andeutung, wir seien nicht die rechtmäßigen Besitzer. Ich schnappe nach Luft.

»Das tut mir leid«, sagt Rab und reibt sich unbehaglich seinen Nacken. »Wirklich blöd. Tut mir leid, dass es nicht geklappt hat. Andererseits«, fügt er hinzu, »bin ich froh, dass wir hier sind.«

Später, als das Thema noch immer nicht fallen gelassen wird und Gläser weiter gefüllt und geleert werden, hakt er nach: »Aber habt ihr denn ein Kaufangebot gemacht?«

Und es stellt sich heraus, dass es zwar ein fester Vorsatz war, jedoch nichts unternommen wurde, um tatsächlich neuer Besitzer zu werden.

»Lass es einfach«, sage ich. »Ist doch egal. Wir sind jetzt hier. Diese Gefühle, sie werden mit der Zeit verschwinden.«

Nur ist es nicht egal. Und nichts verschwindet. Noch Jahre später dieselben Ressentiments. Wie hören Gerüchte über ein handschriftliches Stück Papier und einen totgeschwiegenen Erbstreit. Manchmal ist es einfacher, eine halbe Wahrheit zu vergraben als eine ganze. Oder diesen nervenaufreibenden Animositäten den Rücken zuzudrehen. All diese Tuscheleien werden am Ende abnehmen, sich selbst überdrüssig werden oder ganz einfach verwehen, genau wie der schneidende salzige Wind.

»Aber das ergibt doch keinen Sinn«, rufe ich am Tag nach einer weiteren erbitterten Anfeindung. »Wenn die Familien unbedingt beieinanderbleiben wollen oder die Gemeinschaft nur unter ihresgleichen leben will, warum machen sie uns dann die Vorwürfe, statt sich beim Verkäufer zu beschweren? Es wird doch wohl die fragliche Familie oder die Einzelperson sein, die den Preis festlegt und ein Angebot akzeptiert. Warum nicht weniger nehmen und in dem Fall mehr haben?« Ihre Argumente scheinen unfair, nicht aufrichtig, und sie schmerzen umso mehr, da sie so perfide sind. Und sie bereiten mir Sorgen. Manchmal fühlt es sich merkwürdig an, dass wir dort, wo wir leben, für immer unsichtbar sein werden. Ganz gleich, was wir tun, wie lange wir dort leben oder bleiben, es wird immer »Hectors Croft« sein.

Mit dem Schärferwerden der Jahreszeit nimmt der Wind zu, die Brandung wird stärker, klatscht gegen die Felsen. Wir ziehen die Köpfe ein und machen weiter. Wir kümmern uns um den schroffen Boden. Mir ist bewusst, wie viel schwieriger dies ohne Rab an meiner Seite wäre. Feldarbeit bedeutet Teamwork, zusammenhalten, jeder in seiner Rolle und mit der Bereitschaft, mit anzupacken. Es ist mühevoll, ein effizientes System aufzubauen, im Einklang mit den Jahreszeiten und dem Sonnen- und Mondkalender. Wenn sich der Herbst in den frühen Winter wandelt, nehmen an manchen Tagen auch die Winde zu, dann ist die See zu wild, und die Fähren stellen ihren Betrieb ein. Wir brüten über der Wettervorhersage und den Gezeitentabellen und planen für den Fall voraus, dass wir nicht aufs Festland können, um unsere Vorräte an Lebensmitteln und Tierfutter aufzustocken.

In Oban kennen wir niemanden, sodass wir selten hinfahren. Manchmal stöbere ich im Buchladen oder im Charity Shop, nehme die letzte Fähre zurück und esse mit spitzen Fingern heiße, vor Essig triefende Pommes aus der Tüte, oder ich gönne mir an einer Bude am Pier frisch gekochtes Krabbenfleisch, serviert direkt in ihrem Panzer. Aber auch wenn wir meist nur aufs Festland fahren, um Vorräte einzukaufen, fühlt sich das Leben noch härter an, wenn man weiß, dass man aufgrund des Wetters nicht wegkann, selbst wenn man es an manchen Tagen gerne möchte.

Es ist ein großer Moment, als eines Nachmittags der große Transporter vom Festland mit einer lang ersehnten Lieferung für uns über die Insel gefahren kommt. »Bitte seien Sie vorsichtig«, platze ich heraus und versuche bei der schwierigen Unternehmung zu helfen, als die Ladung mit alten, nicht allzu vertrauenerweckenden Seilen erst in unseren matschigen Vorgarten verfrachtet, dann unsanft durch unsere kleine Küche ins Wohnzimmer manövriert wird. Das Klavier habe ich für ein paar Pfund über eine Anzeige in der *Oban Times* erstanden. Als ich meine Finger über die Tasten gleiten lasse, bin ich erstaunt. Es ist unbeschädigt und hat einen guten Anschlag und Klang.

Bis man seine mentale Checkliste auf alle Eventualitäten vorbereitet hat, braucht es einige Zeit. Natürlich erwischt es uns manchmal kalt. Auf der Insel gibt es keine Zapfsäule für Diesel oder Benzin, und unser Verbrauch ist so gering, dass sich die Installation eines doppelwandigen Vorratstanks nicht lohnt. An einem regnerischen Tag ist der Tank der Vespa plötzlich leer, es ist zu windig, um Rad zu fahren. Also wickle ich mich in meinen Regenmantel und laufe nass bis auf die Knochen überallhin, wo ich eben hinmuss. Am nächsten Tag stecke ich den Benzinkanister in einen schwarzen Müllsack und fahre aufs Festland, doch ich habe die nötigen Formulare nicht ausgefüllt oder der Crew Bescheid gesagt, und vor der Rückfahrt wird der Kanister entdeckt und konfisziert. Am Ende teilen wir uns mit anderen ein Boot und besorgen an einem ruhigen Tag unser Benzin, wir hocken auf den nassen Planken, der Motor tuckert, während das Salzwasser über den Kiel spritzt und die Kormorane auf den kargen, mit Seetang übersäten schroffen Schären kauern.

In jenen ersten Monaten auf der Insel verläuft die Zeit in einem anderen Rhythmus. Ich spüre, wie die Landschaft unser kleines

Leben dabei beobachtet, seine eigenen Rhythmen zu finden. Wir beginnen, uns mit einer anderen Geschwindigkeit zu bewegen, die dem Kommen und Gehen der Jahreszeiten angepasst ist, der Lammzeit, dem Silieren, dem Makrelenfang, der Heuernte. Die Technik hat auch hier das Leben verändert, aber nicht so stark wie auf dem Festland. Als ich den alten Steinschuppen ausräume, finde ich haufenweise kaputte Laternen und Dochte. Ich erfahre, dass Gasbeleuchtung erst in den späten Fünfzigern Tilley-Lampen und Wachsdochte ablöste. Strom gibt es auf der Insel sogar erst seit Mitte der Siebziger. Die Pferdewagen und -pflüge mit ihren vorgespannten starken Zugtieren wurden durch Traktoren ersetzt und, sehr viel später, durch schwere dieselbetriebene Transportwagen, die Ölspuren in den Pfützen hinterließen, in denen sich zuvor frisches, klares Regenwasser gesammelt hatte. Doch der Himmel bleibt ruhig und düster. So sehr haben sich die Zeiten nicht verändert.

Eines Morgens verdunkelt sich der Himmel, und die Luft ist erfüllt von gedämpfter Stille. Ich liege im Bett und fühle, wie die Dachziegel zittern. Während das Dach klappert und ein eisiger Zug durch unsichtbare Löcher pfeift, ziehe ich die Decken enger um mich. Unten ächzt und stöhnt das kalte Kamingitter. Dann zünde ich trockenes Kleinholz an und knie dicht vor dem Feuer, locke sanft die Flammen, die schließlich auflodern. Als ich das Radio anschalte, kündigt die Wettervorhersage Stürme mit einer Geschwindigkeit von beinahe zweihundertvierzig Stundenkilometern an. Den ganzen Tag über höre ich die Nachrichten und beobachte das Barometer. Auf der Insel spricht sich die Prognose für die Schifffahrt herum, eine monotone Stimme informiert uns darüber, dass der Wind noch zunehmen wird. Rab ist heute auf dem Festland. Er ruft an, und ich erfahre, dass er bis morgen dort festsitzt, da nun Wind und Wellen an unsere Küste peitschen.

»Bind alles fest«, weist er mich an; er klingt angespannt.

»Und sorg um Himmels willen dafür, dass das Stalldach sicher festgeschnürt ist.« Ich umkralle den Hörer und nicke, das Herz hämmert mir in der Brust.

Der wirbelnde Wind klingt dunkel und schadenfroh, er peitscht die Äste. Als ich aufsehe, haben sie sämtliches Laub verloren. Wohin fliegt ein Vogel, wenn sein Heim zerstört wurde? Und wie bleibt sein Gefieder bei diesem Unwetter trocken, um ihn zu schützen? Auf der Suche nach Seilen haste ich ums Haus, finde jedoch nichts, was nicht zu kurz oder zu dünn wäre. Am Ende rolle ich einen riesigen Wasserschlauch auf, klettere auf eine Leiter und versuche, ihn irgendwie über das Scheunendach zu werfen. Allein ist das eine undankbare und komplizierte Angelegenheit. Endlich gelingt es mir, ihn über den First zu schleudern, und ich merke, dass er auf der dem Wind abgewandten Seite hinunterfällt.

Hastig durchsuche ich den Garten nach einem geeigneten schweren Objekt, an dem ich den Schlauch befestigen kann. Auch das ist eine ganz eigene Herausforderung: Je schwerer der Gegenstand, desto mühevoller ist es, ihn zu bewegen. Am Ende hole ich die Vespa, Rabs Schmuckstück, aus ihrer Überdachung. Ich habe den Zündschlüssel nicht, und sie vorwärtszuschieben ist mühsam. Ich schwitze vor Anstrengung, doch Angst und Adrenalin verleihen mir eine Stärke, von der ich nicht wusste, dass ich sie in mir trage. Es gelingt mir, sie in Position zu bringen, doch am Ende, als ich versuche, sie auf die Seite zu legen, kann ich ihr Gewicht nicht mehr halten. Als sie mit einem Krach umkippt, verziehe ich das Gesicht, aber mich zu fragen, ob sie dabei kaputtgegangen ist, dafür habe ich keine Zeit. Ich kämpfe gegen den Wind an und werfe ein weiteres Stück Schlauch über den hinteren Giebel, den ich an einer alten, rostigen Ackerfräse festbinde, die man früher vor einen Pflug gespannt hätte. Ich bete, dass meine Konstruktion halten wird.

Gegen Mitternacht fängt das Cottage an zu brummen, bedrohlich wie unter Schwachstrom. Ein merkwürdiges Geräusch. Ich kann den Blick nicht von den flackernden Lampen abwenden, als sie schwächer werden, zu einem faden, mürrischen Braun verblassen. Ich habe keinen Schimmer, ob unser Stromkreis sicher ist oder ein Windstoß den Stromkasten von der Wand reißen könnte. Mir wird klar, dass ich nicht weiß, wie man einen Elektrobrand löscht, und dass ich das eigentlich wissen sollte. Man fühlt sich machtlos, wenn man mit etwas konfrontiert wird, was man nicht begreift. Und es ist schrecklich, sich ganz allein aufs Schlimmste gefasst zu machen. Draußen rauschen die Bäume, der Sturm heult, und seine enorme Kraft rüttelt an den Fenstern. Eine Sekunde vor dem blendenden Blitz bekomme ich Gänsehaut, auf den Blitz folgt ein ohrenbetäubendes Getöse. Der Strom fällt aus. Die darauf folgende Dunkelheit ist aufbrausend, lebendig und undurchdringlich. Noch immer geblendet von dem schneidend hellen Blitz, kann ich die Hand vor Augen nicht sehen. Doch ich fühle, wie mir das Herz bis zum Hals schlägt. Mein Atem stockt mir in der Kehle. Als meine alte Katze miaut und aufs Bett springt, nehme ich sie in den Arm. Es ist beruhigend, ihre weiche Wärme zu spüren.

Wenige Stunden später schrecke ich plötzlich hoch. Der Wind heult noch immer, die Katze ist weg und lässt sich nicht blicken. Mit gespitzten Ohren taste ich blind vor mir her, um das Fenster zu erreichen. Angstvoll beschleunigt sich mein Atem. Ein schimmerndes weißes Licht durchflutet den Garten. Eine Stromleitung ist gerissen, das Kabel tanzt und sprüht Funken wie ein wütender Zitteraal. Die Schönheit dieses Anblicks zieht mich in ihren Bann. Dann kracht es, und ich höre das langsame Ächzen von brechendem Holz: Der Kirschbaum ist umgeknickt.

Nur langsam stellt sich die Dämmerung ein. Stundenlang sitze ich auf dem Holzstuhl, zitternd unter dicken Decken, die

Arme um meinen Körper geschlungen und die Augen in die undurchdringliche Dunkelheit gerichtet, die sich draußen selbst auspeitscht. Ich bin froh, als der Himmel endlich heller wird, fahl, von blassen Streifen durchzogen. Der Strommast ist der Länge nach gespalten, doch die weißen Funken, die noch immer nervös im Wind zittern, werden vom aufziehenden Tageslicht überblendet. Ich puste die Kerze aus und begrüße am Fenster die Dämmerung, erleichtert darüber, dass sich meine größten Ängste nicht bestätigt haben, der Strom hat sich nicht am Kabel entlang und bis zu unserem Haus gefressen. Später begreife ich langsam, dass mir in diesen durchwachten, Funken sprühenden Stunden etwas Außergewöhnliches widerfahren ist. So ist die Angst. Weiß glühend.

Mir wird wieder bewusst, dass es stärkend und von unfassbarer Schönheit sein kann, zu durchleben, was man am meisten fürchtet.

Als ich die Tür öffnen will, liegt ein umgestürzter Baum davor, sodass ich aus dem Fenster klettern muss. Überall liegen Äste, Laub und Steine. Ich lasse den Blick über unser Croft schweifen. Die außergewöhnliche Stille ist erschütternd. Die Kühe kommen für ihre morgendliche Fütterung, und ich gehe ihnen entgegen. Es mag merkwürdig klingen, doch ich bin dankbar, dass sie da sind. Ich frage mich, ob es ihnen nach einer solchen Nacht auch so geht. Ich habe neuen Respekt für die schöpferischen und zerstörerischen Kräfte dieser Landschaft. Und ich habe das Gefühl, eine Art Test oder Initiationsritual durchgemacht zu haben, als ich diese Nacht allein überstanden habe. Ich ziehe die Decke fester um mich und fühle Erleichterung, als ich endlich die Sonne aufgehen sehe.

5

SCHINDEREI

Wir brauchen Arbeit. Unsere Ersparnisse schwinden. Auf den Inseln gibt es ein altes Sprichwort: Für Notwendigkeit gibt es kein Gegenmittel. Auch wenn wir von einem einfachen Leben träumen, ist es noch nicht möglich, allein vom Croft zu leben, während wir unsere Farm aufbauen und das Haus renovieren. Das macht mir Sorgen. Hände greifen in unsere Taschen und ziehen die Scheine schneller aus ihnen heraus, als mir lieb ist. Quittungen sammeln sich schneller in einem Briefumschlag an, als man gucken kann. Ein Leben in der Natur ist nichts für schwache Nerven. Die Wahrheit ist, dass man sich als Selbstversorger ungeheuren Kosten gegenübersieht. Es braucht viel Kapital, um einen Hof komplett neu aufzubauen, und zu Beginn werfen unsere Ausgaben herzlich wenig ab. Da macht es kaum einen Unterschied, ob wir selbst Hand anlegen oder eine Hilfskraft bezahlen. Die Zeit hat ihren eigenen Wert, und Abwarten ist nicht immer geschickt, wenn ein Job erledigt werden muss, ganz besonders, wenn anderes von ihm abhängt. Man muss sämtliche Faktoren berücksichtigen, jede Aufgabe von Anfang bis Ende durchziehen, statt halbherzig zu handeln oder sie zu vermasseln. An manchen Tagen sieht uns das Croft vorwurfsvoll an.

Die Natur verzeiht vieles, doch unsere Ansprüche an uns selbst sind kompromisslos. Jeder Tag hat sein eigenes Gewicht, ist ein Balanceakt. Wenn man über die Kosten des Überlebens nachdenkt, fragt man sich schnell, wohin all das Geld fließt und warum es so viel kostet, einfach weiterzuatmen. An manchen Tagen scheint selbst der Himmel seinen Lohn einzufordern. An diesem Zwiespalt mühe ich mich Tag für Tag ab. Der Boden offenbart seine Geschenke, die Erde indes muss man unterhalten.

Zu Beginn eines jeden Jahres schmieden wir Pläne, wagen Prognosen und versuchen, sämtliche Eventualitäten zu berücksichtigen. Sorgfältig rechnen wir unsere Ausgaben durch, schreiben sie auf und streichen sie dann durch. Jeden Penny und jedes Pfund unseres Budgets halten wir haarklein fest. Doch im Laufe des Jahres werden wir übermütig. Wir gehen Risiken ein. Wir machen Fehler, warten mit dem Kauf von Werkzeugen, die uns das Leben erleichtern würden, zu lange oder kaufen andere Ausrüstung, die wir uns sparen könnten. Es sind merkwürdige Tauschgeschäfte. Mit unserer Arbeitskraft sind wir freigiebig, doch abgesehen davon hat alles seinen Preis.

Ich möchte für den Austausch ein anderes Maß anlegen und den Wert von Maschinen oder unserer Ausstattung, von Toren, Zäunen oder Klauenständen nicht mit ihrem Ladenpreis beziffern, sondern mit den Minuten und Stunden meines Lebens.

Wenn man das Ganze so betrachtet, bewertet man die Dinge anders, definiert Wert auf andere Weise. Ich finde es hilfreich, die Zeit durch die Aufteilung in Minuten zu entschleunigen. Es verleiht all den Stunden, Tagen und Jahren, mit denen wir unseren weltlichen Besitz bezahlen, einen Sinn. Ich berechne den Wert in einer wahrhaftigeren Währung. Wir bezahlen nicht nur mit Jahren der Arbeit, sondern mit Jahren unseres Lebens.

Wert auf diese Weise zu betrachten verleiht jedem Kauf eine spirituelle Dimension. An manchen Tagen wünschte ich, ich wäre früher darauf gekommen. Ich denke häufig zurück an unsere ersten, sorgenfreien acht Wochen, nachdem wir auf der Insel angekommen waren. Sonne und Himmel waren genug für uns. Rab sagt: »Das war, bevor wir angefangen haben zu leben.« Ich aber finde, dass wir damals sehr viel wahrhaftiger gelebt haben. Geld hat etwas Trügerisches an sich. Man meint, es würde ewig vorhalten, doch eines Tages sieht man auf, und es ist für immer verschwunden. Man glaubt, ein nicht versiegender Strom wird einen immer weiter tragen – bis er eines Tages austrocknet.

Wir sind noch nicht am Abgrund, aber mich beschleicht das Gefühl, dass wir uns ihm nähern. Die quälende Sorge begleitet mich auf Schritt und Tritt, wie eine wunde Stelle, die man immer wieder sanft in der Hoffnung drückt, sie möge verschwinden. Doch das tut sie nicht. Die wenigen Besuche von Freunden hören auf. Wir leben mit weniger Komfort, als sie gewohnt sind. Ich bin überglücklich, als mein Bruder mit seiner jungen Familie aus Hongkong anreist. Doch obwohl er sagt: »Das war der beste Urlaub, den wir je hatten!«, machen auch ihnen die harschen Bedingungen zu schaffen, und es bleibt bei diesem einen Besuch.

Rab ist frustriert, weil wir nicht die gleiche Ausstattung wie andere Höfe haben. Und das ist sein gutes Recht: Es ist harte Arbeit, tagelang den Boden umzugraben oder Tätigkeiten zu verrichten, für die die richtige Maschine nur einige Stunden brauchen würde. Wir tauschen unsere Arbeitskraft gegen die Nutzung von landwirtschaftlichen Geräten und Maschinen ein, wenn es nötig ist, doch auf diesen Aspekt der Selbstversorgung waren wir nicht vorbereitet.

»Ist schon okay. Ich bin sicher, dass wir irgendwann so weit sind, dass wir irgendwann ein bisschen besser ausgestattet sind.« Doch es ist schwer, für Traktoren, Bagger, Belader und Anhänger zu bezahlen und den Schuppen in eine Werkstatt zu verwandeln, ohne dass einer von uns ein Einkommen hat. Rab renoviert das Haus, eine Aufgabe, die erledigt werden muss. Er zögert, andere Arbeit anzunehmen: Er will vom Croft leben. »Ich bin nicht zum Arbeiten hierhergekommen«, scherzt er. »Ich will mich zur Ruhe setzen.« Ich lächle, doch für meinen Geschmack höre ich es etwas zu oft. Einer von uns beiden muss etwas dazuverdienen. Auch ich würde lieber den ganzen Tag auf dem Croft arbeiten, und so sind meine Gefühle gemischt, als die örtliche Grundschule und Kindertagesstätte meine Bewerbung als Kinderbetreuerin annimmt.

Ich bin für die Kindergartenkinder zuständig. Zurzeit wird die Schule nur von acht Kindern besucht, wovon nur eines von drei Jahren in meine Altersgruppe fällt. Ich arbeite nur an einigen Tagen in der Woche. Jeden Morgen ziehen das Kind und ich unsere regenfesten Sachen an, Handschuhe, Schal und Mütze, ganz gleich, welches Wetter draußen herrscht, und nehmen unser Schnurtelefon mit, dessen Blechdosen schwarz-gelb wie eine Hummel angemalt sind. Wie Mauersegler, die das Fliegen lernen, erkunden wir die Landschaft. Ich genieße diese Stunden, doch in anderer Hinsicht macht mir der Job zu schaffen. Sosehr es sich auch lohnen mag, spüre ich manchmal eine innere Leere. Manchmal ist es schwer, mit anzusehen, wie die Gesichter der Kinder aufleuchten, wenn sie am Ende des Tages von ihren Eltern abgeholt werden. Ich bin mir nur allzu bewusst, dass meine Daseinsberechtigung von dem Versprechen abhängt, dass ich in naher Zukunft zum Fortbestehen dieser kleinen Schule beitragen werde, indem ich meine eigenen Kinder hierherschicke.

Und dann sind da noch die üblichen Schikanen, die mit jedem Job einhergehen. Manch einer hegt einen Groll gegen mich, da die Stelle nicht an eine andere Kandidatin oder Verwandte gegangen ist. Andere wollen ihre eigenen Dogmen, politischen Ansichten oder ganz allgemein ihre Weltanschauung bekräftigen. Ich lerne, mich stillschweigend abzuwenden. Diskussionen entzünden sich nur allzu schnell und entwickeln sich zu Vorwürfen oder Streit, ganz besonders, wenn man nicht mit dem lokalen Akzent spricht oder, noch schlimmer, aus dem Süden kommt. Es ermüdet mich, ständig auf der Hut sein zu müssen. Sobald man sich entspannt, wird man zur Zielscheibe. Manchmal hat es etwas von einem Spiel. Doch wir brauchen das Geld, und ich liebe die Kinder, also lächle ich und mache weiter.

Vielleicht ist es für mich schwerer, als es für andere sein würde. Ich weiß, dass ich anders bin. Ja, ich bin Engländerin, doch das ist noch nicht alles. Ich hatte nie über meine Hautfarbe nachgedacht, bevor wir hierherkamen. Meine Haut ist empfindlich, ich bekomme schnell Sonnenbrand, selbst wenn ich danach braun werde. Meine Haare sind von Natur aus zerzaust und mit dunklen, roten, rot- und goldbraunen Strähnen durchzogen. Meine Mutter ist Angloirin, ihr Stammbaum tief verwachsen in irisch-keltischer und schottischer Erde. Doch mein Vater ist in zweiter Generation Südafrikaner und hat asiatische Wurzeln. Ich habe mich immer gefragt, wie es sein kann, dass wir auf beiden Seiten der Familie hellhäutige, blauäugige Verwandte haben. Ich tauche tiefer in meine Familiengeschichte ein und finde Spuren von hellen Wüstenaugen aus Kaschmir oder dem nord- und westindischen Flachland.

Auf der Insel werden Unterschiede skeptisch unter die Lupe genommen. Fremde werden nach außen hin mit reiner Neugier behandelt, hinter verschlossenen Türen jedoch macht man sich lustig oder bringt Mitleid zum Ausdruck. Meine Versuche, mich zu integrieren, werden mit kalter Teilnahmslosigkeit oder Langeweile aufgenommen. Ich bleibe ein bunter Hund.

Das Thema Hautfarbe ist nichts, was öffentlich diskutiert wird, doch mir graut es zunehmend vor der Mittagspause in der Schule, wo heikle Themen ganz nebenbei angesprochen werden. Es braucht häufig nur wenige Worte, die mich wissen lassen, dass jemand etwas zu sagen hat. Also warte ich ab. Kurz nachdem meine Eltern mich für ein paar Tage besucht haben, bekomme ich die folgende Frage zu hören. Diese Besuche sind nie einfach, trotzdem bin ich immer traurig, wenn sie wieder fahren.

»Hast du dich in der Stadt nicht geschämt, mit deinem Vater herumzulaufen, als er hier war?«, will eine Frau in der Küche wissen.

»Warum?«

»Weil er ein Bimbo ist. Ein Dunkelhäutiger.«

Ich weiß, dass sie noch nicht fertig ist. Also sage ich nichts.

»Solche Leute sieht man nicht häufig, einfach so auf der Straße.«

Ich muss es ihr lassen, das tut man hier wirklich nicht. Trotzdem sind ihre Worte schockierend. Zwischen uns legt sich ein Schatten. Und in ihrem Gesicht sehe ich, dass das hier für uns beide nicht leicht ist. Und ich wünschte, ich könnte es ihr leichter machen. Doch mir fällt nichts ein, was ich sagen könnte, um diese Kluft in puncto Toleranz und Verständnis zwischen uns zu überbrücken. Einander zu akzeptieren wird dadurch um einiges schwieriger.

Manchmal frage ich mich, ob es das wert ist. Mein mageres Einkommen deckt kaum unsere Kosten. Wir müssen auf anderem Weg dazuverdienen. Rab wäre besser für Arbeit geeignet, hat sich jedoch vollkommen der Renovierung des Cottage verschrieben.

Ich setze mich mit einem jungfräulichen Blatt Papier hin und liste meine praktischen Fähigkeiten auf. Ich schreibe »Kinderbetreuung« auf. Das Wort klingt größenwahnsinnig, wenn man bedenkt, dass ich mich um ein einziges Kleinkind aus einer achtköpfigen Schulklasse gekümmert habe. Wie ich es auch drehe und wende, die Schwachstelle meiner Liste bin ich selbst: Ich besitze keine praktischen Fähigkeiten.

Ich zerknülle das Papier, seufze und fange noch einmal von vorn an. »Kannst du mir helfen?«, frage ich Rab. Doch er vergräbt das Gesicht in seinen Händen. »Ich hab genug um die Ohren.« Ich sehe ihn an und mache mir Gedanken.

Am Ende schreibe ich eine knappe Annonce auf die Rückseite eines Briefumschlags. Sie ist einfach, unaufdringlich und auf den Punkt gebracht: »Gartenarbeit. Hacken, Jäten, Bepflanzen. £8/Stunde«. Ich will mich kurzhalten. Eine Ausbildung kann ich nicht vorweisen, nur meine Liebe zur Natur, zwei starke Hände und die Bereitschaft, hart zu arbeiten. Ich gehe eine Meile, um den Zettel in der Poststelle, die auch als Laden dient, an das Schwarze Brett der Insel zu hängen.

Einige Tage vergehen. Als das Telefon klingelt, höre ich eine starke helle Stimme. Obwohl die Frau ein eher gehobenes Englisch spricht, weil sie so lange fort war, hört man ihr ihre schottische Herkunft unverkennbar an. Doch es ist weder das eine noch das andere, das bei mir den Funken überspringen lässt: Es ist die Wärme, die in ihrer Stimme liegt. Sie ist wie ein Sonnenstrahl und zaubert ein Lächeln auf meine Lippen. Manche Stimmen brennen sich durch ihre Ausstrahlung ins Gedächtnis ein. Ich werde mich immer an diese Stimme erinnern, weil sie ihren Namen erklingen lässt, als sie ihn sagt. Wie eine helle, klare Glocke. Cristall.

»Nun, schauen wir einmal, aus welchem Holz du geschnitzt bist. Wenn wir uns verstehen, können wir über ein paar regelmäßige Stunden pro Woche sprechen. Denn darauf kommt es ja an. Findest du nicht?«

Mein Herz lacht, als ich den Hörer auflege. Noch einmal sage ich ihren Namen: Cristall. Er klingt wie ein Versprechen.

Wenn man alle Kreuzungen hinter sich gelassen hat und sich der Norden der Insel allmählich in ihren Süden wandelt, werden die Hügel steiler. Die einspurige Straße wird immer schmaler, bis sie nur noch eine dünne verschlungene Schleife ist. Mein Fahrrad fliegt bergab. Bergauf stehe ich japsend auf den Pedalen. Highland-Rinder und Vögel sind meine einzigen Begleiter. Gelegentlich führt mich der Weg an einer Farm vorbei, wo Hühner durch die Hügel wandern. Vor einer sehe ich eine zufrieden wiederkäuende Milchkuh mitten auf der Straße liegen. Wenn ich außer Atem gerate, steige ich ab und schiebe die steileren Erhebungen hoch. Nicht zum ersten Mal habe ich unterschätzt, wie schroff die Landschaft hier sein kann. Sie ist wilder, windgepeitschter und abgelegener als die sanfteren gewundenen Felder im Herzen des Nordens.

Endlich stehe ich außer Puste auf einer Hügelkuppe. Für einen Moment verliere ich die Fassung. Die Aussicht ist so ergreifend, dass sie in meinen Augen brennt, und ich sehe ein weißes, friedliches, von Bäumen umgebenes Haus. Später werde ich es bei seinem gälischen Namen nennen, Brea an Aluinn, was »Schönstes vom Schönen« bedeutet. Noch weiß ich nicht, wie sehr ich diesen Ort einmal lieben werde. Nur, dass es Liebe auf den ersten Blick ist.

»Komm gar nicht erst rein«, begrüßt mich eine Stimme, als ich an der Tür klopfe. »Draußen wartet so ein herrlicher Tag auf uns.« Ich sehe die Frau an, als sie nach meinen Händen greift. Ihre Haut fühlt sich kalt und rau an, aber auch dünn, wie sehr feines Papier. Sie hat ein offenes Gesicht, das zu ihrer klaren Stimme passt. Ich suche ihren Blick. Das geschieht ganz natürlich, wenn ein Fremder nach deinen Händen greift. Eine unerwartete, aufrüttelnde Geste der Vertrautheit.

Neugierig mustert sie mich, wie ein blitzgescheiter, wachsamer Vogel. Ich nehme etwas in diesen Augen wahr, etwas, was sich nach mir ausstreckt, um zu verstehen. Es verleiht mir das Gefühl, dass die Welt wieder ein sicherer und schöner Ort ist, und ich wünschte, jede neue Begegnung könnte so sein, offen und einladend. Als sie sich forsch auf meinen Arm stützt, während sie in ihre alten Gummistiefel schlüpft, betrachte ich sie schüchtern. Unter ihrem Hut steckt ein dichter Lockenkopf, der es erschwert, ihr Alter zu schätzen. Doch unter dem starken Griff ihrer Finger bemerke ich eine unerwartete Schwäche. Sie sind knorrig wie kleine Äste, wettergegerbt und gerötet von Sonne und Regen, als hätten sie ihr Leben draußen verbracht. »Hässliche alte Knollen«, scherzt sie, als sie meinen Blick bemerkt. »Aber sie sind alles, was ich habe, also muss ich wohl mit ihnen vorliebnehmen. Hier.« Sie greift nach einem alten Korb, in dem einige Gartengeräte stecken. »Nimm die Gartenschere, den Draht und die Handschuhe, und komm raus, um dir den Garten anzusehen. Deshalb bist du ja schließlich hier.«

Unsere Hände fädeln den dünnen Draht durch das dichte Blattwerk und binden Erbsen und Stangenbohnen an Weidenstöckern fest. Wenn sich beim Umwickeln der Schösslinge unsere Finger streifen, muss ich mich nicht entschuldigen. Derlei Berührungen fühlen sich bei der Gartenarbeit völlig natürlich an. »Danke«, sagt Cristall. »Diese winzig kleinen Knoten bereiten meinen elenden Händen einige Probleme.« So fangen wir an, uns die Arbeit aufzuteilen – ich knote, sie hält –, und ich bin froh, dass ich ihren offenkundig schmerzenden, geschwollenen Gelenken etwas Gutes tun kann.

Zunächst besteht unser Tauschgeschäft darin, dass ich ihr zwei Stunden bei leichten Arbeiten helfe, wofür ich eine Tasse Tee und einen frisch geernteten Kopfsalat bekomme, der in ein betagtes Einkaufsnetz gestopft wird. Dann sagt sie: »Weißt du, ich glaube, wir werden uns gut verstehen.« Ich komme häufiger und bleibe jedes Mal ein paar Minuten länger, bis aus den Minuten Stunden werden.

Langsam lerne ich, mit den Pflanzen zusammenzuarbeiten, statt sie zu Winkeln zurechtzubiegen, gegen die sie sich wehren, und blattreiche Schösslinge zu einander bereichernden Allianzen zu verbinden, durch die sie sich am effektivsten und kraftvollsten den Winden entgegenstemmen können. Wir schauen in den Himmel und versuchen, das kommende Wetter vorherzusagen. Auf subtile und unerwartete Weise werden die meisten unserer Gespräche von diesem Thema angereichert.

»Jeder muss sich an etwas festhalten können«, sagt mir Cristall. »Manchmal braucht selbst die Natur ein wenig Hilfe dabei, sich gegen sich selbst zu schützen.« Es ist schwierig, Schutz zu suchen, wenn der kalte Wind weht. Wir alle bekommen die Winde in dieser oft rauen Umgebung zu spüren. Wir unterhalten uns, während unsere Hände sich durch kühler werdende Wochen und Monate winden. Ich liebe es, Cristalls Geschichten zu lauschen. Jeden Tag bewundere ich aufs Neue ihre Zähigkeit und ihre Kraft. Jeden Morgen ist sie vor sieben draußen und arbeitet den ganzen Tag im Garten, sie kommt nur zum Essen ins Haus und wenn es dunkel wird. Die Jahreszeiten verleihen ihr Energie. Wie ich höre, ist sie von alter schottischer Herkunft und tief in dieser Landschaft verwurzelt. So lebt sie seit über zwanzig Jahren auf dieser Insel, gemeinsam mit ihrem Mann Anthony.

»Wir alle müssen wissen, wohin wir gehören. Dass für uns gesorgt ist«, erklärt sie, als wir für die Ernte des nächsten Jahres Mischkulturen pflanzen. »Es ist unsinnig, die in Nachbarschaft zu setzen, die sich lieber voneinander abwenden würden. Pflanzen sind so viel schlauer als Menschen. Du wirst die richtigen Menschen für dich finden, sobald sie nach dir Ausschau halten.«

Ich glaube, ich weiß, was sie meint. Jeder muss einen Weg finden, in der kleinen Gemeinschaft zurechtzukommen. An manchen Tagen machen wir einen Spaziergang. Umgeben vom dichten rauschenden Blattwerk der Bäume ist es ruhig und friedlich. Die Felder rund ums Haus sind mit jungen Eichen und Buchen bewachsen. In einem nahe gelegenen Feld stehen neben Fichten einige Buchenschösslinge. Cristall erklärt mir, wie in dieser blättrigen Gemeinschaft Bande geschmiedet werden. »Selbst unter Bäumen gibt es Freundschaften«, sagt sie mir. »Manche stehen sich näher als andere. Sie sind genau wie du und ich. Manche verstehen sich nicht gut, und manche haben sogar Feinde. Manchmal muss man einfach lernen, miteinander zu leben. Glaub mir, das kann für alle schwer sein. Sieh dir diese kleine Buche an, weißt du, wer sie nährt? Sie hat da drüben einen kleinen Freund.« Ein einziger Trieb wächst mutig aus einem kurz zuvor gefällten Stumpf hervor. »Das kommt häufig vor, wenn Buchen und Fichten beieinanderstehen. Da drüben hingegen«, Cristall nickt weise in Richtung einer kränklichen Eiche, die von Buchen umgeben ist, »die, fürchte ich, werden sich nie verstehen.« Sie seufzt. »Und es hat nicht den geringsten Zweck, sie dazu zu zwingen.«

Ich bewundere Anthony und Cristall. Sie sind eng miteinander verwurzelt. Ihr Bund miteinander ist so tief, sie stützen einander durch ihre völlige Genügsamkeit, dass sich der Boden um sie herum wohlgenährt, fruchtbar und reich anfühlt. Wie sehr sie diesen großen Bäumen ähneln. Ihre Liebe belebt ihre Umgebung, unterstützt andere. Ich frage mich, was in so engen Beziehungen passiert, wenn Wurzeln brechen, reißen oder wegfallen. Wie sie in der Lage sind, jene Risse und Brüche zu heilen. Manchmal wirkt Anthony müder als sonst. Ich versuche, so viel zu helfen, wie ich kann. Draußen im Freien zu arbeiten lehrt einen, dass Geduld,

Stärke und Liebe relative Begriffe sind. Man setzt sein Vertrauen in den Himmel über seinem Kopf und die Erde um einen herum. Während ich mit Samen, Pflanzen und Stecklingen hantiere, höre ich auf, woanders nach Antworten zu suchen. Manchmal bin ich mir sicher, dass Cristall die Dinge sieht, die ich nicht ausspreche. Auch darauf vertraue ich.

Eines Tages ernten wir dicke Bohnen. Die Luft ist kühl und der Wind rau. Meine Augen tränen. Ich wische sie nicht trocken. In meiner Hand liegt eine glatte grüne Schote. Ich ziehe die Handschuhe aus und öffne sie vorsichtig entlang der Rückennaht. Im Bauch der Frucht ist es dunkel und still. Ihre kleinen nackten Früchte starren blind zu mir hinauf. Ihre Haut ist ruhig, blass, durchscheinend. Jede von ihnen schmiegt sich in das weiche, faserige Innere der Schote. Es zählt etwas, dass ich spüre, wie diese kleinen Leben atmen. Meine Hoffnung, eines Tages selbst eines in mir zu tragen, kommt mir zusehends wie ein leeres Versprechen vor. Die Zeit verstreicht. Unfruchtbarkeit lastet wie ein stilles Gewicht auf einem. In ihrer allumfassenden, lähmenden Dunkelheit erlischt sie jedes anfängliche Hoffnungsleuchten. Ist meine Kinderlosigkeit frühen Fehlgeburten geschuldet, oder kann ich ganz einfach kein kostbares Leben in mir halten? Es fühlt sich an, als wollte der eigene Körper einen in den Wahnsinn treiben, und schließlich weiß man nicht mehr, worauf man vertrauen oder was man glauben kann. Jeden Monat erstickt die Dunkelheit frühe Hoffnungsschimmer. In dieser kleinen Hülse hingegen liegt eine ganze wundersame Welt. Ich zucke, als meine Fingerspitze vorsichtig eine winzige Nabelschnur zertrennt. Wir arbeiten schweigend, doch ich spüre Cristalls Augen, die mich beobachten. Vor ihrem allwissenden Blick gibt es kein Entkommen.

Am nächsten Tag setze ich mich hin und schreibe Rab einen Brief. Ich zähle all die Arten auf, auf die ich ihn liebe. Schreiben entspannt – all das, was man in sich trägt, wird so herausdestilliert. Erst wenn man lockerlässt, merkt man, wie verspannt man war; erst wenn man lächelt, merkt man, wie traurig man war. Ich gebe ihm den Brief. Eine kleine Schublade ist voll mit Briefen, die er nicht angerührt hat. Dennoch gebe ich ihm diesen. Und ich hoffe, dass er ihn öffnen und lesen wird.

Es erleichtert mich, einen Ort zu haben, der mein Ziel ist. Meine Verbindung zu Cristall und Anthony ist mehr als nur Freundschaft. Durch Vertrauen entsteht ein ganz eigener Zufluchtsort. Manchmal reicht es aus, dass jemand anders zuhört. Manchmal ist es wichtig zu wissen, dass man gesehen und gehört wird und dass die eigene Stimme gewollt und geschätzt wird. In diesen Tagen spielt das für mich eine Rolle. Es gibt Momente, in denen ich mich zu Hause unsichtbar fühle. Ich habe meine Stimme verloren, all ihre hellen Töne sind verschwunden. Es ist ein erdrückendes Gefühl, dass nur die dicken Wände zuhören. Doch bei Cristall und Anthony ist es anders. Wenn ich bei ihnen bin, kann ich endlich tief einatmen, meine Lunge mit Luft füllen. Sie sind mehr als nur Freunde für mich. Sie sind meine Familie, die, die ich mir ausgesucht habe.

In den folgenden Monaten besuche ich Cristall immer häufiger, und auch sie kommt mich auf dem Croft besuchen. Die Gartenarbeit wird zweitrangig, während eine tiefe Freundschaft wächst. Stundenlang beobachten wir die Schwalben. Ich verliere mich in ihrem mühelos steigenden und fallenden Flug. Wenn ich in Cristalls Augen sehe, lächle ich. »Deine Augen sind wie der Rücken einer Schwalbe.« Sie lacht zurück. »Blau wie der Himmel.« Ich fange an, an sie zu denken, wenn ich den Blick hebe. Auch Anthonys Augen sind blau, doch sie schimmern blass wie das Mondlicht und glitzern wie frisch gefallener Pulverschnee. In seinen Augen sehe ich kahle Äste, frostige Atemwolken, gefleckte Schatten. Wir lachen häufig, weil wir über manche Dinge nicht reden. Wir reden nicht darüber, dass in meiner Ehe das Lachen fehlt. Und dafür bin ich dankbar.

»Spielst du für mich?«, fragt Cristall eines Tages bei einem Besuch im Cottage, als sie merkt, dass mir etwas zu schaffen macht. Also setze ich mich an das Klavier, und meine Finger fliegen über die Tasten. Musik war für mich schon immer ein Quell des Trostes und der Inspiration. Seit ich klein war, hat die Musik mir geholfen, all die Dinge zu verstehen, die sich nicht in Worte fassen lassen, die unvorstellbar und überfordernd sind. Ich spiele ein Präludium von Bach, eine kühle Brise weht durch die geöffnete Hintertür und die Fenster. Ich lächle, als Cristall sich umdreht und mit der Hand auf unsere Schafe deutet, die sich auf dem Hügel versammelt haben, von dem aus man auf unser Haus blickt, und uns beobachten.

»Sieh mal! Sie hören zu!«, ruft sie, erfreut über den Gedanken, dass diese klaren wunderschönen Noten die Schafe herbeigerufen haben. Cristalls Lachen macht mich leicht, trägt mich fort. Die Musik verbindet mich mit einer weiteren Welt, selbst wenn der Raum, in dem ich lebe, sich einsam oder beengt anfühlt. Nach jenem Tag singen wir häufig auf unseren Spaziergängen, oder ich nehme meinen alten tragbaren Plattenspieler mit, den ich in Notting Hill auf dem Portobello Market gekauft habe, und bringe ihn vom Cottage auf die Hügel. Es mag merkwürdig klingen, aber wenn man in der freien Natur Musik hört, kommt es einem so vor, als würden selbst die Berge lauschen.

Der Herbst nähert sich seinem Ende, also stapeln wir Holz. Wenn es getrocknet ist, bringen wir es ins Haus. Jedes Holz hat seinen eigenen Geruch, jede Flamme brennt anders. Ich liebe es zu beobachten, wie das Feuer unser gemeinsames Leben enger schnürt. Karten werden gemischt, Schachfiguren bewegt, Gedichte vorgetragen, Vertraulichkeiten und Gelächter ausgetauscht. Unser Leben verwurzelt sich sanft, unsere Fasern werden von kleinen, gewöhnlichen, sich ständig wiederholenden Aufgaben genährt und von unseren Stimmen zusammengehalten. Es sind Bande, die mein Herz wahrhaftig schlagen lassen. In diesen Momenten wird es von etwas geflutet, was so belebend ist wie Sauerstoff. Jeden Tag freue ich mich auf diese geteilten Momente. Es ist schwer, sich das Leben auf der Insel ohne sie vorzustellen.

Zu Beginn des Herbstes haben Rab und ich die Kühe verkauft. Der Abschied macht mich traurig, doch die Futterkosten über den Winter wären ohne eigenes Heu enorm. Zweiundzwanzig Morgen klingen nach viel Land, doch da unsere Schafsherde wächst, sind wir bereits am Rande unserer Kapazität. Die Kühe sind zwar an uns gewöhnt und im Allgemeinen friedlich, doch sobald sie Kälber haben, können sie aggressiv und unberechenbar werden. Rab ist schon einmal nur mit Glück einer ernsthaften Verletzung entgangen, als er gerade ein Kälbchen markieren wollte, dessen wütende Mutter ihn attackierte und zu Boden warf. Es war wie eine Art Warnschuss. Die sanften Schafe hingegen sind einfacher zu halten und verbrauchen weniger.

Eines Tages fahre ich zu Cristalls Haus, und wir kehren gemeinsam zum Croft zurück, um die letzten windumwehten Wildblumen zu pflücken. Als es zu regnen beginnt, bringen wir die feuchten geknickten Pflanzen ins Cottage, um Vasen und Flaschen mit ihnen zu füllen. Wir trinken Tee. Die Atmosphäre ist angespannt. Im Radio läuft Rugby. Rab besteht darauf, in Ruhe das Spiel zu hören. Ich versuche, nur leise zu sprechen, doch Cristall lacht über etwas, und ich schäme mich für Rabs schneidende Zurechtweisung. Ich weiß, was gleich kommt. Ich spüre, wie sich die dunkle Wolke nähert. Schnell stehe ich auf. Ich bemerke, dass meine Stimme zu hoch ist, als ich sage: »Komm, wir nehmen das mit raus. Ich will dir etwas zeigen.« Ich weiß, wie dumm das klingt und dass ich niemandem etwas vormachen kann, denn draußen regnet es noch immer.

Als wir gehen, tritt Rab hinter uns fest gegen die Tür. Ich höre ihn brüllen. Meine Hände zittern. Ich bin wütend und peinlich berührt – es ist schrecklich, auf diese Art entlarvt zu werden. Doch mehr noch bin ich dessen so müde, der Regen prasselt auf uns herunter, und vor Tränen kann ich nichts sehen. »Lass uns einen Moment hier abwarten.« Im Schuppen durchsuche ich das Stroh, wo die Hühner ihre Nester gebaut haben, und gebe Cristall ein frisches warmes Ei. Als ich sie nach Hause fahre, spüre ich ihre wachsamen Augen auf mir. »Ich bin so froh, dass wir einander haben«, sagt sie sanft. Dann nimmt sie meine Hand und drückt sie. »Das Inselleben ist selbst dann schwer, wenn alles gut läuft. Aber Ärger zu Hause macht alles sehr viel schwerer. Du weißt, dass du jederzeit zu mir kommen kannst.« Ich hoffe, dass ich ihr Herz eines Tages genauso gut beschützen kann. Ohne zu blinzeln, sehe ich sie an. Ohne dass wir darüber sprechen müssten, weiß sie, dass ich weiß, dass sie ihre eigenen Sorgen hat.

Verwandtschaft ist unsichtbar. Es ist verblüffend, dass sie sich durch einen flüchtigen Blick vermitteln lässt. Auch ist es erstaunlich, dass sich Lachen und Weinen durch winzigste Bewegungen so tief in unser Gesicht zeichnen. All diese kleinen Linien sind die Blindenschrift unseres Lebens. All das, was wir intensiv erleben, aber für uns behalten. Manchmal lässt sich das, was nie ausgesprochen wurde, in den Augen oder dem Gesicht ablesen. Ich weiß, wie ich meine Sorgen verheimliche. Manche gewichtigen Dinge sind hinter den eigenen Mauern sicherer. Mit der Zeit lerne ich Cristalls Gesicht ebenso gut lesen, wie sie meines liest. Langsam erkenne ich, welche Sorge ihre schönen blauen Augen einen frostig-scharfen Saphirton annehmen lässt. Mir fällt auf, dass Kerben Anthonys Wangen wie kahle Äste überziehen, dass seine Augen wie ein blasser Winterhimmel glänzen.

»Du weißt, dass ich hier bin. Du kannst jederzeit mit mir reden«, sage ich ihr. Doch über manche Dinge lässt sich so schwer sprechen. Ich weiß es. Sie weiß es. Zusammen diese wunderschöne gewundene Straße entlangzufahren ist wie ein hoffnungsvolles Versprechen. Ich weiß nicht, wohin sie uns führt. Doch ich werde das Gefühl nicht los, dass ich den Weg bereits kenne.

6

WINTER

Der Winter kommt plötzlich, wie ein eisiger Atemstoß. Bitterkalte Nordostwinde umpeitschen die Klippen und Landzungen. Kaum noch sind die feuchten, dunklen Heidelandflecken von den grau glitzernden Felsen zu unterscheiden. Je weiter die Binsen und Gräser absterben, desto mehr werden die täglichen Runden mit den Tieren zur anstrengenden Rutschpartie. Vierzig verzweifelt hungrige Mäuler warten an leeren Trögen, das Grasen gibt kaum etwas her. Jedes Schaf wiegt sechzig Kilo. Jeder Schritt ist ein beschwerlicher, wackliger Schubser gegen die dicht gedrängte Herde. Während die Berge ein verdrießliches Purpur annehmen, locken die hellen Cottagelichter. Ich arbeite schnell, verteile mit wunden Fingern Heuballen, während der erbarmungslose schneidende Wind auf meinen schneenassen Wangen schmerzt.

Tagelang schneidet das Eis die Insel von der Außenwelt ab, zerfetzen starke Blizzarde den Himmel. Weiße Gischthauben zerschellen an den zerklüfteten Felsen. Dann wieder leuchtet der tiefe Horizont schwefelgelb, doch die Windstille währt nicht lang. Schon kurz darauf schalten die Fähren ihre bernsteinfarbenen Warnleuchten auf Rot: Sturmwarnung. Die Boote werden mit Metallketten und Fendern straff an den Kais vertäut, wo sie von den hohen Hafenmauern geschützt werden. Die Insel versinkt im steigenden Wasserspiegel und wird von tosendem Wind über Tide abgeschnitten. Das winterliche Meer bringt Geröllbrocken und Schmelzwasser vom Uferland mit. Die riesigen Steine werden in schäumendem Sog von zischender Gischt, Blasentang und mit Plastikfetzen übersäter Brandung angehoben. Während sich die grauen Wellen verdichten, sehe ich gebannt zu, wie ihre wachsende Masse und Kraft sich nicht an ihrem Kamm bricht, sondern in kurzen Wogen schäumend und unaufhaltsam vorwärtsprescht. Ihre beinahe körperliche Kraft lässt mich atemlos zurück.

Die zerstörerische Macht von Wellen und Witterung mitzubekommen ist ein erschreckendes Erlebnis. Seewärts wirft ein Leuchtturm seinen trichterförmigen Lichtstrahl über das dunkle Wasser, die Gischt besprenkelt die immense Dunkelheit mit ihrem hellen Salzschaum. In den Häusern regt sich still das Leben, während das Quecksilber im Barometerglas sinkt. Kurz und bündig stottert der Seewetterbericht seine Meldungen zur aktuellen Entwicklung, während das offene Meer gleichgültig tobt. Vorsichtig finde ich im Ätherrauschen den richtigen Sender. Ich höre, dass draußen auf dem Kanal ein junger Seehund gegen die Strömung und die hohen Wellen kämpft. Er ist von seinem sicheren Zuhause zwischen den kleineren Inseln Richtung Küste gestrandet. Müde werdend schwimmt er gegen die Gezeiten. Als freiwillige Helfer anrücken, finden sie das Tier nicht mehr. Und die Wellen wogen weiter.

Am Slip laufen die Motoren mit ratterndem Auspuff, als sich einige Fahrzeuge auf dem mit Kies überzogenen Asphalt versammeln. Scheibenwischer gleiten langsam hin und her, während leere Gesichter hinaus aufs Meer blicken. Es ist einer dieser merkwürdigen Widersprüche dieser Jahreszeit. Der Winter ist eine einsame, isolierte Zeit, doch gleichzeitig kommt man vermehrt zusammen, wickelt gemeinsam den Faden des Jahres auf. Jeden Tag sehen wir den wirbelnden Schnee und den sich sammelnden Tang, die Augen stoisch auf den Horizont gerichtet. In wenigen Tagen ist Weihnachten, und wir alle sitzen fest.

Die Stirn an die Fensterscheibe gedrückt, versuche ich mit zusammengekniffenen Augen die dunklen, sich wiegenden Baumspitzen auszumachen. Während mein Atem am Glas gefriert, scheinen die Lichter über dem Meer plötzlich unendlich weit weg zu sein. Ich klammere mich an jeden noch so kleinen Lichtfleck, weil ich Angst habe, dass Weihnachten bei unseren Familien auch in diesem Jahr ausfallen muss. Je näher die Festtage rücken, desto größer wird unsere Vorfreude, doch am Ende verschlechtert sich das Wetter natürlich immer. Ich wünschte, wir könnten früher abreisen, um das Risiko einer Enttäuschung zu verringern, doch das Schuljahr endet so kurz vor Weihnachten, dass es häufig zu spät für ein kurzes Nachlassen der Wetterbedingungen ist. Der Gedanke daran, diese Zeit mit meiner Familie schon wieder zu verlieren, bereitet mir Schuldgefühle. Wir sehen einander so selten und wohnen so weit voneinander entfernt. Auch die Hoffnung darauf, alte Freunde wiederzusehen, ist so kostbar wie ein Geschenk unter dem Weihnachtsbaum. Rabs Frust ist mit Händen zu greifen.

Ich greife nach meinem Mantel, als die Stimme des Fährmannes aus dem Hörer knackt: »Wenn ihr jetzt nicht losgeht, kommt ihr vielleicht erst nach Neujahr wieder rüber.«

Auf der Straße drängen sich Schafe auf der Suche nach Wärme aneinander. Der glatte Boden glitzert heimtückisch, als der Land Rover lärmend vorankommt, für besseren Halt im zweiten Gang. Es ist herzzerreißend, als wir uns der Aufschleppe nähern und gerade noch sehen, wie die Fähre ablegt. »Stopp!«, rufe ich, doch das Boot lenkt bereits in Richtung Bucht. Rab fährt wie verrückt weiter, betätigt wild Hupe und Lichthupe. Das Boot durchschneidet die Wellen, schaukelt hin und her, und ich traue meinen Augen nicht: Es kommt zurück. »Zur Hölle mit dem Auto!«, ruft Rab und lässt das Lenkradschloss einrasten. Gemeinsam rennen wir zum hohen Kies oben am Strand. »Dieses Schiff fährt nicht ohne mich!« Wir rennen wie um unser Leben, die Arme vollgepackt mit Taschen.

»Ihr seid zwei Glückspilze, habt die kleine Sturmpause erwischt«, nickt uns der Skipper zu, als das kleine Boot furchtlos über die raue See fährt. Was für eine Erleichterung, als auf der anderen Seite die Taue eingezogen werden und Rabs Gesicht aufleuchtet. Er klopft dem Fährmann auf den Rücken. Das war knapp. Plötzlich fühle ich mich leicht und bekomme Lust zu tanzen.

Sechs Stunden später sind wir zurück auf der Straße in Richtung Haus. Über den Bergen haben sich die Neuschnee bringenden Wolken verdichtet. Über Glasgow tobt ein Schneesturm. Züge fahren nicht. Flugzeuge bleiben am Boden. Der Verkehr staut sich, Streufahrzeuge versperren die Straßen. Wir decken uns in Oban mit Lebensmitteln ein und machen kehrt. Doch angesichts des ursprünglichen Hoffnungsschimmers haben die Vorräte keine Bedeutung. Ich wage nicht zu sprechen. Stundenlang raucht Rab wütend vor sich hin. Als er das Auto anlässt, ist sein

Gesicht weiß vor Zorn. Mit der Faust haut er aufs Armaturenbrett ein. »Verfluchte Scheiße. So, jetzt sitzen wir bis ins nächste Jahr auf dieser verdammten Insel fest. Und Weihnachten fällt ins Wasser.«

Und ich weiß, dass ich mich nun an meinem Sitz festhalten muss, denn er rammt seinen Fuß aufs Gaspedal, schaltet genervt, während dunkler Rauch aus dem Auspuff qualmt. »Bitte, Rab, es reicht«, protestiere ich durch zusammengebissene Zähne hindurch. »Beruhige dich. Niemand wird Weihnachten feiern, wenn wir verunglücken.« Doch er hört nicht auf mich. Nach einer Minute presse ich die Lippen zusammen und sage nichts mehr. Ich hasse es, wenn er brüllt oder wütend wird. Doch das Schlimmste für mich ist, wenn er so schnell fährt. Mein Körper erinnert sich noch an die zersplitternde Windschutzscheibe, an Metallstücke und Schreie. Ich schließe die Augen und versuche, nicht daran zu denken, wie sich ein Unfall anfühlt. Doch dieses Gefühl wird für immer in mir bleiben. Es ist zwecklos, mit Rab zu reden, wenn ihn die dunkle Wolke gefunden hat. Als ich aussteige, zittere ich. An diesem Tag verliere ich ihn für mehr Stunden, als ich zählen kann. Und es dauert länger als sonst, bis die dunkle Wolke wieder verschwunden ist.

Ich wünsche mir einen sternenklaren Weihnachtsabend, und tatsächlich wird mein Wunsch erhört. Der Mitternachtshimmel ist klar und lebendig, als unsere Schritte über den Schnee knarzen. Wir reden und lachen auf dem Weg hinauf zur uralten Steinkirche. Als ich mit der Schulter gegen die Tür drücke, quietscht sie in den Angeln. Im Innern kauern die Menschen in Mänteln und Schals aneinander, sie pressen die Knie zusammen und den Rücken gegen die harten Holzbänke. Diese Versammlung hat etwas so Natürliches an sich, dass ich tief berührt bin. Ich suche nach bekannten Gesichtern, während Marmeladengläser verteilt und dann Kerzen entzündet werden, und auf einmal flackert

Gelächter auf, als ein Mantel beinahe Feuer fängt. Die Gesichter leuchten sanft im Kerzenlicht, in beinahe kindlicher Aufregung. Mein Atem bekommt frostig blaue Flügel. Es fühlt sich gut an, eng beieinanderzusitzen, verbunden durch unser Menschsein und unsere geringe Anzahl, und unsere Wärme zu teilen. Ich schließe die Augen und merke, wie mein Pulsschlag langsamer wird. Und obwohl meine Familie Hunderte von Meilen entfernt ist, hätte ich diesen Moment um nichts in der Welt missen wollen. Einige Minuten vor Mitternacht läutet eine riesige Glocke. Sie klingt uralt, geheimnisvoll und hohl aus dem Glockenturm heraus. Dann stehen wir auf und singen Weihnachtslieder. Unsere Stimmen erhellen die Dunkelheit, während draußen dicke Schneeflocken fallen.

Am Weihnachtstag wird kurzzeitig der Strom abgestellt, doch schließlich können wir mit Freunden und Familie telefonieren. Wir zerlegen ein frisch gerupftes Hühnchen und braten es langsam über dem Feuer. Später knacken wir Maronen mit der Kohlenschaufel. Als ich mit Maude hinausgehe, werfen wir bläuliche Schatten auf den frischen Pulverschnee. Die schimmernden Birken recken ihre kahlen Äste dem Winter entgegen und leuchten blass in der Dunkelheit. Ich staune über ihre Stärke und Standfestigkeit. Sie verlangen nichts, ziehen ihr weniges Leben aus der kalten Luft und dem harten gefrorenen Boden.

Am zweiten Weihnachtstag besuchen wir unsere Nachbarn. Der Himmel ist kristallklar, ein blasses Türkis, das einen beschwingt wie der glitzernde Schnee auf den Bäumen. Wir laufen die paar Meilen über die Insel und verteilen kleine Geschenke als Dankeschön für kleine Gefallen im vergangenen Jahr. Ich merke, dass Rab genauso gut gelaunt und energiegeladen ist wie ich. Wir schmieden Pläne für die kommenden Monate. Und ich fühle mich ihm nah, so wie ganz am Anfang, kurz nach unserer Ankunft. Doch als wir an die letzte Tür klopfen und eintreten, spüre ich sofort die Spannung, die in der Luft liegt. Mein Atem geht schneller, und mein Blick wird schärfer. »Bist du sicher?«, frage ich Rab. Er zieht die Augenbrauen zusammen. »Wir wurden eingeladen.« Ich bin hin- und hergerissen, denn mein Instinkt sagt mir, dass wir nach Hause gehen sollten.

Als es anfängt, bin ich wenig überrascht. Eine Stimme begrüßt uns: »Was zum Teufel habt ihr hier zu suchen?« Unter dem jovialen Ton schlummert die Feindseligkeit. Selbst als derjenige dazu angehalten wird, seine Zunge im Zaum zu halten, und unser Gastgeber uns einen Whisky anbietet, bleibe ich angespannt und behalte die Tür im Auge. Ich habe ein komisches Gefühl und bitte Rab, das mit dem Drink kurz zu halten, damit wir bald wieder gehen können. Doch er starrt mich nur an und gießt sich nach. Als sie auf das Land zu sprechen kommen und eine Weide, die verpachtet werden soll, geht alles ganz schnell. »Glaubst wohl, du könntest hier einfach aufkreuzen und uns das Land unter der Nase wegschnappen, was?« Diese übelsinnige Bemerkung führt zu einem Streit, der vor unseren Augen auflodert. »Komm, Zeit zu gehen«, bitte ich Rab.

»Genau, haut bloß ab, runter in den Süden, wo ihr hergekommen seid.«

Wir brechen schnell auf, denn ich bin es leid, diese Worte zu hören.

Später versuche ich noch immer zu begreifen. Binnen einer Sekunde fliegt uns so ein Pulverfass um die Ohren. Und für einen Augenblick denke ich zurück an die Straßen Londons, die wir hinter uns gelassen haben. Ich sage mir, dass ich nicht überreagieren sollte. Doch ich weiß auch, dass das nur die halbe Wahrheit ist. Wir verstehen, dass es Zeit braucht, um sich als Außenseiter bei gemischten Zusammentreffen wohlzufühlen, bis eine Gruppe die andere einlädt, um gemeinsam am Feuer zu sitzen.

Unmittelbare Nähe ist gleichzeitig herausfordernd und bindend. Das uralte Gesetz der Zugehörigkeit bringt uns zusammen, während es uns im selben Moment trennt.

Ich will den Schlüssel zu dem Geheimgang finden, der uns aus der Kälte führen kann. Ich sehne mich danach, diesen strahlenden Schlüssel ins Schloss zu stecken. Jeden Tag versuche ich, diesen ungreifbaren Mechanismus zu verstehen. Doch je mehr ich es versuche, desto mehr verschieben sich seine kompliziert angeordneten Zahnräder, flink und flatterhaft wie die salzigen Böen, die über das Meer wehen. An manchen Tagen zermürbt er einen, dieser schneidende Wind, er schüttelt einen durch wie ein Stück Strandgut. Sich ständig gegen ihn stemmen zu müssen ist erschöpfend. Ich hoffe, dass er eines Tages drehen wird. Dass er sich legen wird, statt uns beständig und bitter entgegenzuwehen. Wenn der Alkohol ihn befeuert, ist die Erfahrung noch mal eine andere. Dann ist er unaufhaltsam, gewaltig und von Furcht einflößender Dimension.

Wenn sich die Winde gelegt haben, ist die Stille erschütternd. Auf den zarten Teichbinsen und dem Schilf am Ufer des Sees glänzt der Raureif. Die langen, eleganten Hälse des Rieds recken sich der funkelnden Sonne entgegen wie blasse Eisschwäne. Das Wasser ist erstarrt und nimmt unter dem Eis hastige knackende Atemzüge. Tief unter der erstarrten aufgegebenen Wassermühle sprudeln frische Quellen. Sie versiegen nicht, ihr Überlauf rauscht in klaren fröhlichen Strömen hinunter zum Meer. Salziges Licht lässt das Eis tauen. Es lockt meinen Blick zum tiefen Horizont, zeigt mir den strahlend weißen Muschelsand der winzigen Inseln um uns herum, auf denen sich junge Seehunde tummeln. Sie aalen sich in der Sonne, dunkel gefleckt oder schneescheckig, mit glänzender dicker Haut. Ihre Onyx-Augen spähen nach geschmeidigen Schatten, sie tauchen elegant und schnell wie ein Geschoss durch die schwarzen Gewässer. Bevor sie auftauchen, haben ihre schnurrbärtigen Schnauzen auf dem nährenden mütterlichen Unterwasserboden den Seetang durchkämmt. Ich liebe es, ihrem Gesang zu lauschen, wenn sie sich in der eisigen Wärme rekeln, während die Sonne in dem trägen kalten Wasser versinkt. In ihrem Ruf liegt eine seltsame Schönheit, ebenso wie ihre Einsamkeit.

Das Eis auf dem See knackt und knarrt, das seichte Uferwasser friert durch, marmoriert von Wirbeln und Luftbläschen. Wenn man hindurchblickt, kann man winzige eingefrorene Welten entdecken. Ich sehe zu, wie das Eis von Rissen durchzogen wird, in weißen Wolken bricht und unter seiner harten Oberfläche zu Puder wird. Vorsichtig gleite ich mit den Füßen über die spiegelglatte glänzende Fläche. Die Temperaturen sind so tief gesunken, dass keine Chance besteht, dass das Uferwasser tauen könnte. Ein harter anhaltender Frost hat die Insel in seinem Griff, und in der näheren Zukunft ist kein Nachlassen in Sicht. Einmal in der Woche befüllt das Feuerwehrauto seinen Wassertank am See und bahnt sich seinen Weg zu den Cottages und Höfen. Die hauseigenen Tanks sind nutzlos, die außen liegenden Wasserleitungen, die sie für gewöhnlich direkt aus dem Brunnen füllen würden, sind zugefroren. Unser galvanisierter Außentank ist voll, doch wir müssen das Wasser mit Eimern hin und her tragen. Die Pumpe ist mit Dämmstoff, Wärmflaschen und Decken isoliert. Die Leitungen vom Brunnen zum Pumphaus sind ummantelt, liegen jedoch nicht besonders tief. Wir versuchen, sie aufzutauen: mit einem Föhn, stellenweise mit einer Lötlampe. Doch es hilft nichts. Ich lege ein Ohr an die Rohre, um Anzeichen von Schmelze auszumachen. Doch ich höre nichts als Stille. Noch weitere sechs Wochen sind wir in der gefrorenen Welt eingeschlossen.

In dem Jahr des Frostes konnte ich ihm ansehen, wie die Stille Rab zusetzte. Ich spürte es in seinem dünner werdenden Körper.

In den folgenden Jahren grub sie sich tiefer in ihn hinein, bis in seine Gesichtszüge und seine Haut. Der Dezember und die langen Wintermonate sind in London ein einziger Wirbelsturm aus Partys, Events und langen Abenden miteinander. Manchmal denke ich an unser altes Leben zurück, wie wir an einem gedeckten Tisch sitzen, inmitten von Freunden. Diese Jahre, diese Erinnerungen strahlen voller heller Lichter, klingender Gläser, vor Lachen leuchtender Augen, sie umspannen einen intimen Raum und eine geteilte Lebenseinstellung. Wenn ich Rab nun ansehe, seufze ich. Ich weiß nicht, wie ich ihm helfen kann. Ich weiß nicht, wie ich uns helfen kann.

Frost umhüllt die Stacheldrahtknoten. Die frische, trockene Luft vertreibt den Gestank der aufgeknüpften Krähenkadaver. Ausgetrocknete Federn wehen im Zickzack entlang der gewundenen Grundstücksgrenzen von kleineren Crofts und Höfen. Sie dienen als düstere Warnung an die Natur und wünschen den Frühling herbei. Auf die schwachen Rufe der Lämmer, die schon jetzt auf den gefrorenen Hügeln auf die Welt kommen, folgt der schneidende Schrei der Bussarde. Besucher wenden sich angewidert ab von den dunklen, leblosen, flatternden Körpern, die man mitleidlos auf eiserne Haken gespießt hat. Doch sie wissen nicht um blutende Augen und die rosa Zungen, über die Klauen und Schnäbel herfallen. Der Winter mag brutal sein, doch an gieriger Wildheit wird er vom jungen Frühling übertroffen.

Ein altes Sprichwort auf der Insel lautet, der Winter sei der tote Monat. Bei meinem Spaziergang durch die Felder denke ich daran, dass wir auf dem Croft nun einer weniger sind. In dieser Zeit des Jahres werden Hammel geschlachtet. Bei unserer knorrigen Erle bleibe ich stehen, atme tief ein und gehe zögerlich zur geöffneten Schuppentür. Dort hängt ein gehäuteter zweijähriger Hammel an einem Haken, damit der salzige Wind ihn trocknet und haltbar macht. Auf seinem Rücken und den Hinterläufen sieht man die dunkler werdenden roten und weißen Fasern. Die bloßen Muskeln und Sehnen werden bereits härter, die frostigen Temperaturen rauben ihnen die Feuchtigkeit. Der aufgeschnittene Bauch ist hohl und leer, die weichen, weiß glänzenden Innereien sind in einem dampfenden Eimer verschwunden.

Es ist ein notwendiger Vorgang, durch den die schwächeren Tiere aussortiert und Vorräte für das kommende Jahr gewonnen werden. Für die harsche Realität des Fleischessens gibt es keinen Euphemismus. Dass ein Leben genommen wird, lässt sich nicht schönreden. Ein Tod ist ein Tod. Trotzdem bete ich jedes Mal, dass er still und würdevoll kommt. Das Bolzenschussgerät wird geladen und dicht an die Schläfe gedrückt, es wird blitzschnell abgefeuert und betäubt und tötet das Gehirn augenblicklich. Dann zertrennt ein scharfes Messer die Aorta, und es folgt ein schneller, präziser Schnitt entlang der Bauchdecke. Ich wäre in diesem Moment gerne dabei. Ich will das Leben sanft in Händen halten, sanft zu ihm sprechen, so lange es dauert, bis all sein Blut entwichen ist. Doch ich kann es nicht. Es ist ein Schritt zu weit.

»Schlachten ist nichts für Frauen.« Der Bauer schüttelt strikt den Kopf. »Gibt nur Tränen und Trara.«

Doch ich bin überzeugt, dass ich da sein sollte, so brutal es auch ist. Denn schließlich geht es darum, die Verantwortung für das Fleisch zu übernehmen, das auf den Tisch kommt, und für das Leben, das wir gewählt haben. Ich bin frustriert, aber insgeheim auch dankbar.

»Ich werde helfen, das Fleisch zu zerteilen«, sage ich Rab. Es ist merkwürdig, den kompakten Körper zu sehen, der einst ein lebendiger, atmender Organismus war und nun verarbeitet wird. Ein anstrengender Prozess, wie bei einer Obduktion. Ich versuche, mit meinen Gefühlen ähnlich distanziert umzugehen. Einen kompletten Tierkörper zu zerteilen wirft uns auf uns selbst zurück, ursprünglich und ungeschützt, zwingt uns dazu, das eigene Leben zu überdenken, das Gewebe der eigenen Beziehung leidenschaftslos in den Blick zu nehmen – das große Ganze ebenso wie das kleinste Detail – und den Blick nicht abzuwenden.

7

UNGEBOREN

Das Wetter ist herrlich. Ich sitze neben Rab. Gegenüber vom Schreibtisch fällt klares Licht durch das Fenster. Die Gynäkologin rät, sich die kleinen Gesichter vorzustellen. Ich versuche, an die Fingernägel zu denken, wenn sich eine winzige Hand nach mir ausstreckt. Das tut man, wenn es einem erlaubt wird. So ist die Hoffnung. Sie fühlt sich unvernünftig an, als würde man eine wundervolle Droge nehmen.

Ich vertraue meiner Gynäkologin. Der Besuch bei ihr ist die viereinhalbstündige Reise nach Glasgow wert. Sie macht das nicht zum ersten Mal. Sie weiß, wie beschwerlich die Anreise von den Inseln ist. Ich bin eine statistische Größe. Das weiß ich. Doch ich bin ihr dankbar dafür, dass sie sich Mühe gibt, damit ich mich nicht so fühle. »Das sind echte Babys«, sagt sie mir. »Wirkliche, lebendige, atmende, strampelnde Babys. Sie müssen an sie glauben. Vertrauen Sie mir. So klappt es sehr viel besser.« Also tue ich, was sie sagt. Ich sammle all meine Hoffnungen, die ausgesprochenen und unausgesprochenen, in einer kleinen Eichentruhe. Meiner Geburtstruhe. Mein gesamtes Sein verwende ich auf schöne Gedanken und Träume. Jeden Morgen pflücke ich Blumen und fertige kleine Zeichnungen an. Ich sammle Federn und schreibe Gedichte. Ich biete dem Mond meine Hoffnung als Gabe.

Wenn man Jahre der Enttäuschung hinter sich hat, schwört man sich, dasselbe nie wieder durchzumachen. Doch man tut es, jedes Mal, und klammert sich umso verzweifelter an dieselbe Hoffnung.

Später bekräftigt ein Facharzt für künstliche Befruchtung, den ich konsultiere, den Rat meiner Gynäkologin. »Es ist wichtig, dass Sie sie sehen, sie wirklich spüren«, sagt er, als ich auf die Befruchtung in der Petrischale warte. Seine Stimme ist ernst. »Blastozysten sind mikroskopisch kleine Zellen. Doch Sie müssen darauf vertrauen, dass es Ihre Kinder sind.«

Ich versuche es mir vorzustellen. Es fällt mir leichter, wenn ich mir vorstelle, dass wir zusammen spazieren gehen. Ich stelle mir ihre kleinen Gesichter vor, die zu mir aufsehen, und den weiten blauen Himmel über unseren Köpfen.

Es steht so viel auf dem Spiel. Nach Jahren gescheiterter Behandlungen erhalte ich erst jetzt die künstliche Befruchtungsbehandlung, durch die wir endlich neue Hoffnung schöpfen können. Wir haben neun Jahre verloren, indem wir es auf natürliche Weise versucht haben, wir haben uns nach anderen Wegen erkundigt und haben sämtliche Hürden genommen, die der jeweilige medizinische Schritt von uns verlangt hat, um diesen Punkt zu erreichen. Die Zeit war schmerzhaft, invasiv und auf eine endgültige Art gleichermaßen von Hoffnung und niederschmetternder Enttäuschung geprägt, wie man sie nur erfahren kann, wenn man verzweifelt versucht, ein Kind zu bekommen. Jeden Monat baut man einen zunehmend wackligen Turm aus medizinisch begründeter Zuversicht auf, der einige Wochen später in sich zusammenfällt. Die Ruinen dieser stillschweigenden Trümmerlandschaft sind für mich kaum zu ertragen. Rab kann fortgehen, doch ich lebe zwischen Staub und Zerstörung. Ich bin es leid, in meinem versagenden Körper zu stecken. Manchmal will ich aufgeben, doch ich bin noch nicht dazu bereit, einen Schlussstrich zu ziehen. Manchmal muss man auf die eigene Zukunft vertrauen – dann kann man, wenn man sie schließlich erreicht, zumindest sagen: »Ich habe alles Menschenmögliche getan. Ich habe es versucht.«

Der Stress macht uns beiden zu schaffen. Wir haben gute und schlechte Tage. In einer kriselnden Beziehung klammert man sich umso verzweifelter an schöne Momente, damit die dunklen Stunden weniger dunkel sind. Als es anfing, mit uns den Bach runterzugehen, habe ich mich gefragt, ob ich weitermachen sollte. Aber ich sehne mich nach einem Kind. Ich hoffe, dass ein Kind in Rab Emotionen wecken wird, ihn motiviert, über sich hinauszuwachsen, wie es ihm bisher noch nicht möglich war. Manchmal ist es, als hätte er irgendwo einen Schalter, an den ich einfach nicht herankomme. In anderen Momenten denke ich, falls es hart auf hart kommt, ziehe ich dieses Kind eben allein auf. Wenn man so weit gekommen ist, so viele Jahre gegeben hat, auch die fruchtbaren, dann ist es umso schwerer – beinahe unmöglich –, einander loszulassen. Die künstliche Befruchtung zieht uns in ihre Umlaufbahn, und mit der Zeit wird es schwer, sie wieder zu verlassen. An manchen Tagen scheint Weitermachen sinnlos zu sein, doch scheint es zu spät zu sein, um aufzuhören. Ich hoffe, dass unsere Beziehung wieder besser wird – und mit ihr unsere Chancen auf Erfolg. Jenseits der Behandlung versuche ich, unser Leben einfach zu halten.

Ursprünglich sollte ich in Edinburgh behandelt werden. Da unser Timing nun in jeder Hinsicht von höchster Wichtigkeit war, hatte ich eine einfache Unterkunft angemietet, um leichter zu den stringent geplanten Scans, Bluttests, Hormoninjektionen und Kontrollterminen erscheinen zu können. Damals schien es mir ein geringes Opfer zu sein. Die Mieten in der Hauptstadt waren teuer, also fand ich ein kleines Cottage in der Umgebung. »Du wirst Maude mitnehmen müssen«, meinte Rab. »Ohne dich hält sie es nicht aus.« Und ich war froh bei dem Gedanken, sie bei mir zu haben, da Rab auf unserem Croft zurückbleiben würde. »Du schaffst das schon«, lächelte er. »Es sind ja nur ein paar Monate. Wir können telefonieren. Ein Besuch wäre zu aufwendig. Wer soll sich um den Hof kümmern?« Es fühlte sich merkwürdig an, doch es ging nicht anders. Ich fragte mich, wie andere Paare damit klarkamen, wenn einer zurückbleiben muss.

Ich packte meine Sachen und bereitete mich innerlich auf den Trip vor, als das Krankenhaus in letzter Minute anrief. »Wir verlegen Sie nach Glasgow.« Ich war verwirrt, und die plötzliche Planänderung machte mich schon beim Gedanken daran unfassbar müde. Ich fühlte mich überfordert. Es war zu spät, um die Unterkunft zu stornieren, sodass wir die Kaution und die erste Monatsmiete verloren. Ich musste weiter reisen und brauchte für Maude einen Hundesitter. »Ich kann nicht mehr«, gestand ich Rab. »Ich glaube, ich sollte nicht fahren.« Er sah mir in die Augen. »Doch, das solltest du. Du wirst dir niemals verzeihen, wenn du es nicht tust.« Ich umarmte ihn mit Tränen in den Augen. Manchmal reicht ein leichter Anschub, um wieder in die richtige Bahn zu finden. Ich sagte mir: »Ein Leben kann sich in einem Augenblick ändern. Alles, was es braucht, ist ein wenig Glück.« Jeder kleine Funke kann Hoffnung spenden – und Hoffnung kann alles verändern.

Und dann, eines Tages, verändert sich tatsächlich alles. Endlich wird ein wenig bekannter Bluttest durchgeführt, der ergibt, dass es mir an einem häufig übersehenen, aber wichtigen Hormon mangelt. Ohne dieses Hormon ist es nahezu unmöglich, voll entwickelte Eier zu produzieren. Es ist das eine Hormon, das nicht synthetisch hergestellt werden kann, doch man kann meinen Körper unterstützen. »Jetzt haben Sie eine Chance«, lächelt mein Arzt. Die Behandlungen werden immer rigoroser kontrolliert, und mir werden mit jedem Tag höhere und höhere Dosen von Medikamenten in den Unterleib injiziert. Es ist schmerzhaft, doch wer neue Hoffnung geschöpft hat, lässt alles über sich ergehen.

Nach fünf anstrengenden Wochen haben sich nur zwei Eier entwickelt. Schweigend höre ich zu, was der Arzt mir sagt. Ich weiß, dass ich positiv und entspannt bleiben sollte, doch mein Herz ist zum Zerreißen gespannt. Man möchte so sehr daran glauben, dass es passieren kann, doch gleichzeitig muss man realistisch bleiben. Die Chancen für eine Enttäuschung stehen gut. Zwei Eier bedeuten, dass ich nur zwei Chancen auf eine Befruchtung habe. Ich versuche, mich nicht unterkriegen zu lassen, und sage mir: »Eines ist besser als keines, und zwei sind noch einmal doppelt so viel.«

Später nehme ich den Anruf mit glänzenden Augen entgegen. Die Befruchtung war erfolgreich.

»Oh, mein Gott!« Rab springt überglücklich auf und ab. »Zwillinge!«

Er klammert sich an mich, mit Tränen in den Augen.

Und dann halten wir einander fest, unfähig, etwas zu sagen.

Unsere Zwillinge sind nur kleine Zellhaufen. Doch jede Familie nimmt so ihren Anfang. Ich weiß, dass es zu früh ist. Doch ich muss den Start ihres Lebens markieren. »Wie sollen wir sie nennen?«, frage ich Rab.

Seine Augen leuchten auf. »Du einen und ich einen«, schlägt er vor.

Ob es Jungen oder Mädchen werden, darüber mutmaßen wir nicht. Doch als es um die Namen geht, schreibe ich Maggie auf einen kleinen Zettel, er Eve. Ohne darüber zu sprechen, steht es also nun fest. Zwei Mädchen. Wir umarmen uns, und für einen Moment ist meine Müdigkeit wie weggeblasen. Weil wir Zwillinge bekommen. Und das hier ihre Namen sind. Und plötzlich das Leben wieder schön ist. Das hier sind die Namen unserer Kinder. Sie sind wichtig. Auch wenn sie das Licht dieser Welt vielleicht niemals erblicken werden.

Dann legen wir beide Zettel in die kleine Eichentruhe, zusammen mit winzigen Blümchen und Muscheln von den Feldern und vom Strand. Ich lege noch eine Karte hinzu, auf die ich all meine Träume notiert habe. Ich habe gelesen, es sei wichtig, sie niederzuschreiben, als seien sie ganz real und konkret. Sie sind ganz simpel. Ich träume von meinen Kindern. Ich träume davon, Mutter zu sein. Jeden Tag drücke ich die Truhe an mich.

Der große Tag ist gekommen, an dem meine Träume wahr werden sollen. Das Gefühl ist unglaublich. Wenn ich in einer Stunde aufwache, werden zwei neue Leben in mir atmen. Ich stelle mir winzige Herzschläge und das weiche Lungengewebe vor, das sich öffnet und schließt, ein Atemhauch, wie die hübschen Muscheln unter Wasser.

»Sind Sie bereit?«, fragt mich der Anästhesist. Er lächelt, drückt meine Hand. Ich liege in einem dünnen weißen Kittel unter einem Krankenhauslaken in einem Transportbett, trage ein Bändchen mit meinem Namen darauf am Handgelenk. Es ist hellgelb, wie ein Sonnenstrahl. Ich bin überglücklich, kann kaum atmen. Voller Hoffnung, Staunen und Angst.

»Ganz ruhig«, sagt er. »Es besteht kein Grund zur Sorge. Machen Sie einfach die Augen zu und schlafen Sie. Stellen Sie sich vor, wenn Sie aufwachen, liegen Sie dort nicht mehr alleine.«

»Ich weiß«, antworte ich, seine Worte rühren mich. Ich schaue auf sein Namensschild. Er ist der Oberanästhesist. »Danke, Will.«

»Jetzt pikst es einmal kurz.« Ich kneife die Augen zusammen, als die Nadelspitze in meine Haut eindringt. Will braucht ein wenig, um die Vene zu finden. Es tut weh, aber nicht so weh wie die Selbstinjektionen. Meine Arme, mein Bauch, mein Hintern und meine Oberschenkel sind mit blauen, violetten und braunen Flecken übersät. Ich beiße die Zähne zusammen und lege den Kopf in den Nacken, sehe in seine Augen. Er hat einen gütigen, ernsthaften Blick.

»Da haben wir sie«, nickt er, als die Vene endlich hervortritt. »Jetzt dauert es nicht mehr lange, und das Baby ist sicher in Ihrem Bauch.«

Ich reiße die Augen auf, und mein Herz zieht sich zusammen. Etwas in mir dreht sich, ich versuche, den Arm wegzuziehen. Plötzlich will ich meinen Mann hier bei mir haben. Er ist im Krankenhaus – ich bin so froh, dass er sich endlich zwei Tage Urlaub genommen hat, um zu mir zu kommen –, doch genau in diesem Moment ist er nirgends zu sehen.

»Nicht nur eins«, sage ich hastig. »Ich habe zwei.«

Will sieht weg. Da er nichts sagt, steigt Panik in mir auf.

»Nicht nur eins«, wiederhole ich. »Ich bekomme zwei Babys. Will, es sind Zwillinge.«

Lange bleibt es still. Mein Herz füllt sich mit Angst. Und dann raschelt der dünne Vorhang, und die Krankenschwester rauscht herein.

»Nein«, sagt sie mir. Tätschelt meine Schulter. »Heute nur eins für Sie.«

»Aber ich habe zwei Babys. Sie sind zusammen in der Petrischale.«

Ich schaue von der Krankenschwester zu Will. Er fummelt umständlich an einer Spritze herum, sie nähert sich meinem Arm. Und plötzlich versuche ich aufzustehen. »Wo sind meine Babys?«, frage ich.

»Legen Sie sich hin«, weist mich die Krankenschwester an, »sonst reißt der Tropf aus Ihrem Arm.«

Als ich mich wieder zurücklehne, sagt Will, ich solle mir keine Sorgen machen. Ich fühle, wie die kalte Lösung in meinen Arm hineinfließt.

»Aber wo ist das andere?«, frage ich schwach.

Er sieht mir in die Augen. »Das andere ist gestorben. Es tut mir leid. Aber schauen Sie, eines ist noch da. Alles wird gut.«

»Keine Sorge, Liebes.« Die Krankenschwester lehnt sich vor und streichelt meinen Arm. »Eins ist mehr als genug, glauben Sie mir.« Plötzlich verschwimmen ihre Gesichter, und ich fühle, wie meine Gedanken abdriften.

Während ich das Bewusstsein verliere, flüstere ich: »Ich werde Mutter.« Ich versuche, mit dem Gedanken einzuschlafen, dass ich neues Leben in mir willkommen heiße. Doch die Worte bleiben in meiner Kehle stecken. Eine riesige Welle der Trauer begräbt mich unter sich. Als die Narkose zu wirken beginnt, fühlt es sich so an, als würde ich ertrinken. Als tauchte ich in eiskaltes Wasser: Die Welt verschwindet, und alles, was in mir warm sein sollte, ist plötzlich gefroren. Mein einziger Gedanke ist, dass ich versagt habe. Der Verlust meines Babys ist ein schneidender Schmerz.

Mitten in der Prozedur wache ich auf. Die Schmerzen sind unerträglich, als hätte man mich auf einen Widerhaken gespießt. Mir wird erst bewusst, dass ich wach bin, als ich den Anästhesisten sehe, der sich mit dem Chirurgen unterhält. Mein Mund ist offen, und ich rufe, rufe, so laut ich kann, doch niemand hört mich. Dann merke ich, wie mein leises Murmeln zu einem schrillen erstickten Schrei wird.

»Oh Gott, sie ist wach!« Ich nehme ihre Panik wahr. Glänzende Instrumente klappern und blitzen auf. Plötzlich umgibt mich hektische Aktivität. Körper hasten herum. Ich bin da, beobachte jedoch aus der Ferne, ich schwebe über dem OP-Tisch. Etwas in mir will sich nach ihnen ausstrecken. Alles, was ich höre, ist ein ersticktes schrilles Weinen. Das ist nicht meine Stimme. Sie kommt von einem Ort, der tief in mir ist. Dann überkommt mich eine Welle der Müdigkeit. Sie überrollt mich wie ein Zug, und dann wird alles wieder schwarz.

Als ich aufwache, kann ich nicht laufen. Ich kann nicht über Nacht im Krankenhaus bleiben, weil kein Zimmer frei ist. Also schieben sie mich im Rollstuhl zum Auto, wo sie mich auf die Rückbank legen. Rab ist kreidebleich. Er sieht mich nicht an. Es fühlt sich merkwürdig an, ihn hier zu sehen. Manchmal will ich lachen, an anderen Tagen will ich weinen. Ich frage mich, ob es allen so geht. Ich habe das Gefühl, unbefleckt empfangen zu haben. Wir machen Babys in der Petrischale, haben einander aber seit Wochen nicht mehr angefasst.

Es braucht drei Dinge, um ein Baby zu machen: ein Ei, ein Spermium und sehr viel Glück. Ich habe zwei dieser drei Dinge. Ich glaube, unser Glück ist verloren gegangen, als mir mitgeteilt wurde, eines der fragilen Leben in der Petrischale sei gestorben, denn ein paar Wochen später stirbt auch sein Zwilling – der Embryo, der mir eingepflanzt wurde.

Trotzdem hört ein Teil von mir nicht auf zu glauben. Manche Tage gehen leichter vorbei als andere. Es ist so schwer loszulassen.

Manchmal frage ich, welches meiner Kinder ich zuerst verloren habe. Ich glaube, es war Maggie. Am Ende spielt es keine Rolle. Denn nachdem ich wusste, dass Maggie tot war, war mir klar, dass auch Eve trauern würde, an jenem dunklen Ort, der nicht der Schwerkraft unterliegt. Manchmal gebe ich mir selbst die Schuld. Ich frage mich, ob meine lähmende Trauer an jenem Tag auch meinem ungeborenen Kind den Atem geraubt hat. Jenem Kind, das binnen weniger Wochen gestorben ist.

Wenn ein Kind so früh in einem stirbt, leidet der Verstand darunter. Mein Körper ist mit der Erde und den Jahreszeiten verbunden, sogar als er sich gegen seinen natürlichen Zyklus wehrt; mein Instinkt ist an einen vorgegebenen Ablauf gekoppelt, der dazu gedacht ist, dass wir unsere Gene weitergeben. Innerhalb der Inselgemeinschaft ist meine Stimme eine der wenigen, die unter dem lähmenden Gewicht der Stille verschwinden. Ich weiß nicht, wie ich das Schweigen über meine verlorene Mutterschaft brechen oder heilen soll.

Nach jedem gescheiterten Versuch lautet der Rat der Ärzte, einfach weiterzumachen. Also gebe ich nicht auf. Ich versuche, alles richtig zu machen. Ich bin eine Baby-Maschine. Ich esse gesund, schlafe gut, mache Spaziergänge mit meinem Hund. Ich stelle mir vor, Mutter zu sein, visualisiere einen kleinen Hoffnungsschimmer wie eine Sternschnuppe.

Schließlich kommt meine letzte Chance. Nachdem ich mir wieder wochenlang Medikamente gespritzt habe, hat mein Körper nur ein einziges Ei produziert, und die Enttäuschung ist erdrückend. Auf dem Ultraschall sieht das Ei in der Dunkelheit meiner Bauchhöhle so einsam aus. Es fühlt sich so an, als hätte mein Körper nach dem Verlust der Zwillinge aufgegeben. Es ist unmöglich, nicht wieder all meine Hoffnungen in diese Petrischale zu setzen, da mir nichts anderes übrig bleibt. Diese Behandlung wird die letzte sein. Diesmal stehe ich sie allein durch. Rab verlässt die Insel nicht. Jeden Abend rufe ich ihn an. »Kommst du mich besuchen?«, frage ich.

Doch er seufzt nur und sagt: »Und wer soll sich um den Hof kümmern?«

»Der Embryo ist stark«, sagt der Arzt mit einem Lächeln. Das muss er wohl auch sein, denke ich. Einen winzigen Funken des Lebens zu entfachen ist so viel schwieriger, als ich es mir je vorgestellt hätte. Ich frage mich, wie das sein kann, obwohl es so einfach sein sollte, so natürlich.

Als sich der Embryo endlich in mir befindet, lege ich schützend meine Hände darüber. Ich schlafe mit einem Lächeln auf den Lippen ein. »Bleib bei mir«, flüstere ich meinem Baby zu. Und diesmal bin ich der festen Überzeugung, dass es funktioniert hat. Ich fühle mich anders. Ich bin sicher, dass es ein Junge wird.

Als meine Periode ausbleibt, mache ich einen Schwangerschaftstest. Er ist positiv. Ich bin überglücklich. Also spielt es keine Rolle, als das Krankenhaus den Test nicht bestätigt. »Sie werden noch sieben bis zehn Tage warten müssen«, sagt mir die Arzthelferin. »Unsere Systeme sind ausgefallen.« Nur dass es noch länger dauert.

Ich behalte das Geheimnis für mich. Ich will mein Glück nicht verderben, bis ich sicher sein kann. Bei jedem missglückten Versuch sagt man sich, es sei nicht die eigene Schuld, doch das glaubt man sich selbst nicht. Jeder Tag erhöht das Gewicht der Erwartungen, doch er bringt mich auch meinem Ziel etwas näher. Ich kann es kaum erwarten, es Rab zu erzählen. Ich bin so glücklich, auch wenn ich den letzten Trip zum Krankenhaus allein machen muss. Ich bin noch immer überfällig. Mein Baby wächst seit der Implantation vor sechs Wochen in mir heran. Nach der Blutabnahme sitze ich da und warte. Als die Krankenschwester mit dem Ergebnis hereinkommt, lächle ich. Zunächst sieht sie mich an, ohne mich wiederzuerkennen. Dann lächelt sie mich unsicher an. »Sie hätten gar nicht kommen müssen. Ihr Test war negativ.«

Mein Lächeln verschwindet. »Sind Sie sicher?«

»Sie hätten einen Brief bekommen sollen.« Sie zieht ihre Brauen zusammen. »Es tut mir leid, dass sie den ganzen Weg umsonst gemacht haben.«

Und dann ist die nächste Patientin an der Reihe. Meine Beine zittern. Es ist niemand da, mit dem ich die Neuigkeiten teilen könnte, der meine Hand halten könnte, also nehme ich meine eigene Hand und sitze da, allein.

Als ich nach Hause komme, muss ich es Rab sagen. Er ist in der Scheune und hört nicht auf zu arbeiten.

»Ich weiß nicht, was ich sagen soll«, meint er. Es ist eine Erleichterung, nicht darüber sprechen zu müssen. Ich ziehe mir einen Pullover über und mache meine Runde über den Hof.

An jenem Tag gibt Rab mir ein kränkliches kleines Lämmchen, um das ich mich kümmern soll. Es ist Liebe auf den ersten Blick. Ich füttere es. Ich verbringe jede wache Stunde damit, es am Leben zu halten. Doch eines Morgens atmet es nicht richtig. Es stirbt in meinen Armen. Und das ist der Moment, in dem etwas in mir zerbricht. Ich kann nicht aufhören zu weinen. Ich versuche es, aber die Tränen quellen einfach über. Es ist anstrengend, aber merkwürdig tröstlich, den warmen, toten Körper zu halten. Ich halte ihn noch, als er kalt und steif wird. Dann lege ich ihn in eine Kiste, um mich zu verabschieden. Nach einer Woche verbrennt Rab die Kiste.

Ich brauche lange, um den Tod dieses Lämmchens zu überwinden. Und noch länger, um über meine eigenen verlorenen Babys sprechen zu können. Ich kann mich nicht dazu bringen, die kleine Eichentruhe wegzuwerfen, die die Namen unserer Babys enthält. Ich schiebe sie unter das Bett.

Einige Monate später bin ich im Laden. Eine der alten Damen vom »Granny Bus«, einem kostenlosen Transportservice für betagte Inselbewohner, kommt zu mir. »Was, immer noch keine Babys?« Sie schnalzt mit der Zunge und schüttelt den Kopf. Scheinbar haben plötzlich alle große Ohren und eine Meinung.

Einer der Bauern scherzt, als er an mir vorbeifährt: »Wie wär's mit einem neuen Zettel. Neuer Bulle gesucht.«

Ich bin zu gebrochen, um darauf zu reagieren. Es tut weh, dass ich nicht schwanger werden kann, dass ich diese Aufgabe nicht erfüllen kann, Leben zu erschaffen und zu gebären. Ich will sagen: »Was, wenn es an mir liegt?« Doch ich tue es nicht. Ich weiß, was mit Kühen und Schafen und Hündinnen passiert, die keine Nachkommen austragen können. Man bezeichnet sie als »güst«, also unfruchtbar. Selbst auf dem Markt sind sie wertlos. Eine aussätzige Aue will niemand haben.

Ich verliere die Orientierung. Habe kein Vertrauen mehr, weiß nicht, was ich glauben oder fühlen soll. Das passiert, wenn der eigene Körper einen im Stich lässt und man sich nicht mehr auf sich selbst und seinen Instinkt verlassen kann.

Ich versuche, mich abzulenken, mache Spaziergänge. Wenn ich keine Lust mehr habe, lege ich mich einfach hin. Ich bin so erschöpft, dass es manchmal nicht anders geht. Dann lege ich mich auf einem Hügel ins Gras und spüre, wie die Schwerkraft meinen Körper hält, auch wenn meine Augen in Richtung Himmel fallen. Manchmal schließe ich einfach die Augen und schlafe ein. Häufig erwache ich erst zur Abenddämmerung. Wenn ich den Tau auf meinem Gesicht spüre, ist es, als würde irgendein innerer Schmerz in mir gestillt. Ich singe und flüstere ihre Namen nicht mehr. Ich stehe nur da und betrachte den Sonnenuntergang, schreibe meinen eigenen Namen in den Wind. Dann gehe ich langsam nach Hause. Ich frage mich, ob ich mit meinem Job weitermachen sollte. Er tut mir nicht gut. Es fällt mir zunehmend schwerer, die Unter-Fünfjährigen der Schule zu betreuen. Manchmal muss ich mir eine Ausrede einfallen lassen, um den Raum verlassen zu können.

Es ist schwer, in einer Welt voller sich nahestehender Familien zu leben und sich nicht an die eigene wenden zu können. Mein Bruder lebt im Ausland, meine Schwester und ich haben uns voneinander abgewandt, und meine Eltern waren nicht mehr hier seit ihrem desaströsen Besuch im letzten Jahr, während dem mein Vater seine übliche Anspannung mit Alkohol und Aggressionen betäubt hat. Es ist schrecklich, den eigenen Vater dabei zu erwischen, dass er wie ein Teenager Whisky klaut, oder die eigenen Eltern sich direkt vor einem anschreien. Ich bin es leid, ihn jedes Mal wieder vom Boden aufzuheben. Am Ende musste ich ihn bitten zu gehen. Er sah mir in die Augen: »Ich wünschte, ich wäre nicht hergekommen.«

Im tiefsten Innern weiß ich, dass er es nicht so gemeint hat. Sosehr es mich auch getroffen hat, nehme ich ihn noch immer in Schutz. Ich weiß, dass es seine Art ist, mit Dingen klarzukommen. Er macht sich genauso viele Sorgen um meine Mutter wie wir alle. Während ihres Besuchs, als wir noch mitten im Renovierungschaos steckten, schliefen sie in einem winzigen gemieteten Cottage am Ende der Straße. Sosehr sie sich auch bemühte, entging mir nicht, dass sie weder Toilette noch Schlafzimmer fand, simple Dinge wie den Kühlschrank in der Küche. Jeder von uns hat Probleme und Geheimnisse. Zu wissen, dass ich sie niemandem anvertrauen kann, um nicht alles noch schlimmer zu machen, ist schwer. Unsere Rollen sind verkehrt, meine Eltern benehmen sich wie Kinder.

Manchmal frage ich mich, ob ich verrückt bin, mich nach Elternschaft zu sehnen. Doch gegen meinen übermächtigen Kinderwunsch hilft es nicht. Sogar Freunde mit kleinen Kindern zu sehen ist schmerzlich, was zusätzlich dazu führt, dass ich mich distanziere und sporadische Besuche noch seltener werden.

Ich hänge eine Jahreszeit hinterher. Mein Herz ist noch immer in diesem langen Winter gefroren. Unfruchtbarkeit ist wie eine riesige Bruchlinie, die sich nicht nur durch meinen Körper, sondern durch mein gesamtes Leben zieht. Es ist ein merkwürdiger Gedanke, dass es nach meinem Tod keinen einzigen Teil von mir geben wird, der weiterlebt. Früher war das nicht wichtig, doch heute trifft mich dieser Gedanke manchmal wie ein Schlag.

An besseren Tagen weiß ich in meinem Herzen, dass es nicht so ist. Wenn ich sterbe, werde ich in allem weiterleben. Ich werde meine Lunge mit Sonne füllen und meinen Herzschlag mit dem Mond. Und obwohl ich kinderlos bin, wird mein Geist voll Liebe sein. Ich werde draußen in der Wildnis sein, frei wie der Wind. In den hohen Wolken und dem Morgentau. Im Boden oder im Salz oder im Anschwellen einer Welle. Ich werde in der Kehle eines Singvogels sein oder in den Wassertropfen auf den Flügeln der Möwen. Man mag mich dann nicht mehr sehen können, doch ich hoffe, dass man mich, im Tod wie im Leben, wird fühlen können. Dass mein Leben dazu da war, andere Leben zu nähren. Und dass ich eines Tages, auf meine eigene kleine Weise, Mutter für sie alle sein werde.

An den meisten Tagen gehe ich zur Küste. Ich sehe zu, wie das Meer kommt und geht, stehe mit Maude da und horche auf die Wellen. Im Dämmerlicht ertönt der Ruf der Wildgänse. Ein winziger Riss am Horizont, durch den ein Schimmern fällt. Dort draußen, weit in der Finsternis, hebt sich ein Wind. Die Flut trägt schaumgekrönte Wellen heran. Über uns kreisen die Möwen, sie kreischen schwach, weiße Federn flattern im scharfen Nordwind. Geräusche verschwimmen, werden verweht, fortgetragen oder verloren. Alle paar Minuten klatscht eine Schaumkrone gegen die spitzen Kalksteinklippen. Meine Wangen sind nass. Ich horche auf das regelmäßige Crescendo, die kurze Flaute und das unweigerliche Zurückschwappen. Dann folgt ein tiefes Rauschen, als würden langsam schwere Bremsen gelockert.

Sanft flüstere ich zu den Wellen: »Wenn es so sein soll, wird mich eines Tages ein Kind finden.«

Ich blicke zum Horizont. Sein zerbrechliches Licht hat nie so weit weg gewirkt, so ungreifbar. Doch während ich atme, spüre ich, dass diese Wellen leise eine tiefe Stärke in mir sammeln und anspülen.

8

BREMSEN

Frühlingsanfang. Auf den anliegenden Feldern um unser Croft herum brennen beißend dunkle Feuer. Dichte Rauchwolken und Ascheteilchen steigen langsam auf, schweben wie Geister durch die Luft und kratzen in meinem Hals. Ich versuche, schneidende Tränen zurückzublinzeln. Es tut mir weh, diese verkohlten, gestraften Felder zu sehen. Traditionell werden zu dieser Jahreszeit die Stoppelfelder abgebrannt, das ist wichtig, um totes Gestrüpp loszuwerden. Manche Bauern lassen eine kleine Ecke aus, in die sich die Wildtiere flüchten können, andere lachen nur über die schrillen verzweifelten Laute. »Nichts als Nager. Die schaden nur der nächsten Ernte.« Wenn das Gras erst einmal brennt und der Wind die Flammen vorantreibt, sind sie nicht mehr aufzuhalten.

Hinterher kann man sich nur mit Mühe vorstellen, dass Leben in die schwarzen Stümpfe zurückkehren wird.

Ich bin jenseits von Müdigkeit, trotzdem rege ich mich nicht. Mein Herz ist bleischwer. Innerlich werde ich von tiefer Traurigkeit und einer langsam vor sich hin köchelnden Wut aufgefressen. Rab ist fremdgegangen. Jeden Tag versuche ich, die aufflackernden Flammen zu ersticken, doch es ist, als wollte ich ein Feuer mit bloßen Händen löschen. Ich komme einfach nicht darüber hinweg. Der Betrug schmerzt wie eine Verbrennung. Er frisst sich durch mein Herz und lässt mich nachts nicht schlafen. Ich sehne mich nach dem kühlen, buschigen Gras, das diese Hügel einst überzogen hat.

Meine Lippen sind zu kalt, um nach Maude zu pfeifen, also fange ich an, sie zu rufen. Wieder und wieder. Wenn sie nicht kommt, steigen Schmerz und Furcht in mir auf. Ich bin so müde. Doch nicht nur um sie mache ich mir Sorgen zwischen diesen brennenden Feldern. Auch um mich selbst. Und plötzlich heule ich hemmungslos, ich schluchze in Richtung Himmel: »Bitte … hilf mir … irgendjemand … ich weiß nicht … weiter.«

Es tut weh, um die eigene Verletzlichkeit zu wissen. Untreue hat viele Gesichter, und sie zeigt sich lange vor und nach jedem Ereignis. Sie spricht eine subtile Sprache, die auf Flüstern aufbaut. Doch auf einer Insel ist Geflüster wie der Wind, der kleine flackernde Flammen anfacht. Es tut weh, den Vertrauensbruch zu entdecken. Mir ist schlecht vor Traurigkeit, speiübel beim Gedanken an all meine Hoffnungen für das neue Jahr: die täglichen Injektionen, dann das Wunder der Zwillingsembryonen, die darauf warteten, in mir zu wachsen, das Licht ihres Lebens wie hell leuchtende Sterne. All diese Vorfreude wurde bei der Hogmanay-Feier im Gemeindezentrum zerstört, dem Abend, an dem Rab aus unerfindlichen Gründen nicht nach Hause kam.

Am Neujahrstag wachte ich auf und fühlte einen kalten Platz neben mir. Als ich nach unten ging, um Maude nach draußen zu lassen, war die Tür von außen abgeschlossen. Rab tauchte gegen Mittag auf. Er weigerte sich, mit mir zu reden oder mich anzusehen. »Ich war betrunken. Ich hätte nach Hause kommen sollen. Ich hab die Straße runter bei Freunden geschlafen. Na und?« Sein Gesicht verdunkelte sich, als ich ihn fragte, warum die Tür abgeschlossen war, und er drängte sich mit den Worten an mir vorbei: »Lass mich verdammt noch mal einfach schlafen.«

So verlief der Neujahrstag still. Rab schlief wie ein Stein. Ich ging allein spazieren, um unseren Freunden ein frohes neues Jahr zu wünschen.

Jeder auf der Insel kennt Rabs Geheimnis. Jeder kennt ihren Namen. Das Schweigen ist tief und undurchdringlich. Sie alle warten, halten den Atem an. Fragen sich, wer es tun wird. Wer mir sagen wird, was alle längst wissen. Die Erniedrigung ist eine glänzende scharfe Klinge. Sie ist anziehend, unwiderstehlich, auf düstere Weise faszinierend.

Es passiert, als ich in der Schule auf die Kinder aufpasse. Aneinandergereihte Worte, die eine Wolke aus Rauch hinter sich herziehen, sodass klar ist, dass sie vor langer Zeit entzündet wurden. Ich höre zu, mein Bauch verkrampft sich. Es tut weh, endlich die Wahrheit zu hören. Und zu begreifen, dass man sie als Letzte erfährt.

Aus irgendeinem Grund verdeutlicht der grelle Lippenstiftmund die Worte noch, aus dem sie kommen. Draußen prasselt der Regen, und die Schulkinder spielen lautstark in dem kleinen engen Flur. Es ist schwierig, meine eigenen Gedanken zu hören. Ich stehe reglos da und versuche, mich auf das zu konzentrieren, was man mir soeben mitgeteilt hat.

»Kopf hoch«, sagt eine der Frauen mit einem Schulterzucken. »Ist doch schon eine Weile her.«

»Also wusstet ihr Bescheid?« Meine Stimme ist holprig. Ich versuche, ihr in die Augen zu sehen, doch sie lacht unsicher und wendet sich ab.

Es ist nicht leicht, ihre Motivation einzuschätzen, doch ich möchte ihr vertrauen.

»Ich weiß nicht, warum dir das so zu schaffen macht«, sagt sie besserwisserisch. »Bei uns ist das Thema schon seit Monaten abgehakt.«

Ich hatte mich damit abgefunden, dass mein Mann während meiner Behandlung nicht anwesend sein würde. Doch ich wusste nicht, was alle anderen wussten: dass er die Straße runter bei einer anderen war. Wir wollten doch unsere eigene Familie gründen. Im Nachhinein macht dies die Tage noch unerträglicher, wenn sie die Kinder zur Schule bringt oder sie abholt und ins Spielzimmer kommt. Ich sage mir, dass ich professionell bleiben muss, und lächle. Meine Stimme ist nicht laut, aber angespannt. Man tut, was man tun muss.

»Du hast nicht Danke gesagt«, stellt eines der Kinder lautstark fest. »Du sagst sonst immer Danke.«

Ich sehe den Jungen an und seufze. Wie soll ich einem Dreijährigen erklären, dass man manchmal nicht Danke sagen muss?

Man kann verletzte Gefühle nur für eine gewisse Zeit unterdrücken. Sie sind wie Samen, die sich tief in uns festsetzen und dort keimen. Die bitteren Früchte wachsen dann Monate später. Auf den Tag genau ein Jahr ist es her. Es ist wieder Hogmanay. »Ich gehe nicht zu der Party«, sage ich. Cristall, meine beste Freundin, rät mir: »Du kannst dich nicht ewig verstecken. Ich finde, du solltest hingehen.«

Sie hat recht. Das hat sie immer. Also gehe ich hin.

An der Bar, im Grunde nur ein Holzbrett, auf dem ein paar Flaschen stehen, zahle ich meinen Beitrag. Nach einigem Trubel über Tee, Scones und Sandwiches beginnt nun der feuchtfröhliche Teil des Abends. Der Raum platzt aus allen Nähten. Später kämpfe ich mich durch die Menge, um mein Glas aufzufüllen, als ich bemerke, dass sie neben mir an der Bar steht. Ich weiß nicht, was ich sagen soll. Also sage ich nichts. Und dann schlucke ich einmal. Ich bin betrunken. Sie ist betrunken. Jetzt oder nie, denke ich.

»Warum hast du das getan?«

»Was denn?«

»Meinen Mann gevögelt.«

Sie lächelt katzenhaft. »Lügen. Nichts als Lügen.«

»Er sagt etwas anderes.«

Und dann reden wir miteinander. Wir waren so etwas wie Freundinnen, vor alledem.

»Ich dachte, du wärst meine Freundin«, sage ich. »Ich hab dich zu meinem Geburtstag eingeladen.«

»Ja«, antwortet sie, »und weißt du was, ich bin nicht gekommen.«

»Wir waren dabei, eine Familie zu gründen.«

Sie lächelt nur. »Pech gehabt.« Dann macht sie kehrt und geht.

Manchmal wünschte ich, wir hätten kein Wort miteinander gewechselt. An anderen Tagen bin ich froh darüber.

Wir haben Dampf abgelassen. Es hat mir geholfen, mich stärker zu fühlen. Doch später nahm das Ganze ein böses Ende. Ihre Clique zerrte mich nach draußen. Sie waren sternhagelvoll, die Anspannung lag greifbar in der Luft. Es wurde laut, jemand schwang eine Faust. Ich sah sie aus dem Augenwinkel kommen, wie in Zeitlupe. Zum Nachdenken blieb keine Zeit. Meine Reflexe waren durch die brenzlige Situation ohnehin geschärft, mein Körper wich instinktiv aus. Der Schlag verfehlte mich um Haaresbreite und schmetterte einem von ihnen ins Gesicht. Nach einem verwunderten Augenblick brach eine ausgewachsene Prügelei aus.

Nur ohne mich. Ohne nachzudenken, folgte ich meinen Beinen und stahl mich davon. Es war reiner Instinkt, der mir riet, aus dem grellen Licht in die sanfte Dunkelheit zu verschwinden, diese Welt hinter mir zu lassen und friedliche Unsichtbarkeit zu suchen.

Als ich ging, rief mir eine Stimme hinterher: »Ich vögel verdammt noch mal, wen immer ich will!«

Wäre das Ganze nicht so erbärmlich gewesen, hätte man lachen können.

Ich leide extreme körperliche und seelische Schmerzen. Für gewöhnlich bin ich nicht anfällig für Verletzungen, doch nun verfolgt mich das Pech. In diesem Frühjahr habe ich zwei schreckliche Unfälle. Durch einen Sturz auf dem Croft breche ich mir die linke Hand. Ein paar Wochen später verletze ich auch meine rechte Hand schwer, bei einem Unfall, über den zu sprechen mir noch immer schwerfällt.

Mir ist schleierhaft, wie ein einfacher Sturz einen Knochen derart zerbersten lassen kann. In der einen Sekunde ging ich aufrecht über unser Croft, in der nächsten rutschte ich weg und fiel unglücklich. Ein Stück Wiese kam mir entgegen, ich stieß mir den Kopf an einem Stein und stützte mich mit meiner linken Hand auf dem steilen Boden auf. So einfach war das. Auch Gras kann überraschend tückisch sein, wenn man mit voller Wucht hinschlägt, mit seinem vollen Körpergewicht. Dass etwas in meiner Hand brach, merkte ich gar nicht. Alles, was ich spürte, war eine merkwürdige Leere, als hätte etwas plötzlich nachgegeben. Mir kam in den Sinn, dass es wichtig war zu atmen, doch alles, was mir gelang, war, nach Luft zu schnappen und mich innerlich festzuhalten.

Merkwürdig, wie klar alles scheint, wenn man geschockt und reglos auf dem Boden liegt. Mit einem Mal bemerkte ich, dass ich bereits sehr lange den Atem anhielt. Dass der Boden fest war, stabil, tröstlich. Dass der Tau kalt, frisch und süß war wie der Regen. Während ich zusammengekauert dalag, mit dem Gesicht am Boden die Stille einatmete, löste sich etwas in mir. Ich driftete in die Bewusstlosigkeit hinein und hinaus und spürte, wie es mich verließ. Es ist zermürbend, wenn eine Beziehung überall um einen herum zusammenbricht. Man hört es nicht, bis die letzten Balken zusammenkrachen.

Als Maude mich anstupste, wieder und wieder, schleppte ich mich benommen zum leeren Haus und verkroch mich unter einer Decke, ich fühlte ihre feuchte Nase an meiner kalten Wange, ihren wachen bernsteinfarbenen Blick, der sich an meinen heftete.

Auch innerlich falle ich. In unserem Haus gibt es kein Lachen und keine Güte mehr. Äußerlich lasse ich mir nichts anmerken, doch hinter meiner Fassade habe ich Angst, denn ich weiß nicht, wie ich uns auffangen soll. Ich weiß nicht, wie ich mich selbst fangen soll.

Meine Verletzung macht Rab wütend. Er kann es nicht gut ertragen, wenn ich krank bin oder Schmerzen habe. Manchmal ist unsere beste Seite nicht gut genug. Und unsere schlechteste wird uns furchtbar schnell vertraut, ist vorhersehbar und grausam in ihrer Unausweichlichkeit. Erst später stelle ich mir die Frage, wieso Verletzlichkeit bei einem anderen Menschen so tief sitzenden Frust und Wut befeuert. Mal führt sie zu bockigem Schweigen, mal zu Wutanfällen, die schwer nachvollziehbar sind. Ich bin es müde zu hören: »Das denkst du dir nur aus, dir fehlt nichts.« Getroffen und verletzt wende ich mich ab, mit Tränen in den Augen.

Jeden Morgen schrecke ich angsterfüllt auf, das Herz hämmert mir in der Brust. Ich habe einen wiederkehrenden Traum: Ich treibe tief in kaltem, dunklem Wasser und mühe mich ab, nach oben zu kommen. Ich muss es schaffen, bald geht mir die Luft aus. In dem Moment, in dem ich die ferne Oberfläche erreiche, wache ich auf. In einem anderen Traum schreie ich mit aller Kraft, ohne einen Ton hervorzubringen, nur meine Beine funktionieren, und mein rechter Fuß tritt verzweifelt ins Leere, um ein unsichtbares Bremspedal zu finden, so als wäre ich in einem unkontrollierbaren Auto eingeschlossen. Wenn ich zu mir komme, kann ich zwar mein Zimmer sehen, das Licht, das durchs Fenster fällt, doch das Gefühl lässt mich nicht los: Das Auto rast noch immer, und ich sitze darin. Ich kann es nicht anhalten, weil es in meinem Traum keine Bremsen hat. Jedes Mal wache ich im selben Moment auf – kurz vor dem Aufprall –, mit einem hastigen Atemzug und einem hohen erstickten Schrei. Aufrecht sitze ich dann im Bett, zitternd, hyperventilierend. Dann folgt ein stumpfer Schmerz, wenn ich mir des leeren Bettes bewusst werde. Und doch geht es seit Monaten so.

Unser Leben, mein Leben mit Rab, löst sich auf. Es ist, als würde ich einer Spule dabei zusehen, wie sich ihr Faden blitzschnell abwickelt. Es macht mich krank, denn tief in meinem Innern weiß ich, wie es enden wird. Unsere Straße führt nur in eine Richtung.

Eines Tages rasen wir im Land Rover die einspurige Straße entlang. Ich sitze nach vorn gelehnt auf dem Beifahrersitz, werde durchgeschüttelt. Alles, was ich tun will, ist, die Augen zu schließen, so sehr fürchte ich mich, doch ich zwinge mich dazu, sie offen zu lassen, wachsam, auf die Straße konzentriert. Das hier ist kein Traum. Es ist heller Tag, ich bin wach, und mein Albtraum wird Realität.

Mit meinem Fuß trete ich fest auf die Stelle, wo ich jetzt gerne ein Bremspedal hätte, doch Rab bemerkt es gar nicht. Und plötzlich höre ich meine Stimme, die ihn anbrüllt: »Bitte fahr langsamer, du machst mir Angst!« Doch er rast weiter, und ich schreie ihn weiter an. Ich weiß, dass wir einen Unfall haben werden. Plötzlich bin ich still. Zu schreien, ja selbst zu reden, ist reine Zeitverschwendung. Und ich brauche mein letztes bisschen Energie, um dieses Auto zum Halten zu bringen.

Rab fährt so schnell und ist so wütend, dass ich ihm nicht ins Lenkrad greifen oder an die Bremse kommen kann. Ich kauere mich seitlich in den Sitz und gebe mir alle Mühe, die Hand mit dem frischen Gips zu schützen.

Als wir einen Berg hinauffahren, sehe ich in der Ferne ein uns entgegenkommendes Auto. Ich weiß, dass es oben eine blinde Kurve gibt und eine steile Böschung hinunter zum Bach. Wieder brülle ich Rab so laut es nur geht an, er solle bitte, bitte anhalten und mich rauslassen. Scheinbar ist er völlig versessen darauf, diesen Wagen, unsere Beziehung und unser Leben zu zerstören. Und dann, weil mir nichts mehr Halt gibt, ich mich nicht mehr festhalten kann, faltet sich mein Körper zusammen, und ich umarme meine Knie.

»Halt verflucht noch mal an, Rab, verfluchte Scheiße, halt an!«, schreie ich. »Halt bitte an, ich will raus. Ich will einfach nur raus.« Dann rast das Auto aus der blinden Kurve direkt auf uns zu.

Ich denke nicht nach. Mein Körper reagiert einfach. Ich greife nach dem Türöffner, drücke mit der Schulter fest gegen die Tür und winkle die Arme an, ich mache meinen Körper schlaff und werfe mich in dem Moment nach draußen, als Rab auf dem weichen Straßenrand eine Vollbremsung hinlegt, der riesige Dieselmotor spuckt brennenden Qualm aus.

In Krisensituationen weiß der Körper ganz genau, was zu tun ist. Dass ich so häufig geübt habe, von Folas Rücken zu gleiten, zahlt sich jetzt aus. Man lernt, sich möglichst klein und unscheinbar zu machen, darauf zu warten, dass der Erdboden angerauscht kommt, und vertraut darauf, dass er es gut mit einem meint.

Unser Instinkt ist mehr als nur die Kampf-oder-Flucht-Reaktion. Er sagt einem auch, wann man erstarren sollte.

Schluchzend und fluchend liege ich auf der Straße. Ich stehe unter Schock, bin jedoch unverletzt. Alle schreien. Rab hämmert mit der Faust gegen das Armaturenbrett und brüllt: »Du Scheißwichser!« Immerhin bin ich nicht seine einzige Zielscheibe. In gewisser Weise bin ich erleichtert, als ich höre, wie er den anderen Fahrer anschreit, denn in diesem Moment weiß ich endlich mit Sicherheit, dass es Rab nicht gut geht, dass er nicht mehr er selbst ist. Plötzlich ergibt das gesamte letzte Jahr Sinn, vielleicht sogar noch länger. Und ich weiß, sosehr ich es auch hoffe und versuche und es mir wünsche, dass ich ihm nicht helfen kann, denn er nimmt weder meine Hilfe noch die anderer Menschen an. Und nun kann uns niemand mehr helfen.

Als er brüllt: »Steig ein, du Scheißschlampe!«, weigere ich mich. Ich bin es so leid, Angst zu haben. Nie wieder will ich in diesen Wagen steigen. Ich drehe mich um und mache mich auf den langen Heimweg. Bloß fühle ich mich nicht sicher, als ich zu Hause bin. Ich weiß, dass er schweigen wird, wenn er heimkommt, dass seine Wut in ihm köcheln wird. Und das fühlt sich noch schlimmer an, als wenn er mich anschreit. Ich rufe nach Maude, und sie kommt sofort angerannt. Als die Tür hinter uns zufällt, schlagen wir den Weg hinauf zum Hügel ein. Ohne einen Blick zurückzuwerfen, gehe ich weiter. Ich bin verletzt und völlig durcheinander, also halte ich den Blick gen Himmel gerichtet.

Manchmal ist das alles, was man tun kann.

Ich weiß nicht, wie es so weit kommen konnte. Zu Fuß auf dem Weg nach Hause habe ich mich wieder und wieder gefragt, ob es meine Schuld ist. Doch tief in meinem Herzen weiß ich, dass es nicht so ist. Wir alle treffen unsere Entscheidungen, und Rab hat seine getroffen. Seine Wut richtet sich gegen sich selbst. Verbrennung unterliegt ihren eigenen physikalischen Gesetzmäßigkeiten; sie ist eine kontrollierte chemische Reaktion. Feuer setzt Energie frei, und Wut ist ihr Ventil. Ich zucke vor den speienden Flammen und der Hitze zurück und habe keine Ahnung, wie ich sie löschen könnte.

Wenn ich Angst habe, bricht meine Vernunft in sich zusammen wie ein Kartenhaus. Rab weiß das. Seine Wut speist sich aus meiner Angst. Eine zerstörerische Kombination. Ich verbringe mehr und mehr Zeit draußen, spaziere mit Maude über die Hügel. Wenn ich zurückkomme, sitzen wir voneinander entfernt, eingeschlossen in unser beider Schweigen. Wir bauen Mauern um uns herum. Unser Zuhause fühlt sich nicht mehr wie ein Zuhause an. Ich bin angespannt und rastlos. So viele Monate lang habe ich diese Wahrheit vor neugierigen Augen, Ohren und Zungen versteckt. Einzig Cristalls Augen sehen, wie ich mich in mir verkrieche und schweige, dass ich die Einsamkeit und die Hügel bevorzuge. Es sind belastende, isolierte Tage.

Das vielfarbige Garn unserer Beziehung löst sich auf. Mit jedem Tag liegen mehr Fäden um uns herum verteilt auf dem Boden. Es ist schwer, sich nicht in ihnen zu verheddern und zu stolpern, sosehr Rab mir auch versichert, ich würde mir das alles nur einbilden. Liebe geht nur kaputt, wenn man sie vernachlässigt, sich nicht um sie kümmert oder sie beiseiteschiebt. Nach und nach hören wir auf, unsere Leben miteinander zu verknüpfen und zu verweben.

Ich werfe einen Blick zu ihm hinüber. Ich will ihm einen Faden in die Hand drücken, uns wieder enger miteinander verbinden. Er sitzt neben mir, doch er ist nicht anwesend. Sein Blick ist starr und leer. Obwohl ich die Wärme seines Körpers spüre, scheint er weit weg und ergreift nicht meine Hand. Ich frage mich, wo er ist und wann er gegangen ist. Doch ich schaffe es nicht, mich zu fragen, mit wem.

Liebe ist ein Rhythmus, ein gleicher Pulsschlag. Ich spüre den Verlust wie einen Schmerz in der Brust. Worte, Lachen und Fürsorglichkeit werden rar. Einsamkeit schleicht sich ein. Wir können einander nicht mehr trösten und unterstützen. Die vielen schwierigen, stressigen Jahre haben uns in die Knie gezwungen. Am Ende konnten wir einander nicht geben, was der andere wollte oder brauchte. Manche Dinge, die so einfach sein sollten, bleiben grausam außer Reichweite.

Später nehme ich Rabs Hand und streichle sanft über seine Finger.

»Wir hatten alles, du und ich.«

»Ich weiß.« Unsere Augen füllen sich mit Tränen.

Ein flüchtiger Moment.

»Aber du wolltest mehr«, sagt er bitter.

»Ja. Und war das so falsch von mir?«

Er sieht weg und zündet sich eine Zigarette an. Wir beide wissen, was wir wollten, wonach wir uns gesehnt haben. Ein Kind ist ein Geschenk, das so viele andere als selbstverständlich betrachten.

Ich will ihn verstehen. Will ihn fragen: »Hast auch du, auf deine Art, ums Überleben gekämpft?« Ich will seine Untreue als einen Wunsch nach mehr Ehrlichkeit lesen. Es fällt mir schwer, doch ich versuche es. Ich sage mir, dass es ein Akt des Überlebens war. Der Versuch, zu etwas anderem oder jemandem zu gehören, der nicht ich war. Diese Erkenntnis trifft mich.

»Wenigstens warst du ehrlich in dem, was du getan hast«, flüstere ich. »Wenigstens wusstest du, was du gebraucht hast. Selbst wenn du aus allen Möglichkeiten die zerstörerischste gewählt hast.« Doch ich schaffe es nicht zu fragen: »War ich wirklich nicht genug? Hat sie dir, haben vielleicht sogar mehrere andere dir gegeben, was ich dir nicht geben konnte?« In seinen Augen sehe ich die Spiegelung meines Gesichts. Es ist immer ein Schock, sich selbst in den Augen des anderen wahrzunehmen.

Rabs dunkles Geheimnis macht diese letzten Frühsommerwochen unendlich viel schwerer. Wir leben getrennt in dem Haus, in dem wir uns einst geliebt haben. Ich habe die Babys verloren. Ich spreche mit dem Arzt. Es ist eine Erleichterung, reden zu können. »Wir können so nicht weitermachen«, sage ich. Ich warte auf den großen Knall und spüre, wie er näher kommt. Ich spreche mit niemandem über meine Ängste. In einer so kleinen Gemeinschaft kann man manche Dinge nicht teilen. Am Ende arbeiten wir alle an unserem eigenen Konstrukt aus Wahrheit und Lügen.

Wir haben uns gestritten. Die Atmosphäre ist beunruhigend aufgeladen. Als ich mich abwende, beiße ich mir auf die Lippen und schmecke Adrenalin und Blut auf meiner Zunge. Ein stumpfer metallischer Geschmack, verbrannt und bitter, der mir sagt, was ich in meinem Innern bereits weiß. »Raus hier, bloß raus hier, solange es noch geht!«

Als ich das Zimmer verlassen will, brüllt Rab mir hinterher: »Dreh mir ja nicht den Scheißrücken zu. Komm zurück, du kleines Miststück!« Ich gehe weiter, mit unsicheren Schritten. Mein Körper fühlt sich merkwürdig zweigeteilt an, als würde ich innerlich verglühen und äußerlich erfrieren. Diese Wochen waren anders, geprägt von einer ganz eigenen, allumfassenden Anspannung und Dunkelheit. Über manche Situationen denke ich besser nicht nach. Über alldem fürchte ich die Stille am meisten.

Ich weiß, dass ich nichts sagen kann. Worte sind nicht bloß Worte, wenn sie mit Hass gesprochen wurden. Sie tragen eine Bedeutung und Wichtigkeit, die tief ins Fleisch eindringen. Ich fühle ihre bohrenden Spitzen, ganz gleich, ob sie so leise geflüstert werden, dass ich mich anstrengen muss, um sie zu hören, oder ob sie mir direkt ins Gesicht gesagt werden.

Ich habe einen Fehler gemacht. Ich habe eine Kaffeetasse auf der Fensterbank stehen lassen. Als ich sie sehe, bin ich starr vor Schreck. Ihre Unterseite ist feucht und wird einen Ring auf dem Holz hinterlassen.

»Wenn du das noch mal machst, bringe ich dich eigenhändig um.«

Seine Stimme ist sanft. Ich weiß nicht, ob es als Witz gemeint ist. Eine weitere Grenze wird überschritten. An dem Abend fühle ich mich nicht sicher im Bett. Meine Tür lässt sich nicht abschließen.

Ich bin wachsam, horche, warte. Ich will jede überschrittene Linie markieren, damit ich weiß, wie weit wir uns jeden Tag von dem neuen Ausgangspunkt entfernen. Doch es ist schwer, Linien zu ziehen, die aus Schatten bestehen. Ich will nicht aufsehen, um plötzlich zu erkennen, dass der Endpunkt direkt vor mir liegt. Ich will dort nicht ankommen. Hier ist es schon schwer genug zu ertragen. Ich weiß nicht, was ich tun soll. Wenn wir füreinander nur Gespenster sind, denke ich manchmal, warum sollte er sich dann nicht eine andere suchen, die ihm ständig dabei hilft, sich wohl in seiner Haut zu fühlen. Vielleicht wäre er dann wieder frei und würde wissen, wer er ist.

Eines Abends betrinke ich mich. Er sich auch. Alle betrinken sich. Wir sind zu einer Inselhochzeit ins Gemeindezentrum eingeladen. Manche trinken, weil sie es mögen, für andere ist es ein Ausweg. Manche trinken, um die Risse zu verstecken, die sich durch ihr Leben ziehen und durch die Träume und Hoffnungen von anderen zum Vorschein kommen. Ich trinke, um meine Angst zu betäuben. Ich trinke, um meinen Schmerz zu verstecken. Ich starre Rab an. Er unterhält sich mit einer Frau. Sie stehen nahe beieinander, flüstern sich ins Ohr. Eine Zeit lang beobachte ich sie. Als ich es nicht mehr ertrage, gehe ich langsam durch den Raum auf sie zu.

»Das ist meine Frau.« Er schaut mich an, nimmt mich aber kaum zur Kenntnis. Er sieht durch mich hindurch. Ich kann seine Gedanken nicht lesen. Aber ich spüre seinen glänzenden Jähzorn. Mein Herz beginnt zu rasen.

»Wir sollten gehen«, sage ich.

»Tja, siehst du, *das* ist meine Frau.« Er sagt es wieder, nur auf eine Art, durch die ich mich unsichtbar, schmutzig und wertlos fühle. Und dann, aus mir unerklärlichen Gründen, lacht er. »Glaube ich zumindest.«

Ich sehe ihn an. Ich versuche, ihm meinen Schmerz nicht zu zeigen, doch ich spüre, wie er zu ihm hinausstrahlt. Tränen steigen in mir auf. Die Frau dreht sich zu mir und schaut mich einen Moment an. Dann wendet sie sich wieder zu Rab und lächelt sanft. Und dann, ganz plötzlich, lacht auch sie.

Ich suche nach meinem Mantel, will nur noch nach Hause. Es bereitet mir einige Mühe – es ist nicht leicht, mit einem eingegipsten Arm einen Mantel anzuziehen. Außerdem bin ich blind vor Tränen. Jemand kommt zu mir, um mir zu helfen. Ich kenne den Fremden nicht. Leider, denn er ist freundlich. »Geht es Ihnen gut?«

Ich nicke, dann schüttle ich den Kopf. Dann nicke ich noch einmal. »Ich bin okay«, sage ich. Doch durch die Art, wie er mich ansieht, weiß ich, dass er mir nicht glaubt. Ich glaube mir ja selber nicht. Dass ich mich okay gefühlt habe, liegt schon so lange zurück, ich erinnere mich nicht mehr daran. Am liebsten würde ich heulen.

»Passen Sie auf sich auf.«

Und ich denke, ja, das werde ich. Ich bin es gewöhnt. Auf dem Weg nach draußen bin ich in Gedanken noch bei der Großzügigkeit, die Fremde uns manchmal zuteilwerden lassen. Dann sehe ich zwei Menschen, die auf eine Art beieinanderstehen, die anzeigt, dass sie mehr als nur Freunde sind. Die kalte Luft und der Schreck treffen mich gleichzeitig. Sie lassen meinen Atem gefrieren und saugen das Blut aus meinem Herzen. Ich gehe an den beiden vorbei und sage laut: »Rab, es ist Zeit zu gehen.«

Ich sehne mich nach liebevoller Wärme, nach starken Armen, die sich um mich legen. Plötzlich merke ich, wie lange meine Arme schon ins Leere greifen.

Im Auto reden wir nicht. Wir schreien. Ein ganzes Jahr schärfsten Schweigens brüllen wir einander um die Ohren.

Die Wut schlägt in zwei Herzen, wortlos, machtlos, lodernd. In meinem liegt es an gebrochenem Vertrauen. Daran, dass winzige Leben aus mir verschwunden sind, ihre wunderschönen Lichter erloschen, wie plötzlich verstorbene Sterne. Ich beobachte diese Wut, stelle mich ihr und versuche, sie abzuwehren, sie zu beruhigen, obwohl ich vor ihr zurückschrecke. Es ist verwirrend zu spüren, dass es immer noch diese Verbindung zwischen uns gibt. Ein Bund ist etwas, was einem gehört. So lange, bis er zerbricht.

Als wir am Cottage sind, läuft Rab aufgebracht vor mir her. So wutschäumend habe ich ihn noch nie erlebt. Etwas sagt mir, dass ich ihm nicht folgen sollte. Ich tue es dennoch, denn es ist zu spät, um irgendwo anders hinzugehen, und ich kann mit dem Gips nicht fahren. Und ich gehe hinein, weil das hier immer noch mein Zuhause ist.

Man muss zwei Türen öffnen, da wir vor die Küche einen Vorraum für die Stiefel gebaut haben. Ich schütze meine gebrochene linke Hand, sie hängt schwer an meiner Seite. Aus irgendeinem Grund weiß der Körper, was er zu tun hat. Als wüsste er, was im nächsten Moment geschehen wird, bereitet er sich instinktiv darauf vor.

Die erste Tür kommt mir entgegen und knallt mir ins Gesicht. Sie schlägt mir mit voller Wucht vor die Stirn, und ich kann nichts mehr sehen. Mir wird schwarz vor Augen, ich verliere meinen Atem und fast die Besinnung. Meine Knie knicken ein, ich stolpere. Im Moment des Taumelns strecke ich die rechte Hand aus. Ich falle nach vorn und schaffe es nicht, mich aufzufangen. Im selben Moment kommt mir die zweite Tür entgegen und schlägt mir ebenfalls ins Gesicht. Bevor ich auf sie pralle, zerquetscht sie noch meine Finger. Ich taumle weiter, stürze jedoch nicht auf den Boden, da meine Finger eingeklemmt sind und vom vollen Gewicht der Holztür zermalmt. Als ich eine Stimme aufheulen höre, erkenne ich sie zunächst nicht als meine eigene. Ihr Schrei zeugt nicht nur von gebrochenen Knochen, sondern von freigesetztem Schmerz.

Als er meine blutige Haut von der Tür losmacht, ist Rabs Gesicht bleich und wutentbrannt. Er besteht darauf, dass es ein Unfall war. Seine Augen sind dunkel vor Zorn, der mir Angst macht, und etwas anderem, das ich nicht erkenne. Als ein Nachbar zu uns kommt, dauert es lange, bis ich aufhöre zu schreien. Ich kann vor Schmerzen und weil ich begreife, was wir verloren haben, nicht sprechen. Wie gerne würde ich mich in den dunklen, leeren Himmel flüchten. Doch nun habe ich zwei gebrochene Hände.

Manchmal, wenn die Welt für uns alles andere als ein sicherer oder schöner Ort ist, lernen wir, anders zu funktionieren. Unser Geist hilft uns dabei, Erinnerungen zu unterdrücken, bis wir stark genug sind, um sie zu ertragen. Das nennt man Schock. Doch bisweilen frage ich mich, ob es nicht ein wohlmeinender Gefallen ist, den wir uns selbst in größter Not tun. Jener schreckliche Abend ist nun drei Wochen her. Ich stehe allein in der Küche, die Augen auf die Tür gerichtet. Gerade habe ich sie zum letzten Mal zuknallen hören. Ich horche, während draußen lautstark ein Auspuff dröhnt und Abgase die Auffahrt hinaufspuckt. Meine Augen glitzern, ungläubig, füllen sich mit Tränen. Ich will weinen, weil ich froh bin, dass er weg ist.

Die Einsicht, dass es aus und vorbei ist, fällt mir schwer. Und ich habe das Gefühl, dass das Ganze der Anfang neuer Schwierigkeiten sein könnte. Ich schaue auf meine Hände. Sie sind zu nichts zu gebrauchen. Meine linke Hand ist noch immer bis zum Ellbogen eingegipst, die rechte an drei Fingern fest geschient. Nach wie vor lerne ich, wo bei dieser extremen Einschränkung meine Grenzen liegen, und sie zeigen sich mit jedem Tag deutlicher. Es ist schwierig, mich anzuziehen, zu waschen, zu essen oder zur Toilette zu gehen. Die Zeit der Ablammung ist vorbei, wofür ich dankbar bin, trotzdem ist mir schleierhaft, wie ich auf dem Croft allein zurechtkommen soll. Ich sage mir, nicht so weit im Voraus zu denken. Jetzt gerade reicht es aus, hier zu stehen, in diesen vier Wänden, mit Maude.

Die Stille ist ohrenbetäubend. Das Schweigen einer dauerhaften Abwesenheit unterscheidet sich deutlich von einem nur zeitweiligen Schweigen. Es scheint tiefer zu sein, denn ihm fehlen Anspannung und düstere Vorahnung. Ich starre hinüber zur Wanduhr und verfolge, wie sich die Zeiger vorwärtsbewegen, Minute um Minute, von der vollen zur halben Stunde. Ich schaue aus dem Fenster, warte, bis die Fähre die Insel verlässt und das Festland erreicht. Dann beobachte ich, wie die Sekunden verstreichen, wieder und wieder der Zeiger ums Zifferblatt wandert, bis eine weitere Stunde vergangen ist. Ich nehme den Hörer und wähle eine Servicenummer, um zu hören, dass die Fähre angekommen ist. Ich gehe hinaus und sehe in den Himmel, wachsam, atme hastig die saubere kalte Luft ein.

Zurück im Haus zittere ich. Ich rufe nach Maude. Es beruhigt mich, sie an meiner Seite zu spüren. Wieder sehe ich auf die Uhr. Nach einer Stunde rufe ich beim Bahnhof an, um mich zu erkundigen, ob der Zug nach London abgefahren ist. Noch immer beobachte ich die Zeiger. Ich kann den Blick nicht von der Uhr lösen. Wegsehen kommt mir riskant vor, als könnten die Minuten sich plötzlich wieder zurückdrehen. Doch nach einer Stunde lasse ich los und gebe mich endlich einer Welle der Erschöpfung hin.

Plötzlich fühlt sich der Tag so einfach an. Wenn man müde ist, legt man sich hin. Ich knie mich auf den Boden und krümme mich in Embryonalstellung auf den Boden. Es tut gut, den stabilen, festen Erdboden zu spüren, der mich trägt. Ich schließe die Augen, sage mir, dass ich hier nur einen Moment liegen werde. In einer Minute stehe ich auf. Ich fühle mich betäubt, doch ein beruhigendes Gefühl stiller Einsamkeit überflutet mich wie eine große Woge, die sich sanft über meinen Körper und meinen Kopf ergießt. Ich atme ruhig. Dann schließe ich die Augen. Nach und nach beruhigt sich mein Herz.

Einige Stunden später wird mir bewusst, dass Maude an meiner Seite ist. Ich öffne die Augen, und sie legt ihren Kopf neben meinen. Nun sehe ich auf die Uhr und bemerke, dass der Zug gerade in die Londoner Euston Station einfährt. Ich schlucke meine Tränen. Zum Aufstehen bin ich zu müde, also liegen wir einfach zusammen da und lauschen der Uhr, wie sie die Stunden vorüberticken lässt. Ich lehne den Kopf sanft an meine Hündin und betrachte ihre Bernsteinaugen, die ihr Licht auf meine werfen.

»Das ist nicht, was ich mir erhofft hatte«, sage ich ihr. »Aber manchmal muss das Leben seinen eigenen Lauf nehmen.«

Wir bleiben dort, zusammen auf dem Boden. Nach einer Weile übermannt der Schlaf mich erneut. Und es ist erleichternd, das Gewicht der Stille zu spüren und meine Augen zu schließen.

ZWEITER AKT

1

HÄNDE

Es ist spät, lange nach Mitternacht. Unsicher schwebt meine Hand über den Tasten. Ich halte den Atem an. Lege beinahe auf. Dann steht die Verbindung, und ich kann Cristall sehen.

»Was ist passiert? Sind die Schmerzen wieder schlimmer geworden?«

»Es tut mir leid. Ich wollte nur …« Meine Stimme zittert. Und ich frage mich, wie ich in Worte fassen soll, dass sich die langen Abende auf einer Insel manchmal so still anfühlen können? Dass man manchmal einfach eine andere Stimme hören muss?

»Ich wollte dir nur Gute Nacht sagen.«

Dann fällt mir auf, dass Cristall noch nicht im Bett liegt. Sie hat noch nicht ihren Schlafanzug angezogen, sondern trägt ihren Rock und ihre alte blaue Strickjacke, sie sitzt allein unten, mit ihrem Hund. Sie sieht müde aus, als wollte sie nicht allein nach oben gehen. Und plötzlich weiß ich, dass sie versteht, warum ich angerufen habe. Vorsichtig schauen wir einander an, ohne direkten Augenkontakt aufzunehmen. »Hast du schon einen Blick in den Himmel geworfen?«, fragt sie leise. »Der Mond scheint hell. Manchmal ist es schwer, zu schlafen, wenn die Welt dort draußen so schön ist.« Sie lächelt und öffnet ihre Arme. »Gute Nacht, liebes Mädchen. Diese Umarmung ist für dich. Schlaf gut.« Sie pustet mir einen Kuss zu.

Nun bin ich froh, dass ich angerufen habe. Wenn Cristall lächelt, lächelt sie mit den Augen. Die Art Lächeln, die man im Herzen fühlen kann. Ich will ihr sagen, dass ich deshalb angerufen habe. *Du bist der Grund für meinen Anruf!* Doch plötzlich bin ich schüchtern. Ich sehe auf meine gebrochenen Hände. »Gute Nacht«, sage ich und versuche, zurückzuwinken.

Ich hatte nie über die Bedeutung gesunder Hände nachgedacht, bevor meine außer Gefecht gesetzt wurden. Oder von Freundschaft. Am Ende ist alles so simpel. Freundschaft bedeutet, sich auf jemanden verlassen zu können, ihm zu vertrauen, jemanden zu haben, der das Einzige ist, was zählt, wenn alles andere zusammenbricht. Die Wahrheit ist, dass ich kurz vor dem Zusammenbruch stehe. Ich bin gelähmt vor Angst. Ich weiß, dass Cristall es weiß. Der schwierige Bruch in meiner linken Hand ist noch nicht verheilt, und sie fühlt sich im Gelenk noch immer merkwürdig an. Die Schmerzen sind unerträglich. Wie ein toter Körperteil bleibt sie im Gips eingeschlossen. Ich habe mir eine Schlinge aus einem Wollschal gemacht. Wenn Knochen gebrochen sind, sehnt man sich nach etwas Weichem auf der Haut. Ich halte ihn sanft wie ein Baby, als könnte ich ihn in den Schlaf wiegen.

Ich bin am Ende meiner Kräfte und weiß, ich müsste schlafen. Doch selbst mich bettfertig zu machen ist eine Herausforderung. Manchmal könnte ich vor Frust weinen. Ich fühle mich so hilflos und allein. Ich kann mich noch nicht einmal selbstständig ausziehen, also lege ich mich jeden Abend angezogen ins Bett und versuche einzuschlafen. Doch die Schmerzen halten mich bis in die Morgenstunden wach, und der Schlaf kommt nicht. Später werden drei Orthopäden unabhängig voneinander sagen, es sei einer der schlimmsten Brüche, die sie je vor Augen gehabt hätten. Einer von ihnen ist zunächst sprachlos, dann wütend: »So ein Schlamassel habe ich ja noch nie gesehen. Wie leben Sie damit?« Ich mache mir permanent Sorgen, dass meine Hände nicht heilen werden, wenn ich nicht schlafen kann. Ohne meine Hände kann ich weder arbeiten noch meinen Lebensunterhalt verdienen. Ich kann kein Klavier spielen oder kreativ sein, was es mir noch schwieriger macht, mir Ausdruck zu verschaffen. Ohne meine Hände kann ich nichts tun.

Niemals werde ich den Tag vergessen, an dem Cristall mich fand, nachdem Rab fortgegangen war. Eine unerwartete Mittjunihitze hatte die Insel fest im Griff, doch in der Küche war es winterkalt, trotz des strahlenden Sonnenscheins vor der Tür. Alte Steinhäuser können die Wärme draußen und die Kälte drinnen halten, sodass man sich wie in einer anderen Welt vorkommt, wenn man einen Fuß vor die Tür setzt. Meine Erinnerungen an diesen Tag sind verschwommen, doch an Cristalls Gesichtsausdruck, als sie mich fand und sich neben mich auf den Boden kniete, erinnere ich mich noch ganz genau. An ihre Hände, die über meine Wangen streichelten. Dass sie mich in eine weiche Decke einwickelte, deren dicker Stoff sich schützend über mich legte. An die feinen Maschen und den Duft ihrer Strickjacke, die sie unter meinen Kopf schob. Sie nahm mich in die Arme und wiegte mich vorsichtig wie ein Kind. »Schhh, ist schon gut«, hörte ich sie sagen. »Jetzt bin ich hier. Du bist in Sicherheit. Nicht weinen.«

Ich starrte sie mit aufgerissenen Augen an und verstand nicht. Ich war mir meiner Tränen nicht bewusst. Das Einzige, was ich spürte, war eine Müdigkeit, stärker als alles, was ich je zuvor gefühlt habe.

»Ich weine nicht«, flüsterte ich. Sie sah mich an, und in ihren Augen lag so viel Mitgefühl.

Einige Wochen später fragt sie mich: »Sag mal, wie lange hast du dort auf dem Boden gelegen?«

Ich bin verwirrt, denn ich weiß es nicht genau.

»Ein, zwei Stunden, ein, zwei Tage, länger nicht.«

»Ich möchte es wissen.«

»Im einen Moment habe ich mich hingelegt, und dann bist du gekommen, und alles war gut.«

Stumm sitzen wir da. Denn was soll ich auch sagen? Ich weiß nicht mehr, wie genau der Tag abgelaufen ist, kann mich nicht an Details erinnern, noch nicht einmal an die Tage, die auf ihn zugeführt haben. Selbst jetzt fällt es mir schwer, darüber zu sprechen, denn ich versuche immer noch zu verstehen. Manchmal, wenn sich das eigene Leben aus unerklärlichen, übermächtigen Gründen auflöst, hält man sich eher an den eigenen Instinkt als die lineare Zeit, die konstant vergeht. Wenn man Angst hat, gewöhnt der Körper sich einen anderen Pulsschlag an, er lernt, wachsam zu sein. An jenem Tag, als ich auf die Uhr sah und beobachtete, wie die Minuten verstrichen, war das einzig Wichtige, dass die Fähre ablegen würde. Die Zeit dehnte sich aus und zersprang auf eine Art, die mir unerklärlich blieb. Ich weiß nicht, wie ich es erklären soll, also schweige ich und starre hinaus aufs Meer.

»Es hat mir wehgetan, dich so zu sehen«, sagt Cristall. »Das war, als wäre das Licht in deinen Augen erloschen.«

»Es tut mir leid. Ich war bloß so müde, also habe ich mich hingelegt.«

Ich wünschte, ich könnte ihr sagen, dass es merkwürdig tröstlich war, zu spüren, wie die Stille sich sanft um mich legte und mich festhielt. Dass ich wusste: Wenn ich nur still daliege, atme und mich kaum rege, dann wird die Zeit, und mit ihr auch dieses Gefühl, vergehen.

»Ich möchte, dass du weißt, dass ich hier bin.« Cristall hält mich vorsichtig am Arm. »Von nun an kümmere ich mich um dich, und du kümmerst dich um mich.«

Ich lächle. Dann strecke ich die Hand nach ihrer aus. »Abgemacht«, sage ich.

Als Frau muss man hier auf der Insel tough sein. Man lernt, sein Herz nicht offen zur Schau zu stellen oder auch nur das geringste Anzeichen von Verletzlichkeit oder Schwäche zu zeigen. Das Schlimme daran ist, dass man sich so sehr angewöhnt, dieses starke Gesicht wie eine Maske zu tragen und sein weiches Herz zu beschützen, dass man manchmal vergisst, auf seine Schläge zu hören.

Jeden Morgen wache ich auf und fühle mich allein und verloren. Ich weiß, dass es besser so ist. Doch ich vermisse den vertrauten Rhythmus des Lebens, das Rab und ich miteinander geteilt haben. Manchmal vermisse ich sogar das, was mir wehgetan hat. Überall fühle ich seine Anwesenheit. Ich höre seine Stimme, sehe sein Gesicht. Ich versuche, nicht über meine gebrochenen Hände nachzudenken. Doch manchmal erwischt es mich kalt. Wenn ich mich daran erinnere, wie meine leblose linke Hand auf dem Behandlungstisch lag, bevor sie verbunden wurde – angeschwollen, blau, zertrümmert –, dreht sich mir der Magen um, das Bild geht mir immer noch durch Mark und Bein. Es ist schwierig, die Berührung der eigenen Hände zu vermeiden, doch genau das versuche ich. Wenn ich durch eine Tür gehe, drehe ich meinen Körper um neunzig Grad, schlüpfe seitlich hindurch, als würde nur die Hälfte von mir den Raum betreten. Ich habe so große Angst davor, mich zu stoßen und mir noch mehr unnötige Schmerzen zuzufügen. Vor harten Kanten schrecke ich zurück. Lose wickle ich mich in mehrere weiche Schals, um meine Hände zu verstecken und mich warm zu halten. Schmerzen lassen einen die Kälte stärker spüren. Sie verdünnen das Blut. Und ich weiß nicht, warum, doch meine Hände zu sehen macht alles noch schlimmer. So versuche ich alles, um nicht zu ihnen hinunterzusehen.

Wenn es doch so kommt, schließe ich die Augen. Wenn man etwas lange genug ignoriert, lässt es für gewöhnlich nach, auch wenn es nicht ganz verschwindet. Doch dieser Schmerz ist anders als alles, was ich zuvor erlebt habe. Mein Handgelenk ist in dem Gips derart verdreht, dass ich mich frage, ob es je wieder gerade liegen wird. Speiche, Kahnbein und großes Vieleckbein reiben aneinander. Das Handgelenk fühlt sich von der Hand abgetrennt an. Die Röntgenaufnahmen zeigten so viele Haarrisse und Brüche, dass die Ärzte kaum einschätzen konnten, ob es Platz genug für Metallstifte, um die Knochen zu fixieren, gäbe. »Das Risiko können wir nicht eingehen«, entschuldigte sich ein Arzt. »Es tut mir leid, aber da ist nichts mehr, um zu fixieren.«

Wir sahen einander an. Dann wandte er den Blick ab. Wir beide wussten, dass es eine Ausrede, eine Halbwahrheit war. Am Tag meines Sturzes war die Röntgenabteilung geschlossen, ich war einer von mehreren mittelmäßigen Notfällen, bei dem dadurch Fehlentscheidungen getroffen wurden. Wir sprachen nicht darüber, dass zwei Allgemeinmediziner und das Team der Notfallambulanz darauf bestanden hatten, mein Handgelenk sei nicht gebrochen, und mich weggeschickt hatten. Wäre der komplizierte Bruch ordnungsgemäß diagnostiziert worden, hätte man mich augenblicklich für eine Operation nach Glasgow geflogen. »Es ist nur eine leichte Verstauchung, eine leichte Prellung. In ein, zwei Tagen ist alles wieder in Ordnung.« Ich versuchte, sie vom Gegenteil zu überzeugen, doch sie beharrten auf ihrer Meinung: »Kommen Sie in ein, zwei Wochen wieder. Wenn es gebrochen wäre, könnten Sie vor Schmerzen gar nicht sprechen.«

Man gab mir zwei Paracetamol, und das war's. Eine Woche später, als der komplizierte mehrfache Bruch festgestellt wurde, war es zu spät, um die Knochen ordnungsgemäß zu richten. Heute weiß ich nicht mehr, was ich davon halten soll. Ich bin dankbar, dass der Gips fest ist, doch gleichzeitig habe ich riesige Angst, er könnte nicht fest genug sein. Weil ich mir schmerzlich bewusst bin, wie sich die Knochenstücke mit jedem meiner Atemzüge bewegen.

Ich beiße die Zähne zusammen und tauche ab zu einem Ort, den ich in mir gefunden habe, an dem ich nichts mehr spüre. Der Fachausdruck dafür lautet wohl Dissoziation, doch ich nenne es einfach »die Schmerzen schlucken«. Wo auch immer dieser Ort ist, so langsam gefällt es mir hier. Es ist ruhig und friedlich, wie unter Wasser, wenn man im dunklen, stillen, kalten Meer treibt.

Hauptsächlich bewege ich mich am Rande der Erschöpfung. Meine Ehe ist zu Ende, und ich lebe plötzlich allein. Ich staune über die sommerliche Schönheit der Insel, die langen Gräser und Disteln, die überall auf dem Croft wachsen, während ich spüre, wie etwas in mir langsam, aber sicher zusammenbricht. Ich bleibe mehr und mehr im Haus. Ich liege da, die gebrochenen Hände auf der Brust. Wenn der Schlaf endlich kommt, heiße ich ihn dankbar willkommen. Für ein paar Stunden bin ich frei. Nur Cristall ist für mich da, ermöglicht meinen Alltag. Ich bin ihr dankbar dafür – für sie, für unsere Freundschaft. Ohne sie weiß ich nicht, wie ich durchhalten sollte.

Jeden Tag horche ich nach ihrem Auto, das zum Haus gerattert kommt, ein uralter dunkelblauer Peugeot namens Bluebell. Der Auspuff dröhnt, er wurde mit Pressengarn und Spanndraht festgebunden, also hört man ihn schon aus einiger Entfernung. Man riecht den Diesel, der sich in einer zähflüssigen Pfütze unter dem Wagen sammelt, wenn sie parkt.

Ich höre, wie sie mit der klemmenden Haustür kämpft. Plötzlich fliegt sie auf, noch bevor Cristall an das Glas geklopft hat. Ihre Stimme ist hell, scharf und klar. Sie erfüllt das stickige Zimmer mit einer plötzlichen Frische. Auf der Anrichte türmt sie Tupperdosen auf und liest mir die Beschriftung auf jedem Deckel vor: »Brokkoli mit Stilton. Linsen. Erbsen mit Minze. Käsesoufflé. Maronen-Rosenkohl-Auflauf. Nicht alle auf einmal essen. Diese hier halten sich eine Zeit.« Sie öffnet einen der Deckel und zieht sich einen Stuhl heran. »So, mal sehen, wie stark du heute bist«, sagt sie und legt mir ein Geschirrtuch um den Hals.

Vorsichtig hilft sie mir dabei, einen Löffel zu nehmen. Es ist schwer. In den Fingern, die aus dem Gips lugen, habe ich weder Gefühl noch Kraft. Ich kneife die Augen zusammen, halte die Luft an, konzentriere mich. Auf halbem Weg zu meinem Mund rutschen meine Finger ab, und der dünne Griff dreht sich. Die Suppe spritzt überallhin. »Lass dir Zeit«, sagt sie. »Gut Ding will Weile haben.« Beim dritten Versuch landet der Löffel auf dem Boden. Sie seufzt, ratlos. »Kein Grund, gutes Essen zu verschwenden.« Sie beugt sich hinunter, hebt den Löffel auf, wischt ihn ab und taucht ihn in die dampfende Schüssel. »Armes Mädchen. Hier, einmal pusten.« Dann füttert sie mich langsam mit der hausgemachten Suppe. Sie schmeckt göttlich. Ich habe Hunger. »Siehst du, du musst zu Kräften kommen«, sagt sie und steckt mir den Löffel quer unter die Finger. »Du musst das hier hinter dir lassen, der ganze Sommer liegt noch vor dir, eh du dich's versiehst, bist du wieder auf den Beinen.«

Später fahren wir zu ihr. Ihre Badewanne ist niedriger als unser gusseiserner Zuber, was es mir erleichtert, ein- und auszusteigen, ohne sich mit den Händen abzustützen. Sie hilft mir beim Ausziehen. Knöpfe zu öffnen ist ein Ding der Unmöglichkeit, ebenso meinen Pullover über den Kopf zu ziehen, mich, ohne zu wanken, in die Wanne zu setzen oder in das herrlich heiße Wasser zu gleiten. Wenn ich blinzelnd und nackt dort sitze und versuche, die Hände über dem Wasser zu halten, kann ich noch immer nicht glauben, wie schwierig die einfachsten Aufgaben sein können. Ich denke darüber nach, wie sehr Freundschaft nicht nur aus Worten, sondern auch aus Taten besteht. Daraus, für jemanden da zu sein, der niemanden mehr hat. Die Hand auszustrecken, bevor der andere fällt, und um ihm zu zeigen, dass man den Sturz nicht zulassen wird. Meine Freundschaft zu Cristall ist all das, und doch geht sie so viel tiefer. Sie fühlt sich wie ein Versprechen an. Häufig ist sie wie die Beziehung von Mutter und Tochter, eine festere Freundschaft als alles, was ich je zuvor gekannt habe.

Ich erinnere mich an das Versprechen, das ich Cristalls Ehemann Anthony vor drei Jahren gegeben habe, an einem kalten Dezembernachmittag, zu der Zeit des Jahres, wenn der raue Wind die Insel in Trostlosigkeit erstarren lässt, sie allen Lebens beraubt. Zwei Bussarde zogen am schwächlich leuchtenden Himmel ihre Kreise, in jenem Moment des Übergangs, wenn Tag und Nacht zwar noch gut voneinander zu unterscheiden, aber doch unzertrennlich sind. Wenn das Licht in die Dunkelheit verläuft und die scharf gestochenen Umrisse der Berge sich tief ins unruhige Meer fortzusetzen scheinen. Zu dieser Zeit ist es einfacher, über zarte, zerbrechliche Dinge zu sprechen, vielleicht, weil diese Wildnis da draußen stark genug ist, sie zu halten.

Sanft nahm ich seine Hände, die sich nach meinen ausstreckten. Ich liebte diese Hände. Selbst im Licht der Nachttischlampe war die Haut grau, durchscheinend, dünn wie Papier. Ich wusste, die Macmillan-Schwestern hatten für Anthony alles getan, was sie konnten. Das Zimmer wurde von einem Speicherofen gewärmt, doch trotz der jämmerlichen Kälte blieb das Fenster einen Spalt weit geöffnet. Die Erkenntnis war unumgänglich: Dies waren sterbende Hände. Für meine Finger fühlten sie sich wächsern an, kalt, als verließe sie langsam das Leben. Der Krebs saugt das Leben aus, bis nichts mehr übrig ist. Sobald der Körper nichts mehr zu sich nehmen kann, schläft er nur noch, seine Muskeln und seine Stärke siechen dahin. Doch selbst dann kann der Geist noch wach sein.

Ich schluckte, spürte, wie mein Gesicht erstarrte. Eindringlich schaute ich in Anthonys Augen. Sie waren kühl und klarsichtig, ein schwaches Lächeln umspielte seinen Mund, ein wenig amüsiert und gleichzeitig besorgt. Ich biss mir auf die Unterlippe und bemühte mich, meine Tränen zurückzuhalten. Mehr als alles andere wünschte ich mir, ihm diesen Abschied so leicht wie möglich zu machen oder ihn zumindest mit Würde zu bewältigen. Denn hier vor mir lag jemand, der ein schönes Leben gehabt hatte. Mit einem offenen Geist, einer großzügigen Seele, der dafür brannte, nach all dem zu suchen, was das Leben zu bieten hatte, nicht nur zu seinem eigenen Vergnügen, sondern damit auch andere in diesen Genuss kamen: seine Familie, Freunde, alle, die er gekannt und geliebt hatte. Ich hatte ihn als einen Mann kennengelernt, der sich dem Schutz der Natur verschrieben hatte, der Wildnis, der Erde, als einen Mann, der Bäume pflanzte und seine Liebe zu ihnen, ebenso wie sein Wissen, mit anderen teilte. Und dafür werde ich ihm für immer dankbar sein.

Schweigend saßen wir da und horchten auf das Ticken der Uhr. Ich achtete nicht auf das Kratzen an der Tür und das Stimmengemurmel von unten. Seine Familie war aus den entlegensten Winkeln der Erde zusammengekommen, um diese letzten Tage in der Nähe der anderen zu verbringen, gemeinsam und doch allein. Der Tod rückt uns in eine unbarmherzige Unmittelbarkeit zu unserem eigenen Leben, dem Leben unserer Lieben und dem Leben desjenigen, dessen Verlust uns bevorsteht.

Das abnehmende Licht und der dunkler werdende Himmel vor dem Fenster machten mir diesen Abschied schwerer, als ich es erwartet hatte. Niemand möchte sich in Finsternis verabschieden. Sanft sagte er: »Du wirst mir fehlen. Es war ein großes Geschenk, dass ich dich kennenlernen durfte.«

Gemeinsam auf den Tod zu warten bedeutet ein größeres Maß an Aufrichtigkeit, denn es ist die letzte Chance, Dinge auszusprechen. Gleichzeitig ist es ein Moment, in dem man schweigt, obwohl man von ganzem Herzen sprechen möchte, da man trotz aller Bemühungen und Zuneigung weiß, dass kein Wort helfen kann. Draußen wurde der Wind stärker, in der Ferne hörte ich den schrillen Schrei der Bussarde, der die Dunkelheit zerschnitt. Noch einmal lächelte Anthony und hob eine Augenbraue. Seine Augen zeigten mir, dass er genau hinhörte. In ihnen lag ein entrückter und doch konzentrierter Blick. Ich wartete. Horchte. Hielt seine Hand.

Und dann, wie aus dem Nichts, fiel ein Lichtstrahl durchs Fenster. Er war atemberaubend: strahlend, gestochen scharf und wunderschön. Wortlos hoben wir unsere ineinander verschränkten Hände und hielten sie in diesen Lichtstrahl. Meine Hände waren dunkle Schatten, fest, dicht, undurchlässig. Seine waren wie aus einer anderen Welt: Beinahe konnte ich durch sie hindurchsehen, die pochenden Venen schienen sich mit ihrem sanften blauen Pulsieren am Leben festzuhalten. Und dann polterte der junge Spaniel, der eben noch an der Tür gekratzt und geheult hatte, ins Zimmer. Es war Isla, der Welpe, den etwas so Nichtiges wie eine Holztür sicher nicht von Anthony fernhalten würde. Wir mussten lachen. Weil das Leben und die Liebe etwas Schönes sind. Und manchmal zerbricht etwas in uns, wenn wir nicht lachen. Dies war nicht der Moment für Tränen. Sie können die aufreißende Wunde nicht zusammenhalten. Ich wandte mich um zum Gehen, hielt aber seine Hände noch immer fest. Es war schwer loszulassen. Ich warf ihm einen letzten Blick zu, und er sah mich fest an. Seine Stimme war klar, doch es lag auch etwas Hartes in ihr. Wie eine Axt zerteilte sie den Raum zwischen uns, unwiderruflich und kompromisslos. »Versprich mir, dass du dich um sie kümmerst, wenn ich nicht mehr hier bin.«

Ich nickte. Es verblüffte mich, wie jemand so gefasst im Angesicht des Todes noch immer an das Wohl der anderen denken konnte. Wie kann man sich darauf vorbereiten? fragte ich mich. Ich kann mir das Gefühl nicht vorstellen. Zu wissen, dass das eigene Leben fortgleitet, man nicht weiß, was jenseits davon liegt, falls es überhaupt etwas gibt. Der Tod verlangt, dass wir Mut fassen und uns auf eine Art ergeben, deren Größe meine Vorstellungskraft übersteigt. Die Bussarde zogen still ihre Kreise. Einen langen Moment sahen wir ihnen gemeinsam durchs Fenster zu. Wir beide wussten, was der andere dachte: dass diese imposanten Vögel ein Leben lang zusammenblieben.

Dann verließ ich das Zimmer.

Wenn jemand stirbt, wird seine Seele frei. Wer jedoch zurückbleibt, dem geht es nicht so. Nach Anthonys Tod vergrub Cristall sich, und ich erinnere mich noch, wie hilflos ich mich fühlte, denn ich konnte nichts dagegen tun. Manchmal konnte ich helfen, indem ich bei ihr blieb, manchmal nicht. Trauer ist wie der Erdboden. Schwer und klebrig lastet er auf einem auch dann, wenn man zum Atmen den Kopf aus ihm herausstreckt. Und wenn man schließlich meint, ihn endlich abgeklopft zu haben, ist er auf einmal wieder da, und man steckt fest in einem Morast, der schwer und abgestorben, belastend und dunkel ist. Cristall brauchte lange, um wieder zurückzukommen; in der Sonne und der frischen Luft zu sitzen. Ich weiß, dass ein Teil von ihr noch immer unter dem Erdboden liegt. Ich habe meinen Ehemann nicht auf die gleiche Art verloren, wie Cristall Anthony verloren hat, verloren habe ich ihn dennoch. Und wieder wird mir klar, wie häufig sich der Kreis des Lebens schließt. Und dass jemand, auf den ich aufzupassen geschworen habe, drei Jahre später auf mich aufpasst.

»Kannst du das hier fühlen?« Ich versuche, nicht vor Schmerz das Gesicht zu verziehen, als Cristall sanft die Fingerspitzen meiner linken Hand berührt. Ich nicke. Es ist eine Erleichterung, überhaupt etwas zu fühlen. Körperliche Schmerzen sind zumindest eine Verbindung zu mir selbst. Innerlich bin ich noch immer völlig gelähmt. Meine Fingerspitzen sind alles, was ich von meiner Hand sehen kann. Ich versuche mir vorzustellen, was mit dieser Hand und ihren Fingern sein wird, wenn der Gips erst einmal abgenommen wird. »So gut wie neu«, sagt Cristall. Doch tief im Innern glaube ich nicht daran. Und an ihrem Blick sehe ich, dass auch sie ihre Zweifel hat. Ich schließe die Augen. Atme tief ein. Ich reiße mich zusammen und presse die Kiefer aufeinander, während sie meine Hände wäscht. Als ich die Augen wieder öffne, sieht sie mich genau an. Sie legt ihre Hand neben meine.

»Versuch nicht darüber nachzudenken«, sagt sie. »Schönheit kommt von innen. Schau dir meine Hände an. Gegen diese hässlichen alten Wurzeln sind deine bildschön.« Doch ich sehe das anders. Ihre fühlen sich fest, warm und stark an. Als sie sie umdreht, spüre ich, wie der Puls ihrer Finger sachte gegen meine pocht. So sitzen wir eine Weile da, unsere Fingerspitzen berühren sich. Ich kann mir ein Leben ohne sie nicht vorstellen. Ich lächle sie an und beuge mich aus einer Laune heraus vor, um ihre Hände zu küssen. Und für einen Moment kann ich nichts sehen.

2

NAHRUNGSSUCHE

Es ist kurz nach zwölf, trotzdem spricht man in Westschottland noch vom Vormittag. Früher war dies immer eine hoffnungsvolle Tageszeit, denn die Post müsste bald da sein, sie kommt mit der Fähre am späten Morgen. Am Ende des holprigen Weges, der mein Haus mit der Welt verbindet, wo das Postauto meine Briefe abliefert, pflücke ich in meinem dreckigen Arbeitsoverall mit einiger Mühe Brombeeren. Auf der einspurigen Straße ist alles ruhig, wer zur Fähre wollte, ist bereits vorbeigerauscht, und bald wird sie anlegen. Ein ungewöhnlich warmer Wind regt sich, das Barometer ist stetig gefallen, was auf Wetterveränderungen hindeutet. Zu dieser Zeit des Jahres beobachtet man die Wolken noch genauer und versucht vorherzusagen, wann und aus welcher Richtung die Spätsommerstürme über den Atlantik zu unserer Küste wehen werden. Hier draußen auf den Inseln kann launisches Wetter herrschen.

Eine Freundin taucht oben an der Straße auf. Sie ist zu Fuß und kommt über den gesprungenen Asphalt zu mir herunter. Da ich seit gestern niemanden gesehen oder meine eigene Stimme gehört habe, macht mein Herz einen Satz. Ich gestehe es mir nicht ein, doch in diesen Tagen bin ich häufig einsam.

Auf der Straße ist es so still, dass ihre Begrüßung nahezu wie ein Schuss durch die Luft tönt. »Weißt du, wenn wir nicht hier wohnen würden, wären wir sicher keine Freundinnen«, zischen die Worte ohne Vorgeplänkel aus ihrem Mund.

»Entschuldigung?«, frage ich, während die Saatkrähen in aufgeregte Warnrufe ausbrechen. Ich starre reglos auf ihren Mund. Wenn man etwas Unerwartetes hört, braucht es manchmal eine Sekunde, bis Augen und Ohren sich aufeinander abstimmen. Ich blinzle verwirrt und sehe sie an.

»Ist doch wahr, oder?« Sie funkelt mich an und wiederholt noch einmal langsam, betont jedes einzelne Wort: »Ich habe gesagt, wenn wir nicht hier wohnen würden, wären wir sicher keine Freundinnen.«

Eine lange Stille folgt. Erst höre ich nur eine wunderschöne Note einer Amsel, die im Brombeerstrauch sitzt. Doch dann erklingen ihre Worte mit der bitteren Wahrheit. Ich mag keine Streitigkeiten, also denke ich möglichst rasch an all die guten Gründe, kein Öl ins Feuer zu gießen. Allzu leicht fühlt sich jemand auf die Füße getreten, und in dieser Zeit habe ich nur wenige Freunde. Auf einer Insel, auf der alle in nächster Nähe auf engem Raum wohnen, braucht man gute Nachbarn ebenso wie gute Freunde. Lange Zeit starre ich sie nur an.

»Ich weiß«, sage ich schließlich. »Überleg nur, vermutlich

hätten wir einander nie kennengelernt, wenn wir nicht beide hier leben würden.« Ich versuche, mir all die Menschen vorzustellen, die ich nie getroffen hätte, wenn sich unsere Wege nicht zufällig gekreuzt hätten. Und dann denke ich an all diejenigen, die ich noch treffen werde, ein willkommener, bestechender Gedanke. Also lächle ich sie zögerlich an. Sie erwidert mein Lächeln nicht, ihre Augen und Lippen sind schmale Schlitze. Auch ich verspüre in meinem Gesicht diesen Reflex des Zusammenziehens. Was passiert, frage ich mich, wenn ein Lächeln gar kein Lächeln ist? Dann entblößt sie ganz langsam ihre Zähne.

»So habe ich das nicht gemeint«, sagt sie leise und verschränkt die Arme. Passiert das hier gerade wirklich? frage ich mich. Ich merke, wie ich die Augen zusammenkneife und sich meine Muskeln anspannen. Sie weicht meinem Blick aus. Ein hohles Gefühl breitet sich in meiner Magengrube aus, als stünde ein lange überfälliges Unheil bevor.

Es ist eine unwirkliche, animalische Szene: Zwei Weibchen verschiedenen Alters und von unterschiedlichem Rang in ihrer sozialen Hierarchie stehen einander im Freien gegenüber, fletschen die Zähne. Der Tag wird still. Ich kann weder die Vögel noch den Wind in den Baumkronen hören. Und plötzlich fühle ich mich verwundbar, denn wir sind ganz allein auf der Straße.

Ich weiß, dass ich heute nicht genügend emotionale Kraft für so etwas habe, also wende ich mich ihr zu und berühre sanft ihren Arm. Manchmal kann Körperkontakt ausdrücken, was Worte nicht zu sagen vermögen. »Schau, sind die Bäume heute nicht schön?«, mache ich einen Versuch. Sie zuckt nur mit den Achseln und schüttelt meine Hand grob ab.

Obwohl ich keinen Streit will, muss ich standhaft bleiben. Ich nehme mir vor, dass ich sie einfach geradeheraus fragen werde, warum sie das macht. Doch noch während ich die Worte in meinem Mund sammle, entfährt ihm eine andere Frage: »Wie sind wir so schnell hier gelandet?«, platze ich heraus. »Warum streiten wir uns?«

Plötzlich bin ich wütend auf mich und auf sie.

»Das willst du wirklich wissen?«, ruft sie mit lauter Stimme.

»Ja, das will ich.«

»Okay, dann sage ich es dir«, brüllt sie. »Du hast kein Recht, hierzubleiben, wo er fortgegangen ist.«

Nun ist es raus. Aufgescheuchte Worte, wie Rabenkrähen, die aus den Wipfeln stieben. Die Vögel flattern über unseren Köpfen fort, kreisen und kreisen in ihrem eigenen Aufwind, rasend schnell, und doch kommen sie nicht vom Fleck. Es ist merkwürdig beruhigend, sie bei ihren begrenzten Runden zu beobachten. Nach und nach landen sie wieder in den Bäumen und lassen uns in unserer Stille zurück.

»Warum sollte ich nicht bleiben?«, frage ich ungläubig. »Ich lebe hier. Das ist mein Zuhause.«

»Es ist egoistisch! Viel zu groß für dich allein! Du kannst nicht mal eine eigene Familie haben. Warum verdirbst du es für alle anderen?«, schreit sie mich an. »Dieses Croft braucht eine junge Familie, die es richtig bearbeitet. Es steht dir nicht zu, hierzubleiben und alles für dich zu behalten!«

Einen Moment bin ich wie vor den Kopf gestoßen. Ich will sie fragen, warum das Croft nicht richtig bearbeitet wird, wenn ich doch den lieben langen Tag nichts anderes als genau das tue, Schafe züchte, mich um meine Auen, Böcke und Lämmchen kümmere? Warum zählt das nicht in ihren Berechnungen? Was ist mit all meiner Mühe und Liebe – spielt das überhaupt keine Rolle? Und was ist mit den unsichtbaren, unausgesprochenen Jahren, in denen mein Herz gebrochen wurde? Ich will ihr sagen: Ich habe versucht, eine Familie zu gründen. *Mit Leib und Seele habe ich es versucht.* Doch ich schweige, denn Worte könnten noch nicht einmal annähernd beschreiben, wie viel Leid und

Schmerz diese höchste Form der liebevollen Hingabe erfordert haben. Also schüttle ich den Kopf, verletzt und schockiert.

»Was für ein furchtbarer Vorwurf«, antworte ich ihr leise. Als ich mich zum Gehen umwende, frage ich mich, wie solch gleißende Hitze aus dem Nichts auflodern kann. Besonders frappierend ist die Sinnlosigkeit unserer Begegnung, als könnte hitzige Wut die Grundpfeiler unseres Lebens versetzen. Vor einer Minute war dies noch ein ganz normaler Tag, ruhig und friedlich. Nun bin ich perplex, wie schnell wir diesen Punkt erreicht haben, von dem es kein Zurück mehr gibt.

»Es gibt so vieles, was du nicht weißt«, sage ich ruhig. »Und eines Tages werde ich es dir erzählen. Aber nicht jetzt.«

»Ja, das mach mal. Warum sagst du es mir nicht und allen anderen«, ruft sie, »damit wir verstehen, warum du immer noch hier bist!«

Doch ich gehe bereits. Der Wind auf dieser Insel weht anders als jeder Wind, den ich bisher kannte.

Es ist nicht leicht, an einem Ort ein ruhiges Leben zu führen, an dem der Himmel so groß ist und der Wind so frei, kühn, stur und schneidend diese majestätische Landschaft umhüllt und uns dazu zwingt, unser kleines Leben seiner Größe anzugleichen, in der Wut wie in der Liebe. Vielleicht werden die Gefühle der Menschen hier so sehr von der gewaltigen Landschaft überschattet, dass die Stimmen der Bewohner härter, mutiger, großherziger, freigiebiger, grausamer oder gemeiner werden müssen, um gehört zu werden.

Dies ist eine Welt starrsinnigen Stolzes, in der Unterschiede gehasst und Veränderungen gefürchtet werden. Auf viele Arten ist sie noch immer feudal, besitzt ihren ganz eigenen Ehrenkodex, es braucht nicht viel, um dagegen zu verstoßen, aber umso mehr, damit verziehen wird. Vergebung liegt so tief vergraben wie die Steine im Erdboden.

Bis zu diesem Moment hatten die Frau und ich unsere Unterschiede umgangen, wir hatten auf Spaziergängen oder beim Warten auf die Fähre gedankenlos geplaudert. Unter freiem Himmel, wenn man die frische Luft miteinander teilt, scheint es mehr Raum zum Atmen zu geben. Ich war mir immer darüber im Klaren, sie allenfalls oberflächlich zu kennen, wie es so häufig der Fall ist, wenn Fremde zusammengewürfelt werden. Genau wie das Meer kann eine Freundschaft ruhig wirken, sie kann uns annehmen lassen, dort draußen läge eine milde glitzernde See, ohne dass wir einen Gedanken an verborgene Strömungen oder Springfluten verschwenden. Nun wird mir klar, dass ich diese Frau überhaupt nicht kenne.

Mir kommt es so vor, als würde ich dafür bestraft, allein auf dem Croft zu bleiben. In meiner Zeit auf der Insel habe ich nur selten mitbekommen, dass eine Frau sich der Herausforderung gestellt hat, ihr Land allein zu bestellen, es sei denn, einer der »Mannsleute« ist gestorben. In dieser unglücklichen Situation wird sie freundlich behandelt und von männlichen Verwandten aus dem weiteren Familienkreis unterstützt oder durch andere Allianzen, und zwar bedingungslos. Keine andere Frau auf der Insel bearbeitet ein Croft oder eine Farm freiwillig allein. Ich glaube, ich verstehe, warum. Ich habe hier keine Familie und keine Verbindungen, und oberflächliche Freundschaften sind wie Tore, die ebenso gut geöffnet wie geschlossen werden können. Wenn sie sich schließen, bin ich wieder auf mich allein gestellt. Jenseits meiner eigenen vier Wände muss ich lernen, mich vor Wölfen und der Dunkelheit zu schützen. Das sagt einem der Instinkt, wie irgendein uraltes Programm, das noch immer in uns abläuft.

Historisch betrachtet waren in jeder traditionellen Gesellschaft die Familie oder erweiterte verwandtschaftliche Beziehungen der wichtigste Schutz vor Konflikten. In der Gruppe ist man sicherer, die Überlebenschance ist größer, wenn das Gedeihen der

Gruppe im Interesse aller ihrer Mitglieder liegt. Für die Kultur dieser Insel spielen Besitz und Herrschaft über den Boden eine Schlüsselrolle. Wie bei so vielen alten Stammeskulturen haben sich die Geschlechterrollen mit den landwirtschaftlichen Praktiken verändert. In früherer Zeit waren die Männer zunächst Jäger, dann Hirten, während die Frauen als Fruchtbarkeitsgöttinen und Totems galten und Boden und Ernte kultivierten. Dass die Männer den Pflug übernahmen, und mit ihm die Herrschaft über den Boden, ist eine recht neue Entwicklung. Frauen wurden ins Haus verbannt, wo Hausarbeit, Familie und weniger angesehene Aufgaben auf sie warteten. So änderten sich ganze Gesellschaften plötzlich vom Matriarchat zum Patriarchat. Diese Arbeitsteilung wurde schnell als natürlich angesehen, verfestigt und durchgesetzt und lässt sich noch heute auf der ganzen Welt in dörflichen Gemeinschaften beobachten.

Auf unserer kleinen Insel ist diese soziale Norm größtenteils unangefochten. Das Reich der Frauen erstreckt sich auf Familie, Kinder, Handarbeit, Kochen und Backen. Das der Männer bedeutet, Land zu besitzen, hart zu arbeiten, Nachfahren zu zeugen und den Boden zu vererben. Es gibt eine gälische Redensart: Eine kinderlose Frau ist hilflos. Ohne Kinder stehen ihr nur wenige Wege offen, mit denen ihr Wert schrittweise sinkt. Als ledige Frau, die Schafe züchtet und weder Verwandtschaft noch sonstige Verbindungen auf der Insel hat, bin ich ein seltenes Exemplar meiner ganz eigenen Art. Das Croft und das dazugehörige Land allein zu bestellen wird zunehmend als Provokation betrachtet, als Bedrohung und Risiko.

Ich komme an einem Schafspferch vorbei, wo ein paar Männer die Köpfe zusammenstecken – nach einem Tag auf dem Viehmarkt trinken die Bauern gemeinsam. Als ich vorübergehe, verstummen sie. Die Luft brummt vor Spannung. Doch ich ignoriere ihre Stimmen, die mal wieder in meinem Rücken aufkommen, als ich vorbeigehe, und setze meinen Weg zügig fort. Zwar möchte ich mutig sein, doch Ärger will ich hier keinen. Für jede kleine Gemeinschaft ist es ein Schock, wenn Konventionen missachtet werden. Tradition ist eine mühselige, erpresserische Angelegenheit. Sie wird über Generationen mit straffen Fäden gewoben, um ihr Form und Muster zu verleihen. Unglücklich zu sein rechtfertigt nicht, den Stoff zu zerreißen oder den Faden zu durchtrennen. Fäden, die zerfransen, anreißen oder ganz gekappt werden, sind Fehler im Muster, sie sorgen für Angst, Groll und Verbitterung. Sie stellen die Stabilität der anderen Fäden auf die Probe. Denn auch diese könnten zerfasern – oder sich von selbst lösen. Ich habe keine Kinder. Ich habe keinen Mann. Ich passe nicht mehr ins Muster.

Eigentlich ist es eine Kleinigkeit, jeden Tag zum Briefkasten am Ende des Weges zu gehen, um nach Post zu sehen, trotzdem fühle ich mich manchmal nicht dazu in der Lage. Selbst die Tür zu öffnen und das Haus zu verlassen kann überraschend schwerfallen, wenn man allein lebt. Wenn man es zulässt, wird es zunehmend schwieriger, die unsichtbare Grenze zur Außenwelt zu überschreiten. Ich zwinge mich dazu, vor die Tür zu gehen. Jeden Tag suche ich Halt am Himmel, ich beobachte die vorbeiziehenden Wolken und den Nieselregen. Diese kleinen Freuden helfen mir manchmal. Sie erinnern mich an ein größeres, sanfteres, mutigeres Universum. Auch kurze Begegnungen wertschätze ich, ein freundliches Wort, selbst ein Lächeln oder einen Gruß. Worte können überaus nahrhaft sein, und manchmal besteht mein einziger menschlicher Kontakt darin, einmal am Tag nach draußen zu gehen und jemanden zu sehen. Dann zählt nur, ob derjenige freundlich ist oder nicht.

Ich spreche mit meinem Pferd, meinen Schafen, meinem Hund und meinen Hühnern, selbst mit den Wildvögeln und den anderen Wildtieren, die mir über den Weg laufen. Ich vermisse meine Katze, die betagt gestorben ist, doch ich habe zwei verstoßene Kätzchen aufgenommen. Meine Welt fülle ich mit der Natur, was – im Gegensatz zum Kontakt mit meiner eigenen Spezies – etwas merkwürdig Friedliches hat. Doch manche Tage sind zu ruhig. An manchen Tagen, in manchen Wochen, ist es so still, dass ich den Klang meiner eigenen Stimme vergesse. Die Tage, an denen dies nicht so ist, werden weniger. Tag für Tag zu überleben ist eine intensive, aber auch beängstigende Erfahrung.

Selbst freundliche Gesten können heimtückisch sein. Sie können bereitwillig und von Herzen kommen oder aber wie Stolperdraht ausgelegt werden, und plötzlich sitzt man in der Falle. Ich bin es müde, Gefallen und Hilfe anzunehmen. Hilfsbereitschaft, die an Bedingungen geknüpft ist, kann zur subtilen Erpressung werden. Sie sorgt für Schulden, Abhängigkeiten und Verpflichtungen. Dankbarkeit, ihr Lohn, bringt ihr ganz eigenes, zerbrechliches Gewicht mit sich. Sie kommt in weichem Gefieder daher, man hält sie für harmlos, und plötzlich schnappt die Falle zu, und der Riegel wird vorgeschoben. Ich bin vorsichtig. Ich werde besser darin, zu wittern, wann ich angelockt werde. Sobald ich zu hören bekomme: »Gibt hier nicht mehr viel für dich, jetzt, wo dein Mann weg ist«, wechsle ich schnell das Thema. Selbst wenn dies bedeutet, wieder Small Talk über das Wetter zu machen oder darüber, was im Garten wächst. Das ist immer noch sicherer, als, ohne es zu wollen, von Fragen durchbohrt oder ins Minenfeld der Gerüchteküche getrieben zu werden. Ich versuche, die Gespräche harmlos und auf Allgemeines beschränkt zu halten.

Manchmal finde ich es merkwürdig, dass sich niemand nach meinen Händen erkundigt, obwohl ich die eine noch immer sicher in einer Schlinge trage und die andere zwar nicht mehr eingegipst, aber geschient ist. Doch in diesen Tagen überrascht mich gar nichts mehr.

Ich halte mich fest an kleinen Schätzen, die meinen Tag versüßen, zum Beispiel an dem Morgen, als mir eine alte Frau etwas über die Schönheit von Regenbögen verrät oder mir ein kleines Kind aufgeregt berichtet, wo gerade die Makrelen nach Futter suchen. Winzige Momente, die niemand beachtet, die mir jedoch die Welt bedeuten.

Eines Abends gebe ich mir einen Ruck und gehe aus. Mein Ziel ist ein Ceilidh, eine Tanzveranstaltung. Ich möchte Musik hören und war seit über einem Jahr nicht mehr bei einem Fest. Alles ist wie immer: Ein Raum mit einer erhöhten Tanzfläche, ein Regal, auf dem die Flaschen mit den Namensschildern abgestellt werden. Heute spielen drei Musiker auf: Akkordeon, Fiedel und Dudelsack. Ich betrinke mich und bin glücklich, weil meine Hand im Gips langsam heilt. Ich sollte das nicht tun, doch ich werfe alle Vorsicht über Bord und tanze. Sie spielen die traditionellen Jigs und Reels, was bedeutet, dass man mit Partner tanzt. Nach einer Runde mit einem der Bauern bin ich außer Atem. Er schüttelt meine freie Hand und hebt dann unerwartet den Arm, um meine Wange zu streicheln.

»So hübsch. Du bist so hübsch«, sagt er.

Die Geste ist zu intim, doch sein Tonfall besänftigt mich. Er klingt freundlich. Ich weiche zwar zurück, doch ich lächle.

»Danke«, antworte ich und wende mich zum Gehen.

Doch er streckt noch einmal den Arm aus und lässt seinen Finger wieder über meine Wange wandern. »Aber deine Haut, so dreckig … so dreckig.« Seine hellen Augen verhärten sich mit seinem Lächeln.

Mir fehlen die Worte. Ich hasse die Traurigkeit, die mich überkommt, wenn mir jemand einen derartigen Stoß versetzt. Und plötzlich steigen mir Tränen in die Augen. Ich kann nichts tun, um sie vor ihm zu verstecken. Schnell wende ich mich ab. Doch er sieht es und nimmt mich beim Arm.

»Siehst du, du bist anders als wir. Du denkst, du seist wie wir, aber das«, er nickt in Richtung meiner Tränen, »verrät dich. Wir sind Familie, wenn du verstehst, was ich meine. Du gehörst nicht hierher. Diese Insel wird nie dein Zuhause sein.«

Ich sehe ihm nach, und binnen einer Sekunde ist nichts von der Musik und dem Lachen in mir übrig. Ich fühle mich, als sei ich sechs Jahre alt, als hätte man mich auf dem Spielplatz beworfen. Es tut weh, dass die Hände noch immer nach denselben abgenutzten alten Steinen greifen.

Über Hautfarbe wird auf der Insel nicht laut gesprochen. Nur im Flüsterton, der einen manchmal eiskalt erwischt wie ein frostiger Windzug, bei dem man die Schultern höher in Richtung Ohren zieht.

Manche Sorgen halten einen nachts wach. Hunger zum Beispiel. Und Schulden. Wenn die Probleme schlagartig aufeinanderfolgen, wird es erst richtig kompliziert. Anderthalb Jahre lang, mindestens, befand ich mich im Auge eines perfekten Sturmes. Während dieser Zeit habe ich winzige ungeborene Leben verloren, meinen Mann – und mit ihm mein Vertrauen – und habe mir beide Hände gebrochen. Beunruhigend, wie schnell aus den Bemühungen, einfach über die Runden zu kommen, ein nackter Kampf ums Überleben werden kann. Was habe ich gestrampelt, habe versucht, mich über Wasser zu halten, aber ehe ich mich von einer Katastrophe erholt hatte, überrollte mich auch schon wie eine Flutwelle die nächste.

Ich habe einmal gehört, dass sich Kummer in der Lunge sammelt und dass diese stete Ablagerung von Trauer dem langsamen Verfall des Herbstes gleiche. Genauso fühlt es sich an. Drei Monate nach Rabs Auszug im Frühsommer stirbt überraschend mein Vater, und bei meiner Mutter wird Alzheimer diagnostiziert. Die kalte Jahreszeit umschließt mich, bringt heimtückische verheerende Trauer mit sich. Schwerer ist es, sich von etwas zu verabschieden, was ein ganzes Leben lang abwesend war, immer unter Vorbehalt, emotional abwesend. Der Tod nimmt einem die Stimme, die Chance auf Vergebung und Versöhnung – und das auf überwältigend endgültige Weise. Ich finde Trost im Winter, der sich langsam aus seiner Hülle schält, träge über die Berge kriecht. Nach dem Herbst erfüllt er das Croft mit Licht und lässt meine Tränen ungehindert fließen. Doch der Winter ist lang, und an so manchem Morgen dauert es lange, bis sich die strahlende Sonne zeigt.

Dann verliere ich wirklich meine Stimme. Es beginnt mit einer Kehlkopfentzündung. Seltsam, wenn die eigene Stimme nicht mehr gehorcht wie gewohnt, nicht mehr klingt wie die eigene. Ich strapaziere sie über, weil wenigstens versuchen zu sprechen einfacher ist, als überhaupt nicht zu sprechen. Es wird von einem erwartet, dass man diese einfache Mühe nicht scheut. Das Problem ist nur, dass Luftröhre und Stimmbänder sich dadurch immer mehr entzünden, und dann, eines Tages, mache ich den Mund auf und bringe keinen Ton mehr raus.

Dann huste ich auf einmal Blut. Eine Atemwegserkrankung wird diagnostiziert, meine Lunge ist angegriffen durch die körperliche Anstrengung, mit der ich versuche, zu funktionieren und so viel Trauer zu bewältigen. Damit einher gehen lähmende Müdigkeit und ein geschwächtes Immunsystem, das Mühe hat, sich wieder zu erholen. Wochen und Monate verstreichen, ohne dass meine Stimme zurückkehrt. Ich ziehe mich in die Stille zurück. In gewisser Weise ist zu schweigen eine Erleichterung, weil das Sprechen so anstrengend ist. Nach einer Weile gewöhne ich mich an die Stille. Später frage ich mich, wie Trauer uns einer Körperfunktion wie der Stimme berauben kann. Eines Tages finde ich einen stummen Jungvogel im Garten und bin tief berührt, denn ich hätte nie gedacht, dass es Singvögel ohne Stimme gibt. Ich frage mich, wie es wohl ist, ein Vogel zu sein und niemals singen zu können.

Man unterschätzt leicht, wie kräftezehrend Trauer ist und wie hart der Bruch mit seinem alten Leben und seinen Träumen einen treffen kann, nicht nur geistig und seelisch, sondern auch körperlich. Ich schäme mich inzwischen, dass auch ich, wie so viele andere, meinen Kummer auf die leichte Schulter genommen habe – man trauert eben, und dann ist es wieder gut. Als wäre es so einfach, die Ärmel hochzukrempeln und weiterzumachen wie bisher. Ich hatte keinen blassen Schimmer, wie schwierig es ist, die losen Fäden wieder aufzunehmen und zu etwas Stofflichem zu verweben, das Loch zu flicken, das dort klafft, wo vorher das eigene Leben war. Wir hüllen das Thema Trauer so sehr in Schweigen, dass der Tod unsichtbar wird, obwohl wir doch wissen, dass das Leben nur ein flüchtiger Moment ist, ein jähes Luftschnappen, ehe er uns in seine Arme schließt. Ich frage mich, wie wir diesen Widerspruch ertragen können – und warum wir so immun gegen die Trauer unserer Mitmenschen sind, so allergisch darauf reagieren oder einfach nicht damit umgehen können. Wollen wir lediglich die Augen vor der eigenen Sterblichkeit verschließen? Reagieren wir beim Anblick von Schwäche instinktiv abwehrend, weil wir fürchten, sonst der eigenen Verwundbarkeit Tür und Tor zu öffnen? Es ist erschreckend, dass wir dem Schmerz der anderen keinen Raum geben, ihn nicht teilen wollen.

Schnell wird mir bewusst, dass Trauer nicht dasselbe wie ein Trauma ist. Die körperlichen, geistigen und seelischen Verstrickungen eines Traumas sind unendlich viel feiner und komplexer. Ein Trauma ist wie ein Hinterhalt, es liegt geduldig auf der Lauer, bis die auslösende Katastrophe lange vorüber ist. Es fühlt sich an, als würde man gefesselt und geknebelt unter Wasser gedrückt. Panik steigt in einem auf, Schwindel setzt ein. Man kann nicht ewig im Wasser strampeln, irgendwann wird man müde. Und irgendwann kommt der Moment, beschleicht einen der Gedanke, wie viel einfacher es wäre, nicht mehr nach Luft ringen zu müssen.

Sobald der März anbricht, habe ich keine Wahl mehr, muss die rauen, harten Wochen der Ablammung durchstehen. Wenn die trächtigen Schafe anfangen zu pressen und die Lämmer kommen, lassen sich die neuen Leben durch nichts mehr aufhalten. Es ist schwierig und schmerzhaft, den Mutterschafen durch die Wehen zu helfen und gleichzeitig meine langsam heilende linke Hand zu schützen. Es hat Komplikationen gegeben, die Knochen wurden falsch gerichtet, und die Muskeln sind verkümmert. Doch beim Ablammen braucht man zwei Hände, und da mir niemand hilft, muss ich mit beiden zupacken. Ich habe ständig Schmerzen und trage noch immer die Schiene, aber manchmal behindert sie mich. Dann beiße ich die Zähne zusammen und lege sie ab. Zum Glück wird meine rechte Hand von Tag zu Tag besser, beweglicher, auch wenn die stark versehrten Finger in der feuchten Kälte häufig steif werden und schmerzen.

Ich versuche mich mit dem Wissen zu trösten, dass der Winter bald vorbei ist und der Frühling naht, die Zeit des Neuanfangs. Doch das Wetter im April ist grausam – Hagel, Schneegestöber, sintflutartiger Regen –, und Tage und Nächte verschwimmen, werden eins. Rund um die Uhr und bei Wind und Wetter bin ich mit Maude draußen. Im Stall richte ich ein kleines Quartier für Maude und mich ein, baue ein Bett aus zusammengelegten Decken und frischem Stroh, wo ich mich an ihr warmes Fell kuscheln und ein paar Stunden schlafen kann, dick eingepackt in Decken, umgeben von leise atmender Dunkelheit, unser eigener Atem sichtbar in der kalten Luft. In regnerischen Nächten ist es herrlich ruhig dort drinnen, und ich lausche dem Wind und dem Regen, der auf das Wellblechdach trommelt. Ich döse bei meinen Schafen, erwache in den frühen Morgenstunden vom unruhigen Blöken der Mutterschafe, die sich mit zurückgeworfenem Kopf quälen, winden, mit den Hufen scharren, wenn die Wehen einsetzen. Das knöcherne Geräusch, wenn sie den Kiefer verkrampfen und den Atem anhalten; Nüstern blähen sich, Flanken heben und senken sich; schließlich ein leises Hecheln. Dann weiß ich, dass ich aufstehen muss, einem winzigen, glitschigen, warmen neuen Leben hinaus aufs Stroh helfen und seine Atemwege frei machen. Danach, wenn die Lämmer staksend auf die Beine kommen, ich an den Zitzen der Mutter überprüft habe, ob das Kolostrum fließt und sie gesaugt haben, gehe ich ins Freie, wasche mir Gesicht und Hände in der Regentonne und schaue in den Himmel.

Bei Sonnenaufgang stehe ich auf und jogge quer über das Croft, um meine steifen Glieder zu wärmen. Warmwasser gibt es nicht, weil mir sowohl das Öl als auch das Geld, um den Tank auffüllen zu lassen, ausgegangen sind. Das Haus ist kalt – sieben Grad zeigt das Innenthermometer an –, ich kann also genauso gut im Stall schlafen. Der Morgen nach so einer Nacht, in der ich kaum eine Handvoll Stunden Schlaf bekommen habe, ist ein einziger Kampf, aber der Sprint kurbelt meinen Kreislauf an. Ich laufe schnell, so schnell, wie ich mich traue, ohne zu stolpern, und bete, nicht wieder auf einen leblosen kalten Körper am Boden zu stoßen. Mir graut vor den dunkelblauen leeren Augen.

Wenn wir ein Lamm finden, für das noch Hoffnung besteht, leckt Maude ihm mit der Zunge sanft das Gesicht, und ich lege es in eine mit Stroh ausgelegte Box unter die Wärmelampe und warte, bis sein blaues Mäulchen wieder rosig ist. Ich trinke heißen starken Tee, zitternd, bis meine Finger und mein Gesicht wieder auftauen. Es ist seltsam erleichternd, wenn das Leben schmerzend in meine Glieder zurückkehrt. Meine Hände sind noch immer so schwach, dass ich kaum Kraft in Fingern und Armen habe. Ich versuche, nicht mehr an den letzten Sommer zu denken. Sage mir, dass der Körper Zeit braucht, um zu heilen. Aber ich weiß auch, dass die Arbeit mich stärkt, dass all diese Empfindungen gut sind. Es ist ermutigend, wie das heiße Gebräu mein Blut wieder zum Fließen bringt. Auf einmal kann ich nachempfinden, wie kalt diesen Lämmchen hier in der Außenwelt sein muss. Lämmer haben in den ersten Wochen nach der Geburt dünne Haut und kaum Fell. Ein Wunder, wie sie den bitterkalten Wind aushalten.

Nach dem Ausmisten, Füttern und Tränken drehe ich meine übliche Runde. Stunden später wasche ich Hände und Gesicht unter dem Wasserhahn, erneuere das Stroh, wickle mich in dicke Decken und mache mich auf eine weitere lange Nacht gefasst.

In der Stille der Nacht nimmt man die Geräusche anders wahr. Unter dem klaren schwarzen Himmel wird alles lauter, der Schrei der Schleiereule, der Wind in den Bäumen wie das tosende Meer. Die ersten fünf Wochen der Lammzeit sind unerbittlich: Füttern, Tränken, den Elementen trotzen, im verzweifelten Kampf, die neugeborenen Wesen am Leben zu halten. Einige Lämmer schaffen es nicht, werden tot oder zu früh geboren, eine Nabelschnur, die zu früh reißt, Eihaut, die die Atemwege blockiert, winzige Lungen, die den ersten Atemzug nicht schaffen. Diese Verschwendung perfekt geformter regloser Körper ist ermüdend und zerreißt mir das Herz.

Dieses Jahr bin ich dankbar, ich habe keine Verluste zu beklagen, aber es hat viele Jahre gegeben, in denen ich die Zähne zusammengebissen und getan habe, was getan werden musste. Wird ein Lamm tot geboren oder stirbt kurz nach der Geburt, bleibt keine Zeit für Bedauern. Man lernt, sich innerlich zu stählen, Gefühle und Tränen beiseitezuschieben und weiterzumachen, die mitunter brutale, aber notwendige Arbeit wieder aufzunehmen. Manchmal muss ich ein scharfes Messer holen und das Lamm behutsam außer Sichtweite der Mutter bringen. Ohne es abzureiben oder zu waschen, nehme ich es sofort mit nach draußen und häute es.

Ich mache Schnitte an Knie- und Ellbogengelenken, setze dann unterm Kiefer an und schneide die Haut in einer geraden Linie von Brust bis Nabel ein. Danach klemme ich das Lamm kopfüber zwischen die Knie, ziehe ihm Fell und Haut über den Kopf und dann vom Rücken ab. Wichtig ist, beim Vorbereiten des Lamms zur Häutung nicht zu tief zu schneiden, da man sonst Gewebe und Muskeln mit abzieht, die nach einigen Tagen faulen. Am schwierigsten ist, das Fell über Gesäß und Schwanz zu ziehen.

Den Kadaver lege ich in einen Eimer, er sieht aus wie ein gehäutetes Kaninchen. Später werde ich ihn begraben und mich für sein kurzes oder ungeborenes Leben bedanken. Das Häuten ist eine abscheuliche Tätigkeit, schrecklich mit anzusehen, so früh am Morgen bei Sonnenaufgang. Aber Tatsache ist, dass dieses Fell auf dem Rücken eines anderen neugeborenen Lammes dafür sorgen kann, dass das Mutterschaf es annimmt. Die Zeit der Ablammung gleicht einer straff gespannten Bogensehne, ein Seiltanz zwischen Anfang und Ende, Leben und Tod.

Hinterher geht es mir eine Zeit lang besser, als hätte der Kampf darum, diesen winzigen blökenden Wesen auf die Welt zu helfen, meinen eigenen Körper belebt. Ich kämpfe um jedes einzelne Leben. Dieses Jahr gebären meine Schafe Drillinge, Zwillinge, nur bei zweien ist es ein einzelnes Lamm. Am Ende sind es hundertzehn Lämmer bei achtundvierzig Mutterschafen, eine Leistung, die mich mit Stolz erfüllt, mir viel bedeutet. Denn nicht nur mein Lebensunterhalt ist damit gesichert, nein, jeder dieser ersten wimmernden Schreie rührt mich tief in meinem Innern. Ich muss an meine eigenen Kleinen denken, denen ich nicht helfen konnte, die noch in meinem Bauch von mir gegangen sind, ins Dunkel.

Doch dann streikt meine Lunge erneut. Eines Morgens wache ich auf, ringe nach Luft und huste wieder Blut. Ich sage mir, dann dauert es eben noch ein bisschen, doch plötzlich nimmt mein Gegner eine andere Gestalt an. Es ist schwer, gegen Schatten anzukämpfen, aber genau so fühlt es sich an. Schatten und eine leise schleichende Müdigkeit.

Als der Kühlschrank leer ist und ich kein Geld mehr habe, um ihn zu füllen, fange ich an, Nahrung zu sammeln. Nachdem ich über lange Strecken kaum etwas geschafft habe, geschweige denn voll arbeiten konnte, sind meine wenigen Ersparnisse aufgebraucht, und alle naselang flattern neue Rechnungen ins Haus. Meine ständigen Schmerzen und die Komplikationen nach den Brüchen haben zu viele Fehlstarts und Zwangspausen nach sich gezogen, und noch brenzliger wird die Lage, als ich einen Rückfall erleide, meine Lunge wieder Probleme macht und mein Körper erneut die Waffen streckt.

»Wenn das alles so schwer ist, warum packst du dann nicht deine Sachen und ziehst weg?«, fragt mich eine Nachbarin.

An diesem Tiefpunkt meines Lebens wünsche ich, das wäre so einfach. Aber nach einer Trennung muss man vormals geteilte Kosten auf einmal allein stemmen. Kurz, ich bin pleite und völlig überfordert von der Situation. Schon der Gedanke an einen Umzug ist mir zu viel. Es fällt mir schwer genug, morgens aufzustehen, wie soll ich da eine derart wichtige Entscheidung treffen und auch noch in die Tat umsetzen? Ich wünschte, ich wäre stärker und innerlich gewappnet für solche logistischen Fragen.

Aber egal, wie es um meine eigenen Schwächen bestellt ist, es gibt noch eine ganz andere unbequeme Wahrheit: Ich kann nicht weg, weil das Haus nicht fertig ist. Ohne ein Zertifikat über die Ausführung unserer ehrgeizigen Renovierungspläne kann ich es nicht verkaufen. Die dreiseitige Liste der Mängel, die laut Bauaufsicht noch zu beheben sind, kann ich unmöglich abarbeiten. Vorher habe ich außerdem einen dicken Packen jahrealter Rechnungen vom halb fertigen Anbau an unser winziges Cottage zu begleichen und keine Ahnung, wie ich das bewerkstelligen soll.

Manchmal würde ich am liebsten ein tiefes Loch ausheben und die Trümmer meines Lebens darin begraben. So entledigt man sich hier draußen von allem Überflüssigen, Ungewollten und Unerwünschten: auf Schrottfriedhöfen. Bei meinem Spaziergang über das Croft fällt mir auf, dass der steinige Boden von frischen Disteln bedeckt ist. Mir kommt der Gedanke, dass man bei all seinen Problemen manchmal keine andere Wahl hat, als die Zähne zusammenzubeißen, etwas Erde darüberzustreuen und Wurzeln zu schlagen, egal wie flach. Manchmal bleibt einem nichts anderes übrig, als sich festzuklammern.

Was habe ich mir alles für dieses Haus erträumt, als wir auf der Insel ankamen … Anfangs hatte es nur ein Schlafzimmer, aber ich habe mir immer ausgemalt, dass es eines Tages eine Familie beheimaten würde, voller geliebter Kinder wäre. Und was ist daraus geworden? Ein leeres Haus mit zwei unbenutzten Schlafzimmern. Überall ist Baustelle – einige Teile des Hauses wurden gar nicht erst in Angriff genommen –, und manchmal frage ich mich, ob es jemals fertig wird. Eine meiner größten und unmittelbarsten Sorgen ist, dass dieses Jahr zu den nassesten in der Geschichte der Inseln gehört und das Haus weder über Regenrinnen noch über irgendeine Form von Regenwasserabfluss verfügt. An der Außenwand prangt auf einer Höhe von knapp einem Meter eine natürliche Hochwassermarke, die in den seltenen Regenpausen ein knalliges Grün annimmt und mir glitschig und schmierig die Gefahr für das Haus vor Augen hält. An nassen Tagen – also fast immer – steht das Wasser in Pfützen rund ums Cottage.

Im Laufe der Monate färbt der hochspritzende Schlamm die weiß gekalkten Mauern immer dunkler, kriecht in jede Ritze. Bei genauem Hinsehen entdecke ich darin alle möglichen Lebewesen: kleine, glänzende, gekringelte Weichtiere, büschelweise Moos, zunächst blasse und dann immer dunkler werdende Pilzsporen. Ich rupfe Sprösslinge und Pflanzen aus dem Türsturz und schrubbe alle paar Monate die Mauern. Ständig befürchte ich, das Haus könne so feucht werden, dass es einfach zerbröselt und einstürzt. In einem Karton neben der Haustür türmt sich die ungeöffnete Post. Dort kommt alles hinein, was kein persönlicher Brief ist. Anfangs sage ich mir noch, ich würde sie später öffnen, aber schon nach kurzer Zeit wage ich nicht einmal mehr, einen Blick in den Rechnungskarton zu werfen. Erstaunlich, dass sich ein Stapel Papier so schwer anfühlen kann wie ein Mühlstein, der einem um den Hals hängt.

Irgendwann ist es ganz einfach. Jeder muss essen, sage ich mir. Ich habe Hunger und nicht genug Lebensmittel. Und da drinnen nur Mauern und Fußböden übrig sind, muss ich nach draußen. Als mein Magen eines Tages im Garten vor Hunger knurrt und krampft, strecke ich die Hand aus und reiße eine Handvoll Blätter ab. Ich sehe sie mir genau an. Ich frage mich, wie sie wohl schmecken. Zunächst widerstrebt es mir, Blätter zu essen. Zu wild und verzweifelt fühlt es sich an. Doch das Gute ist, dass so viel davon da ist. Es ist beruhigend, eine Nahrungsquelle zu haben, die nie versiegt, solange die Sonne scheint und der Regen fällt.

Ich drehe und wende die Blätter, halte sie mir unter die Nase und schnuppere an ihnen. Suche nach Worten, die mir dabei helfen, die Pflanze zu bestimmen. Frisch, grün, krautig, mit einem Hauch von Zitrone, denke ich, als ich ein Blättchen zwischen den Fingern zerreibe. Aber diese Eigenschaften sind zu vage. Sie treffen auf die meisten Pflanzen zu. Das macht mich misstrauisch. Der Blättersaft hinterlässt grüne Flecken auf meinen Fingerspitzen, ich lecke vorsichtig daran. Ich muss sichergehen, dass die Pflanze nicht giftig ist. Die korrekte Bestimmung ist lebenswichtig und das Risiko zu groß, als dass ich halbherzig vorgehen könnte. Vor vielen Jahren studierte ich in London Pflanzenheilkunde. Die alten Unterlagen habe ich aufgehoben und im Laufe der letzten Monate eine praktische Checkliste daraus erstellt. Ich erkenne diese Pflanze hier als Vogelbeere. Ihre Blätter sind lang und elliptisch, am Rand gezähnt. Sie sind essbar, das weiß ich. Also nehme ich einen vorsichtigen Bissen, knabbere erst am Rand, dann falte ich das Blatt zusammen und stecke es ganz in den Mund. Es fühlt sich rau an, wie Papier, aber ich lasse mich nicht abschrecken. Nachdem ich es eine Weile auf der Zunge behalten habe, fange ich langsam an zu kauen, bis es Geschmack abgibt. Im ersten Moment schmeckt es bitter, scharf, sauer, und mit der beißenden Note kommt ein Hauch von Zweifel.

»Hier.« Ich halte Maude, die mich genau beobachtet, ein Blatt hin. Sie schnüffelt, leckt einmal vorsichtig daran, dann wendet sie sich angewidert ab.

»Ach komm, so schlimm ist es nun auch wieder nicht.« Dann werfe ich einen verstohlenen Blick über die Schulter. Irgendwie hat es etwas Unzivilisiertes, im Garten zu stehen und sich rohe Blätter in den Mund zu stopfen.

Es dauert erstaunlich lange, ein frisch vom Baum gepflücktes Blatt zu kauen, vor allem bei den dicken Ahornblättern. Buchenblätter sind weich, knittrig, mit feinem Flaum darauf. An den Dornen der Schlehe kann man sich piksen, wenn man nicht aufpasst. Weißdorn ist rau und dick, Birke dünn, glatt und kühl. Die ersten paar Bissen fühlen sich sonderbar an, wie ein verbotenes Geheimnis in meinem Mund. Aber es ist so viel mehr als das. Es ist eine Riesenerleichterung. Ich bin ausgehungert, giere nach Essen. Also stehe ich am nächsten Morgen früh auf und streife verstohlen los, diesmal mit einem Korb über dem Arm. An dem Tag sage ich mir, nur zu nehmen, was ich brauche.

Zurück in der Küche zerstoße ich Schlehdornblätter im Mörser. Als Pesto mit den frisch gesammelten Haselnüssen von meinen Sträuchern im Garten schmeckt es nussig, scharf und herb. An manchen Tagen sammle ich Brennnesseln, Wegwarte oder Triebe von Buche, Birke und Eiche, die roh wie Salatblätter gegessen werden können. Außerhalb der Saison, wenn es noch keine Beeren gibt, liefern die Blätter der wilden Himbeere wertvolle Nährstoffe, sie sind reich an Eisen, Mangan und Calcium.

Im Herbst gehe ich auf der Suche nach Vogelmiere und Bovisten in den Wald und auf gemähte Hügel. Bei Pilzen bin ich mir unsicher. Ich lese viel darüber, bleibe beim Sammeln von Steinpilzen und Pfifferlingen aber trotzdem skeptisch.

Im Winter durchforste ich den Schuppen – und finde in Rabs Werkstatt noch ein paar Werkzeuge. In einer Truhe liegt ein kleines, scharfes Messer. Aus Schafwolle fertige ich eine Scheide dafür und trage es bei Spaziergängen um den Hals. Es ist praktisch, um Eichenschösslinge in dünne Streifen zu schneiden, ein paar Zentimeter dick. Ich entferne das Äußere und schneide dann entlang der Rinde. Baumrinde ist hart, knorrig, fester, als man denken würde. Sie schmeckt derb, wie Sägespäne, und hinterlässt das Gefühl, als würden meine Zähne stumpf werden; also lasse ich davon ab. Aber ich weiß, dass Baumrinde reichhaltig ist, also starte ich einen zweiten Versuch. Das darunterliegende Holz ist heller, weiß wie meine Haut. Ich zerkleinere es und probiere davon. Der Saft schmeckt süß, wie Birke. Zu Hause füllt sich die Küche mit Dampf, als ich es in Streifen schneide, koche und passiere. Inzwischen befinden sich in meinen Schränken kaum noch konventionelle Vorräte, an ihre Stelle treten jetzt andere, wildere Lebensmittel.

Es ist eines, Wildkräuter zu sammeln, um gesünder zu leben. Aber es ist etwas ganz anderes, von der Natur leben zu müssen. Monatelang ernähre ich mich von selbst angebautem Kohl, frischem Hering, Porridge und eingeweichten Linsen. Im Sommer gibt es Kartoffeln und grüne Bohnen, verschiedenste Gemüse- und Obstsorten aus dem Garten, aber schlechte Ernten oder verdorbene Früchte reißen immer wieder Löcher in meinen Speiseplan. Grund dafür sind das oft unberechenbare Wetter und meine fehlende Erfahrung mit richtiger Vorratshaltung und Konservierung. Ich bin gezwungen zu experimentieren, und so kann es sein, dass eine komplette mühsam zubereitete Charge misslingt und ich sie wegwerfen muss.

Mein Lebensmittelengpass spitzt sich noch zu, als auf der gesamten Insel zwei Wochen lang der Strom ausfällt. Damit verdirbt mein kompletter Fleischvorrat für zwei Jahre, auf dem Croft selbst geschlachtet und eingefroren. Eine Entschädigung gibt es nicht. Danach habe ich keine andere Wahl, als von dem zu leben, was ich sammeln und selbst anbauen kann.

Der Gemüseanbau, die Ernte und die richtige Lagerung – das alles will gelernt sein. Ich grabe tiefe dunkle Erdlöcher, natürliche Vorratsgruben für meine Gemüseernte, und kleide sie mit Stroh und Schafswolle aus. So kann ich sie sicher über den Winter bringen, das weiß ich. Anders als eine Kühltruhe ist die Erde nicht vom Strom abhängig und produziert keine weiteren Rechnungen.

Es gibt Erfolge und Misserfolge. Monatelang warte ich darauf, dass die Kartoffeln wachsen, ziehe Gräben, häufe Erde auf. Nachdem ich sie ausgegraben habe, lege ich sie in eine Kiste und diese wiederum in eine flache, mit Stroh und Gräsern gefüllte Grube und decke alles mit Erde ab. Doch als ich ein paar Wochen später nachschaue, muss ich feststellen, dass die Grube zu flach war. In den Kartoffeln wimmelt es vor weißen Larven und Maden, Heu und Stroh sind durchsetzt von Rüsselkäfern. So viel Zeit und Mühe steckt in dieser Ernte, von der ich die nächsten Monate zehren wollte. Alles umsonst.

Auch das Sammeln wilder Nahrung braucht Übung. Anfangs gehe ich zu schnell, sodass ich nur registriere, was auf den ersten Blick sichtbar ist. Doch nicht alles, was einem ins Auge springt, ist essbar oder nahrhaft, deshalb bin ich vorsichtig, pflücke nur, was ich kenne. Ich muss mich zwischen wilden Orchideen hindurchschlängeln, Glockenblumen, Sumpf-Herzblatt und duftenden Wildgräsern, die in einem stacheligen Meer von Disteln, Brombeersträuchern und Schlehdorn wachsen. Ich entdecke wilde Kräuter: Thymian, Sauerampfer, Minze. Es ist erstaunlich, was man bei genauem Hinsehen alles findet.

Eines Tages finde ich ein Gänseei. Ich nehme es mit und koche es. Der Dotter hat eine kräftige orangegelbe Farbe, das Eiweiß ist hell und schaumig, ganz anders als bei den Eiern meiner drei älteren Hühnerdamen. Diese wilden Lebensmittel sind ein Geschenk. Sie geben mir die Sicherheit, dass ich nicht verhungern werde, egal wie dünn ich geworden sein mag. Durch dieses wilde Land, das Meer und den See vor meiner Haustür spüre ich allmählich eine neue Verbundenheit mit der vor Leben strotzenden Erde und der Luft. Ich bin dankbar für mein Essen, jeden Tag aufs Neue. Ich schaffe meine eigenen Rituale, fülle die Leere mit Sinn, der neue Hoffnung in mir weckt. Während ich lerne, was es heißt, zu überleben, statt nur zu leben, werde ich plötzlich stärker, meine Haut widerstandsfähiger, meine Hände rauer, ein seltsames Gefühl. Das Sammeln der eigenen Nahrung lehrt einen nicht nur, was essbar ist und was nicht, sondern so viel mehr. Dankbarkeit, Widerstandskraft.

Die Wildnis ist großzügig, nachsichtig – freundlicher als meine Mitmenschen. Wenn ich an die Frau auf der Straße zurückdenke, an ihre Wut, bin ich dankbar für die Hitze und dafür, was sie mich gelehrt hat. Was sie womöglich uns beide gelehrt hat. Sie lässt die Wut schmelzen und hilft einem dabei, wieder mit liebendem Blick in die Welt zu sehen. Freundschaften und Bekanntschaften unter die Lupe zu nehmen, um herauszufinden, an wem man festhalten und von wem man sich verabschieden sollte.

3

AUKTION

Die Luft ist drückend, feucht und stickig an einem dieser letzten Oktobertage. Der Verkauf der Lämmer liegt spät in der Saison, es herrscht Sturmwarnung. Ich habe eine frühe Fähre aufs Festland genommen, um vor dem großen Ansturm einzutreffen und genügend Zeit zu haben, um dem Auktionator meine Lämmer zu präsentieren. Als ich ankomme, ist es ein anderer Auktionator als früher, und er ist mit Männern in ein Gespräch vertieft, die ich ebenfalls nicht kenne. Als ich hereintrete, sehen sie auf, doch niemand lächelt, und ich fühle mich augenblicklich verunsichert und fehl am Platz.

»Hundertsechs Mischlingslämmer ... Sind Sie das?«, ruft einer der Gehilfen quer durch den Raum und klettert durch die Pferche in meine Richtung.

Ich nicke. Es ist eine Erleichterung, meine Schafe sicher in den Ställen zu wissen. Sie sind nach einer rauen Überfahrt erst spät in Oban eingetroffen und mussten hektisch verladen werden. Ich reibe mir einmal schnell mit der Hand über die Augen und linse auf das Ticket, das den Erhalt des Lieferformulars bestätigt, was bedeutet, dass ich nun offiziell zum Handel berechtigt bin. Trotzdem bin ich genauso nervös, zittrig und schreckhaft wie die Tiere, als sie aus dem Lkw getrieben wurden. Meine linke Hand ist noch immer verbunden, um sie ruhig zu halten, während die Bänder und Sehnen allmählich wieder stärker werden. Sie ist sichtlich mitgenommen, die orthopädischen Chirurgen haben sich nach ausführlichen Tests der Knochen, Faszien und Nerven erneut beraten. Die Ergebnisse haben bestätigt, was ich die ganze Zeit wusste: Weil der Bruch nicht ordentlich gerichtet wurde, sind die Knochen seit dem Herbst verschoben. Es wird schwer werden, mit der schwachen Hand meine Lämmer zu bändigen, und selbst einfachste Bewegungen bereiten mir noch immer Mühe.

Dass ich meine Tiere noch nie allein verkauft habe, macht die Sache nicht einfacher. Nachdem Rab das Croft im letzten Jahr verlassen hatte, ging es mir ohnehin nicht gut. Obendrein fiel der Tod meines Vaters in die Zeit der Schafsauktionen, und infolge jenes schrecklichen Sommers war ich zu sehr von Schock und Trauer überwältigt. Der riesige Lkw des Auktionsmarktes sammelte meine Lämmer am Pier ein, und der Auktionator verkaufte sie ohne meine Anwesenheit im Ring. Mein Fehlen schlug sich im Preis nieder. Man bekommt mehr für seine Ware, wenn man selbst dabei ist und sie im Ring präsentiert. Dieses Jahr, das schwöre ich mir, wird anders. Ich bin bereit, als Besitzerin meiner Herde aufzutreten. Das ist nicht nur für mein Selbstwertgefühl wichtig, sondern auch, um mich von meiner fähigen und glaubhaften Seite zu zeigen. Zwar bin ich fest entschlossen – doch unerfahren bin ich auch.

»Also, Bewegung!«, brüllt der Gehilfe die Lämmer an und fuchtelt mit seiner blauen Schürze. »Los, los, bewegt euch!« Er zischt durch seine zusammengebissenen Zähne. Ich höre, wie der blaue Stoff flattert wie eine Peitsche. Und dann saust sein harter Stock auf einen weichen Rücken herab. »Nicht!«, rufe ich hastig. »Das sind sie nicht gewohnt.« Doch er hört nicht auf mich. Ich sehe, wie die dunklen Augen der Lämmer wie von Adrenalin überzogen sind und sich in dem intensiven Glanz das Aufleuchten eines inneren Warnsystems zeigt, als sie ihre ängstlichen Blicke auf mich richten. Diese Gedanken muss man verdrängen, sage ich mir. Der Auktionsmarkt ist nichts für Weichlinge. Fleisch bleibt Fleisch.

Wie ein einziger aufgescheuchter Körper strömen wir benebelt möglichst schnell den engen Metallverschlag entlang, kaltes Aluminium kracht, als die Pferche auf beiden Seiten geöffnet und geschlossen werden. Die Luft ist erdrückend, angereichert mit dem Geruch ängstlicher, schwitzender Körper, ein Wirrwarr, durch das laute Rufe tönen, und über allem knackt und brüllt die Lautsprecherstimme durch den Ring. Endlich kommen wir in einem größeren Pferch an, an den zwei kleinere grenzen, damit die Schafe in Männchen und Weibchen getrennt werden können.

»Hoffentlich kannst du Aue und Hammel unterscheiden«, zwinkert mir der Gehilfe zu. Er nickt in Richtung der gleißenden Lichter zu meiner Rechten. Der Lärm im Auktionsring ist ohrenbetäubend. »Fünfzehn Minuten, nicht länger, dann bist du dran.« Das Tor fällt zu, und er stapft davon. Ich starre meine Schafe an. Ich zittre.

Die jährliche Auktion ist der Moment, auf den das Zuchtjahr erbarmungslos zusteuert. Die einzige Zeit, vor der es mir graut. Ich liebe die Lammzeit, in nächster Nähe mit meinen Tieren zu arbeiten und eins mit dem Land zu werden, den Jahreszeiten und dem Wetter. Trotzdem würde ich mir für mein Vieh ein anderes

Ende wünschen. Ein sanfteres, bei dem die Tiere in aller Ruhe von einem erfahrenen Händler abgeholt würden, der zur Insel käme, mit weniger Stress, weniger Zeit im Lkw und einem weniger rauen Umgang. Früher wurden die Tiere ganz ruhig zu einem Stall geführt, der ihnen vertraut war, und Fleisch wurde nur nach Bedarf statt als Massenware geschlachtet.

Der Pferch, in dem wir uns nun befinden, ist nicht mehr frisch, es gibt kein Heu und kein Wasser. Bei der Schicht aus Sägespänen wurde gegeizt, sie ist dünn und bereits durchgematscht vom Urin der anderen Tiere. Meine Stiefel treten auf harten nackten Beton – dort, wo der Boden nicht rutschig von braunen Dungflatschen ist. Die Köttel entspannter Tiere sind hart und rund; diese hier sind dünn, klebrig, feucht vor Angst.

Es braucht immer ein paar Minuten, um die Lämmer nach Geschlecht zu trennen, und nun, da sie aufgeregt sind, ist es noch schwieriger. Vertrauen wurde gebrochen. Sie wittern schnell, was in der Luft liegt. Ihre Kiefer sind gespannt, und ein dünner, glasiger Film liegt über ihren Augen, als hätte sich ein Lid geschlossen, eine Mischung aus Erschöpfung, Adrenalin und Angst. Mir wird klar, dass es keinen Unterschied zwischen uns gibt. Wir alle sind Tiere, unser Instinkt sagt uns, wann wir sicher sind, wann wir auf der Hut und wann wir verängstigt sein sollten. Jedes Lebewesen weiß, wann es in Sicherheit ist und wann es in Gefahr schwebt. Aus diesem Grund hasse ich den Markt. Er zwingt mich dazu, die Angst und den Stress der Tiere mitzuerleben und sogar dazu beizutragen.

Hinzu kommt ein noch tieferer, menschlicher Kampf, der unterschiedliche Emotionen in mir aufsteigen lässt. Jedes Jahr arbeite ich hart daran, mich in die Gemeinschaft der Schafzüchter zu integrieren, ein Teil von ihr und, nun da Rab weg ist, als eigenständige Person respektiert zu werden. Doch es wird nicht leichter. Nicht nur, weil ich eine Frau bin, bewege ich mich ständig auf einem schmalen Grat. Es ist schwierig, zu diesem System dazuzugehören, ohne meine Identität, meine Ansichten, Gedanken und Stimme über Bord zu werfen. Und es überrascht und demotiviert mich, dass ich zwar erfahrener werde und mich bei meiner eigenen Arbeit als fähig erweise, der Balanceakt mir aber trotzdem nicht leichter gemacht wird, im Gegenteil.

Während ich so schnell, wie es mir möglich ist, die Lämmer sortiere, habe ich Angst, dass man mir meine mangelnde Erfahrung und meine kaputte Hand anmerkt. Früher hätte Rab an meiner Stelle hier gestanden. Wenn das Vieh angeliefert wird, sieht man keine Frauen mehr in der riesigen Auktionshalle. Die paar Frauen, die zuschauen, kommen für gewöhnlich erst später und sitzen dann auf der Empore, von der aus man in die Arena blickt. Für gewöhnlich setzen sie auch keinen Fuß in das improvisierte Café, in dem ihre Männer sich um dampfende Kaffeetassen und warme Brötchen versammeln und über die Einnahmen des Tages philosophieren. Das weiß ich, weil ich selbst lange Zeit auf der Empore saß.

Beim Sortieren fällt mein Blick auf einen bedruckten Verkaufszettel auf dem Boden. Ich hebe ihn auf und zögere einen Moment. Dieser weiße Zettel, auf dem die zum Verkauf stehenden Pferche angegeben werden, wird für gewöhnlich aufgehoben. Nicht nur als Erinnerung, er ist ein wichtiges Dokument, auf dem die höchsten und niedrigsten Preise des Tages festgehalten werden, welche Pferche inspiziert wurden, welche Schafe man im Blick behalten sollte und wen man im Preis schlagen will. Heute ist das erste Mal, dass mein Name dort als einzige registrierte Besitzerin des Crofts gelistet sein wird. Mit dem Finger gehe ich die Namen durch. Meine Schafe sind für Pferch 56 gelistet, doch neben diesem Eintrag steht Rabs Name. Ich denke an die vielen eisig kalten Morgen, an denen ich meine Auen eingefangen oder in der Dämmerung steif durch die Scheune gelaufen bin.

»Entschuldigung«, gestikuliere ich in Richtung des Gehilfen. »Ich glaube, hier gab es ein Missverständnis. Mein Name steht nicht auf dem Zettel.«

Er deutet aufs Papier. »Doch, da ist er doch, neben Pferch 56.«

»Das ist nicht mein Name. Dort sollte der Name stehen, der im Crofting-Register eingetragen ist.«

»Warum ist das so wichtig?«, fragt er.

»Ist es einfach. Weil ich die Schäferin bin, deshalb ist es mir wichtig.«

Er zuckt die Achseln. »Also, der Nachname steht drauf. Das ist doch noch dein Nachname, oder?«

Die Lämmer drücken sich an meine Beine, als ich ruhig Luft hole und zur Erklärung ansetze.

»Das ist noch mein Nachname, aber nicht meine Initiale. Mein Mann lebt nicht mehr bei mir.«

»Oh, verstehe. So ist das also?«, antwortet er und verschränkt die Arme vor der Brust.

»Bitte, kann man das noch ändern?«, frage ich hoffnungsvoll.

Er deutet auf die vielen frischen weißen Zettel, die gefaltet in jedem Tor zu den Pferchen stecken. »So, jetzt sei ein braves Mädchen, und mach hier keine Welle.«

Ich starre ihn an. Der Ärger steht mir ins Gesicht geschrieben.

Keiner von uns bewegt sich oder sagt ein Wort. Wie soll ich ihm all die Gründe aufzählen, wegen derer es mir wichtig ist, als Schäferin von Pferch 56 mit hundertsechs Lämmern gelistet zu sein? Ich will ihm sagen, dass ich nach Rabs Fortgehen nicht nur eine Frau ohne Mann war, sondern dass mir der Boden, ja meine gesamte Identität unter den Füßen weggerissen wurde. Wie soll ich ihm sagen, dass ich ohne diese Anerkennung völlig gesichtslos bin? Dass ich mich ein Jahr lang vom Wind habe durchpusten und vom Wetter habe durchweichen lassen, und nun wird noch nicht einmal mein Name anerkannt?

Schließlich seufze ich und widme mich wieder den Lämmern. »Trotzdem danke.«

»Wer kümmert sich denn dann um deine Schafe, hm?«, ruft er mir neugierig zu.

»Ich kümmre mich selbst um meine Schafe.«

»Dann brauchst du wohl bald einen neuen Schäfer«, lacht er und bahnt sich seinen Weg durch die Pferche.

Einen Moment lang fühle ich mich merkwürdig benommen. Ich atme tief durch und schiebe meine Emotionen beiseite.

»Okay«, sage ich leise zu meinen Lämmern, »ziehen wir's möglichst schnell durch.«

Ich packe das mir am nächsten stehende Lamm, lasse die Finger unter seinen kantigen Kiefer gleiten, während mein linker Arm sanft über den Rücken streift. Ich bücke mich leicht über den wollweichen Körper, spüre seine bebenden Flanken, den hastigen Atem. »Aue«, hauche ich, noch immer gebückt, schiebe sie nach vorn, während ich sanft zwischen ihre Beine taste, um sie von den nahezu identischen jungen Böcken zu unterscheiden. Ich bin mir einiger Stimmen in meinem Rücken gewahr, die dreckige Sprüche klopfen.

»Sieht so aus, als wüsstest du, was du da machst«, ruft jemand.

Ich mache unbeirrt weiter und hebe nicht den Blick, trotzdem spannt sich meine Haut instinktiv, trotz des jovialen Tonfalls wird sie plötzlich wachsam.

Dann höre ich das Klacken des Eisentores.

»Ich pack mit an!«

Ohne Vorwarnung drückt er seine Beine an mich und legt seine Hände an meine Hüften. Ich versuche mit aller Kraft, mich umzudrehen und aufzustehen, doch ich kann mich nicht bewegen, so fest drücken mich seine Hände nach unten.

»Lass mich los!« Meine Stimme klingt schrill und panisch. Da mein Arm noch immer über der Aue liegt, wird mein Rufen vom

Fell erstickt. Ich kann mir vorstellen, wie lächerlich das aussieht, wie ein schlechter Sketch, der jedoch zu weit geht. Wenige Sekunden drückt er mich und die Aue weiter in den Stall hinein, dann ist es vorbei. Seine Augen glänzen, als ich mich auf einem Knie abstütze und endlich in den Stand hieve, atemlos vor Anstrengung.

»Nicht schlecht, Mädel. Gar nicht schlecht«, ruft er mir zu.

Meine Wangen glühen vor Zorn, ich bin nervös, mir ist schlecht. »Du blöder Wichser«, flüstere ich. Ich will ihn anschreien. Aber ich kann nicht. Ich weiß nicht, warum, aber meine Stimme ist weg. Tief in mir sitzt ein widerliches Gefühl der Erniedrigung, der Scham, als hätte man mich beschmutzt. Heiße Tränen der Wut schießen mir in die Augen. »Fass mich nie wieder an«, keife ich ihn an, um meine Angst zu verstecken. Und das merkt er auch. Dann sieht er die Schiene an meiner Hand.

»War doch bloß 'n Witz, Mädel«, sagt er verunsichert mit einem Schulterzucken. »Ich wollte nichts Böses, ja, sei nicht blöd. Das war dein Glückspfennig für heute, ein Schuldschein, im Voraus beglichen.«

Glücksgeld hat hier Tradition. Als Zeichen ihres guten Willens bieten am Ende des Tages oder nach sonstigem Handel die Verkäufer den Käufern eine kleine Summe an. Er ist einer der Käufer, und angewidert wird mir bewusst, dass ich ihn im Ring wiedersehen werde.

Laute Stimmen oder grobe Hände mag ich nicht. Gewalt ist immer ein Angriff. Wenn man mit einem aggressiven Elternteil aufwächst und der andere, der einen verteidigen sollte, das Ganze ignoriert, ist es ein doppelter Schlag ins Gesicht. Man verstummt, wird übersensibel, sucht Anerkennung im Erfolg oder zieht sich ganz in sich zurück. So entsteht ein lähmendes Dreieck der Komplizenschaft, und man verliert, egal in welcher Ecke man steht.

Wir alle sind im Innern noch dasselbe Kind, und auch wenn ich dagegen ankämpfe, schlucke ich meine Angst noch immer runter und begrabe bei einer Bedrohung meine Wut im Schweigen. Ich sage mir, dass wir durch Erfahrung zu denen werden, die wir sind. Doch in mir drin entzündet sich mein Kampfgeist. Vielleicht bringt der Auktionsmarkt deshalb meine Augen zum Glühen.

Während ich weiter Auen von Böcken trenne, öffnet ein junger Farmer leise das Tor. Ich sehe auf. Ich schwitze, bin wegen der Begegnung mit dem Verkäufer vorhin noch immer in Rage und mühe mich damit ab, einen jungen Bock festzuhalten.

Einen Moment sieht er mir zu, bevor er näher kommt, um mir zu helfen.

»Sie müssen schneller arbeiten.«

Ich erkenne ihn. Seine Familie lebt im Süden der Insel. Er bewegt sich mühelos, seine Arme arbeiten sich geruhsam durch die Herde, die er mit sanften Lauten und leisen Worten beruhigt. Zusammen arbeiten wir konzentriert und schnell, ohne miteinander zu reden. Als wir fertig sind, schüttelt er den Kopf und lächelt.

»Manchmal ist es besser, Hilfe anzunehmen, die einem angeboten wird«, rät er mir. »Ist einfacher. Warum machst du dir das Leben so schwer? Und man findet Freunde.«

»Aber ich kann es nicht leiden, wie grob sie zu den Tieren sind.«

»Ach, zerbrich dir darüber nicht den Kopf. Vermutlich sind sie morgen früh schon tot.«

Er hat recht. Wir haben beide recht.

Ich bin ihm dankbar für seine Hilfe. Aber mir ist es wichtig, dass dieser letzte Gang so unaufgeregt und ruhig wie möglich abläuft.

Und dann sind wir plötzlich dran. Zwei Marktgehilfen schwingen sich in die Box, als meine Nummer aufgerufen wird. Darauf habe ich gewartet, trotzdem ist es ein Schock. Sie sind groß, kräftig, untersetzt, marschieren an mir vorbei und schlagen fest mit den Händen gegen ihre Schenkel. Mir werfen sie nur einen ebenso neugierigen wie abschätzigen Blick zu. Ich bin die einzige Frau in den Boxen. Die Lämmer versuchen, sich zu verteilen, doch dafür fehlt der Platz, es geht nur geradeaus. Vor uns plärrt der ohrenbetäubende Lautsprecher ohne Unterlass. Nun gibt es kein Zurück mehr: Hufe setzen sich in Bewegung, Vliese huschen vorwärts, Stiefel rutschen auf feuchten Sägespänen, ein Angstschauer, als wir uns dem harten, grellen Scheinwerferlicht nähern. Das Plärren wird zu einem immer aufgeregteren, abgehakten Brüllen, auf das ganz plötzlich ein Hammerschlag folgt. Nach einer kurzen Pause geht alles wieder von vorn los. Nun sind wir vom Lärm des Marktes nur noch ein Eisentor entfernt. Ich schlucke. Das Adrenalin zuckt wie ein Stromschlag durch meinen Körper, mein Herz hämmert, ich presse die Lippen zusammen, als das letzte Tor zufällt.

»Hättest 'nen Rock tragen sollen.« Einer der Gehilfen zwinkert mir zu. »Viel Glück. Immer schön lächeln. Dann wird's der beste Preis des Tages.«

Ich betrete einen Vorsprung, während die Lämmer gewogen werden. Danach nehme ich den weißen Ausdruck entgegen und fühle wieder das sanfte Gewicht ihrer Felle und die warmen, hastig atmenden Körper, die sich an mich drücken.

Ich spüre, dass alles auf diesen Moment zugelaufen ist. Es sind große, muskulöse, schöne Tiere. In ihren starken Knochen stecken all meine Mühen, die Schönheit und hellen Sonnenstrahlen, der Regen, der Tau; auf ihrem feuchten Fell lag dick der Schnee, sie tragen all die Wildblumen und das Heidekraut in sich, das sich im blassen Mondlicht zur Nacht schließt. Ich stehe bei meinen Schafen, stolz und aufgeregt. Um uns herum werden Tore auf- und zugeschmissen, doch für einen Moment sind wir zurück auf den Hügeln.

Das Metall quietscht, als die riesigen schweren Tore zum Ring geöffnet werden. Über den Sägespanboden betrete ich das gleißende Licht. Es ist, als würde man ein Goldfischglas betreten. Unsicher durchquere ich den Ring und reiche dem Auktionator mein Ticket.

»Einhundertsechs Mischlingslämmer. Erste von vier Boxen.« Er lächelt mich an und sagt: »Wollen wir sehen, dass wir einen guten Preis rausholen!« Dankbar lächle ich zurück. Er lehnt sich vor und raunt der Menge verschwörerisch zu: »Wirklich nicht schlecht, diese Box hier, schauen Sie genau hin. Los, los, nicht schüchtern sein. Höchste Güteklasse, beste Herkunft. Ich weiß nicht, was ich Ihnen lieber anbieten würde: die Herde Mischlingslämmer oder diese reizende Aue hier.«

»Nein«, protestiere ich schnell, »meine Lammauen reichen aus.«

Er wischt meinen Einwurf mit einer Handbewegung beiseite. »Psst, ganz ruhig. Komm, Mädel, mach mit. Wenn du für deine Ware einen guten Preis rausschlagen willst.«

Ungläubig starre ich ihn an. Mein Magen dreht sich um. Ich schüttle den Kopf, doch er lacht nur und legt einen Finger an die Lippen. Dann brüllt er in den Lautsprecher, der alles andere übertönt. »Los jetzt, Spitzenware, was gebt ihr mir für sie?« Er hebt die Hand, und die Auktion beginnt. »Dreißig Pfund, dreißig Pfund, dreißig Pfund, vierzig Pfund … Ich will mehr hören. Die ist noch ganz jung. Kommt schon, sehen wir mal, wie hoch ihr kommt … und hundertsechs Lämmer gibt's noch obendrauf.«

Ein Meer von Gesichtern drückt sich ans Geländer. Eine Sekunde spiele ich mit dem Gedanken, einfach zu gehen, verwerfe die Idee allerdings sofort. Das wäre unmöglich, würde als Feigheit missverstanden werden, als Demütigung, Wut oder Scham. Niemand verlässt seine Tiere, wenn sie erst einmal im Ring stehen. Vor allem will ich ihn mit seinem billigen Trick nicht durchkommen lassen. Zur Hölle mit ihm. Ich werde meine Schafe professionell präsentieren.

Nur dass die Menge mein Unwohlsein wittert. Schon kommen blöde Sprüche.

»Herrliche Keulen!«, ruft jemand unter johlendem Gelächter und Pfiffen. »Da sollte man mal Hand anlegen, ob die so stramm sind, wie sie aussehen.«

Rufe von hinten. »Hübsche Aue!« Und dann, während der Lautsprecher knackt und die immer lauter werdende Stimme des Auktionators die Gebote aufzählt, kippt die Stimmung plötzlich. Meine Nackenhaare stellen sich auf, und meine Schultern spannen sich an. Ich kenne diesen animalischen, bedrohlichen Unterton. Obwohl ich weiß, dass mir nichts passieren wird, fühle ich mich entsetzlich allein und angreifbar. Trotzdem bin ich fest entschlossen, mir nichts anmerken zu lassen. Mit funkelnden Augen und glühenden Wangen bleibe ich bei der Sache, auch wenn die Wut in mir brodelt.

Die beiden Helfer sind mit mir im Ring, sie schlagen mit ihren Stöcken auf den Boden, um die Herde zu kontrollieren. Einer der beiden lässt ihn auf einen Rücken sausen, und ich brülle wütend, als das zitternde Lamm vorwärtsspringt und mit dem Kopf gegen ein Tor kracht. Jedes Mal, wenn die Männer sich nähern, lenke ich die Tiere in die entgegengesetzte Richtung. Rundherum, rundherum durch den Ring vollführen wir diesen grotesken Tanz. Die Auktion scheint kein Ende zu nehmen, doch endlich ist sie vorbei, der Auktionator lässt seinen Hammer niedersausen. Nachdem er das höchste Gebot eingetragen hat, überreicht er mir den Zettel. »Gut gemacht, bist ein hartgesottenes Mädchen.« Ich sehe ihn nicht an. Ich gebe ihm nicht die Hand. Ich nehme einfach nur den Zettel entgegen. Ich weiß, dass meine Stimme zittern würde. Doch ohne etwas zu sagen, will ich auch nicht gehen und zwinge mich zu kühlen Worten.

»Diese gesamte Vorstellung war unangemessen und unnötig.«

»Tja, hast aber einen guten Preis bekommen. Erzähl mir nicht, dass dir das nicht passt.«

Schnell wende ich mich ab, damit er meine Tränen nicht sieht.

Die brennende Wut begleitet mich durch den Tag, sie wird von dem Gedanken befeuert, dass der Auktionator es zu weit getrieben hat. Ich fühle mich gedemütigt und beschmutzt, aber ich habe den Scheck des Käufers angenommen. Meine Lämmer waren unter den Spitzenverkäufen des Tages, dennoch bleibt ein schaler Beigeschmack zurück. Was ich wirklich hätte sagen sollen, fällt mir erst später ein. Ich schwöre mir, meine Lämmer nie wieder in diesem Ring zu verkaufen.

Später, auf der Fähre zurück nach Hause, machen die Bauern Witze darüber. Ich frage sie: »Hättet ihr gewollt, dass man eure Frau oder eure Tochter so behandelt?« Sie winken mit demselben Argument ab. »Du hast einen guten Preis bekommen, was regst du dich auf?«

Und auf ihre Art haben sie recht – der Auktionsmarkt ist eine Männerwelt, und Fleisch ist Fleisch: Das gilt auch für mich.

Ich bin dankbar für mein friedliches, verlässliches Croft. Es lehrt mich, meinen Tieren gegenüber langmütig zu sein, ruhig zu beobachten und gut mit ihnen umzugehen. Es härtet mich ab, je harscher die Bedingungen werden, wenn die Gräser silbrig glänzen und sich die Kälte über die Felder legt. Auf meinen nächtlichen Runden lerne ich, ein Auge immer auf das zu richten, was vor mir liegt, auch wenn sich der Himmel in meinem Rücken verdunkelt. Im schwindenden Licht verschwimmen die Grenzen des Crofts, man muss auswendig wissen, wie die Pfade verlaufen. Mir ist bewusst, dass ich einen kühlen Kopf bewahren muss, wenn ich in den langen, anstrengenden Wintermonaten meinen Platz hier und in der Welt der Farmer behaupten und mich als rechtmäßige Besitzerin dieses Fleckchens Erde erweisen will.

4

TOTES GRAS

Das Funkeln der untergehenden Abendsonne taucht die Gräser in ein merkwürdiges Spiel aus Licht und Schatten. Jenseits des Horizontes legt sich der Wind, doch die Sonne glüht noch immer, der Himmel ist wie von einem unheimlichen Omen erleuchtet. So ist es immer, wenn der Neumond aufgeht und das Wasser bei Ebbe sinkt. Es ist die Zeit, wenn man einen Blick auf die der Erde zugewandte dunkle Seite des Mondes erhaschen kann.

Ich nähere mich einer schönen, gleichwohl erschreckenden, kämpfenden Gestalt. Sie trägt ein weiches Daunengefieder und bewegt sich vor mir auf dem Boden mit einer ihr eigenen fließenden Eleganz. Sie springt auf und fällt, als würde sie mit ihrem eigenen Schatten tanzen. Alle anderen Vögel schlafen sicher in ihren Verstecken. Einige Minuten lang stehe ich reglos da. Was für eine merkwürdige Kreatur, größer als eine Krähe: ein einziger Körper, der vier Flügel zu haben scheint.

Die Körperteile halten aneinander fest und trennen sich anschließend voneinander. Kaum erkennbar, ob sich dieses Lebewesen befreien oder festklammern will. Ich nehme an, es ist ein Bussardweibchen, das sein noch nicht flügges Junges füttert. Der Anblick macht mich traurig: Es reizt seinen Nachwuchs, und die Szene hat etwas beunruhigend Ursprüngliches an sich. Die Mutter zwingt ihr Junges dazu, die Flügel zu spannen, um die hochgewürgte Nahrung aus ihrem Schnabel zu erreichen. Sobald es abhebt, nur wenige Fuß hoch, schwingt sie sich ebenfalls auf und stößt es wieder zu Boden. Das Jungtier ist verzweifelt hungrig, offenkundig erschöpft davon, angelockt und fortgeschubst zu werden. Doch es steht auf, wieder und wieder, um sich zu holen, was für sein Überleben notwendig ist.

Ich blinzle verschlafen, als das Fenster plötzlich von Scheinwerfern im Garten geflutet wird. Es ist spät, nach Mitternacht. Ich bin aus tiefem Schlaf erwacht, vor dem kalten Kamin hatte ich mich an Maude gekuschelt. Ich bin todmüde. Für gewöhnlich sind der Winter und die ersten Frühlingsmonate die Zeit vor der Ablammung, wenn man seine Kräfte schont, doch ich bin jeden Tag von Sonnenaufgang bis Sonnenuntergang beschäftigt. Nun, da meine Hände langsam heilen, kann ich wieder draußen arbeiten. Ich schneide Gestrüpp zurück, spüle Container aus, und Pflanzen anzuheben oder umzutopfen stärkt die Fähigkeit, mit Daumen und Zeigefinger zu greifen, die ich verloren habe. Die Chirurgen wissen noch nicht, ob sie sich je wieder vollständig einstellen wird. »Warten wir ein wenig ab, bevor wir Ihnen noch einmal die Hand brechen.«

Die Scheinwerfer erlöschen. Eine Autotür knallt zu, ich höre schwere Schritte auf den rauen Steinen. Mir bleibt keine Zeit, um zu reagieren, keine Zeit, das Licht im Haus zu löschen oder die Vorhänge zuzuziehen. Normalerweise würde mir ein Moment bleiben, um mich oben zu verstecken. Doch im nächsten Augenblick steht ein Mann in meiner Tür. Er ist mittleren Alters, stämmig, mit bleichem Wachsgesicht. Ich starre ihn schockiert an. Es ist nicht so, dass ich ihn nicht kenne – auf einer Insel kennt jeder jeden. Ich lege nur keinen Wert auf seine Gesellschaft. Damit schlage ich mich häufig herum. Die stolze Tradition, dass erleuchtete Fenster einen herzlichen Empfang bedeuteten und dass jeder eintreten kann, der vor der Tür steht, wird allzu häufig ausgenutzt.

An diesem Abend bin ich zu müde für dieses Spielchen. »Es tut mir leid«, sage ich. »Es ist viel zu spät – ich wollte gerade zu Bett gehen.«

Er lächelt und schüttelt langsam den Kopf. Dann lässt er sich träge auf einen Holzstuhl fallen, als hätten ihm soeben seine Beine den Dienst versagt. Er stellt eine Flasche Whisky, die schon fast leer ist, auf den Tisch. Seine Augen sind wachsam, glasig.

»Ein letztes Dram vorm Schlafengehen geht immer«, lallt er. »Und jetzt zu dir. Wann kommt dein Mann endlich zurück?«

Ich wähle meine Worte sorgsam. »Wirklich. Ich bin so müde, bitte geh jetzt. Wir reden ein andermal darüber.«

Sofort bereue ich, was ich gesagt habe. Ich versuche, die Atmosphäre zu entspannen, höflich und freundlich zu klingen. Doch nun habe ich ihn provoziert. Er weiß es auch.

»Nicht gerade einladend. Komm schon, sei nicht so …« Er sucht nach dem richtigen Wort, schließlich sagt er langsam: »… zickig.«

Ein freudloses Lächeln. Dann greift er hinter sich und angelt sich ein Glas von der Anrichte. Mit dem Hals der Flasche deutet er in meine Richtung. »Auch ein Dram?« Ich schüttle den

Kopf und sehe zu, wie er die bernsteinfarbene Flüssigkeit ins Glas schüttet, bis es halb voll ist. Ein vierfacher Whisky. Ich werde lange brauchen, bis der Stuhl wieder frei ist.

»Was ist mit ein bisschen Gastfreundschaft hier?«, grummelt er. »Ihr seid alle gleich, ihr Neulinge. Kein Sinn für Gemeinschaft. Slàinte!«

Er kippt den Schnaps runter und will sein Glas noch einmal füllen.

»Nein, das reicht«, sage ich. »Ich denke wirklich …«

»Dass ich gehen sollte?«, fällt er mir ins Wort. »So ist das also? Ich gehe, wenn ich fertig bin. Bin ich aber noch nicht. Ich werd dir schon sagen, wenn ich gehe. Noch ist es nicht so weit.«

Er fordert mich heraus. Müde ziehe ich einen Stuhl heran. Durch Streit entstehen nur noch mehr Probleme. Feindschaft sollte man möglichst sanft begegnen. Also sitze ich da und sehe ihm beim Trinken zu. Ich weiß nicht, was ich sonst tun soll. Ich bin nicht stark genug, um ihn vom Tisch zu zerren. Alkohol macht manch einen reizbar, übersensibel, sofort werden Gefühle verletzt oder Streitigkeiten vom Zaun gebrochen. Ich will nicht, dass der Abend noch weiter den Bach runtergeht. Ich bewege mich auf dünnem Eis. Überhaupt spüre ich derzeit, wie auch mein Geduldsfaden reißt. Ich mobilisiere unsichtbare Kräfte und versuche, ihn irgendwie in Richtung Tür zu bekommen.

Alkohol ist auf der Insel ein Problem, über das nicht gesprochen wird. Unser Croft befindet sich an einer beliebten Trinkstrecke. Als Rab noch hier war, war es anders, doch nun, da ich allein bin, schrecke ich nachts auf, wenn draußen Männer laut lallen und johlen – selbst wenn nirgendwo im Haus Licht brennt. Mehr als einmal bin ich davon wach geworden, dass unten eine Männerhorde in der Tür stand, während ich oben schlief. Ungebetene Gäste im Haus machen mir immer Angst, ganz besonders nach den letzten angespannten Jahren in London. Ich liege da und drücke meinen Hund an mich. Sie rufen ein paarmal die Treppe hoch, dann geben sie auf; ich höre die Tür zuknallen.

Einmal wird mit einem Stein eine Scheibe eingeworfen. Ich habe in meinem Haus nie nächtliche Runden bewirtet. In den Monaten, nachdem Rab gegangen war, kamen sie plötzlich ungebeten. Sie erwischen mich leicht auf dem falschen Fuß, weil das so unregelmäßig passiert. Die Tür ist nicht abgeschlossen – das tut niemand auf der Insel. Die Leute sind stolz darauf, dass hier jeder jeden kennt. Den Mann, der in meiner Küche sitzt, sehe ich nicht regelmäßig. Doch das spielt keine Rolle. Er ist ein ungebetener Gast und weigert sich zu gehen. Schließlich verabschiedet er sich von selbst, und als ich zusehe, wie die Scheinwerfer in der Dunkelheit verschwinden, frage ich mich, ob ich das Schloss reparieren sollte.

Wenn ich dieser Tage ausgehe, habe ich das Gefühl, ständig von einem Schatten verfolgt zu werden. Er tritt in unterschiedlichen Erscheinungsbildern auf, hat verschiedene Stimmen, Persönlichkeiten und Gesichter. Doch ich kenne ihn, und er kennt mich. Die hastigen Schritte und Bewegungen in meinem Rücken. Manchmal sehe ich ihn in einem Wimpernschlag aus dem Augenwinkel; manchmal spüre ich seinen Arm, der mich stillschweigend niederringen will. Wenn man versucht, einen Schatten zu meiden, wirkt das Tageslicht spröde, rau und scharfkantig, man wird angreifbar, wenn sich der eigene Umriss, das Selbstvertrauen und der Mut nach und nach auflösen. Hätte ich in jenen ersten Monaten keine kaputten Hände gehabt, hätte ich mich stärker gefühlt. Ich weiß nicht, ob gesunde Hände Flüstern und Schatten aufhalten können, doch zumindest vermitteln sie einem den Eindruck, sich wehren und schützen zu können.

Eines Tages werde ich auf der Fähre von einer Gruppe Männer angegangen. Der Vorwurf ist simpel, aber hitzig. Zumindest wird er endlich offen ausgesprochen, sodass ich etwas erwidern kann.

»Na, bist du jetzt glücklich, wo du ihn vor die Tür gesetzt hast?«

Ich frage mich, was ich sagen und was ich verschweigen soll.

»Wolltest das ganze Croft für dich haben, was?«

Ich blinzle vor Verwunderung. Es ist nicht nur schmerzhaft, die Worte zu hören, sondern auch, dass jemand tatsächlich diese scharfe Klinge gegen mich wenden will. Ich bin ratlos. Diese Männer waren noch nicht einmal mit Rab befreundet.

Dann werfen sie mir wieder dieses Wort an den Kopf. Eine ganz gewöhnliche Beleidigung, trotzdem ist es jedes Mal ein Schock, als bekäme man eine Handvoll Dreck in die Augen geworfen oder eine schallende Ohrfeige. »Schlampe.« Ich kenne dieses Wort. Nicht nur, weil man mich so genannt hat, sondern weil jemand es zwei Monate nach Rabs Abreise mit Viehzeichenfarbe an meine Hauswand gesprüht hat.

»Wir haben uns gemeinsam dazu entschieden. Es war für uns beide das Beste«, sage ich. Dann bin ich still. Ich starre aus dem Fenster der Fähre hinaus auf das wunderbare Meer. Irgendwie beruhigt es mich und spült die Trauer fort. Ich sage nicht: »Es ging nicht anders.« Manchmal nützen Erklärungen nichts.

Abgesehen davon schmerzt es noch immer zu sehr, darüber zu sprechen oder auch nur nachzudenken, was vor all den Monaten passiert ist. Cristall sagt, ich müsse mich noch erholen. »Wovon denn?«, frage ich.

»Von dem Schreck und einer langen Zeit ohne Liebe.«

Im tiefsten Innern weiß ich, dass es so ist, und dann auch wieder nicht. Angst braucht eine lange Zeit, um sich zu legen. Manche Erinnerungen sind eine dunkle Wolke, hinter der das Sonnenlicht verschwindet.

Manchmal starre ich stundenlang hinaus auf den Horizont und bin davon überzeugt, dass alles, was ich brauche, dort draußen liegt.

Den Blick weit schweifen zu lassen ist erholsam. Ich lerne, den Blick zu heben, um die Wildvögel und die Berge zu sehen.

Ich horche auf den wunderschönen, eindringlichen Schrei der Bussarde und Adler, die über die steilsten Pässe segeln, die Flügel ausstrecken. Es ist ein Hochgefühl, sie auf ihrer Reise zu begleiten. Ich stelle mir vor, wie das blasse Sonnenlicht während ihres kalten Sturzflugs durch ihr Gefieder fällt. Es gibt mir Sicherheit, die unveränderlichen festen Konturen dieser zerklüfteten Wipfel anzusehen. Dass mich diese Landschaft nicht mehr überwältigt, ist ein außergewöhnliches Gefühl. Nun hält sie mich. Sie gibt mir die Stärke und den Mut, mich von sozialen Strukturen zu entfernen, die ich nicht mehr brauche, die keine Macht mehr über mich ausüben können.

Die Entscheidung, neu anzufangen, ist nicht leicht. Doch ich weiß genau, dass der Moment gekommen ist, meinen Job in der Schule aufzugeben. Ich gehe und empfinde dabei eine merkwürdige Mischung aus Erleichterung und Bedauern. Die Kinder werde ich vermissen. Anderes nicht so sehr. Eine Stimme ruft mir hinterher: »Du gehst also. Tja, war wohl nur ein netter kleiner Job für dich, solange du dachtest, du könntest Kinder bekommen.«

Ich schlucke den Haken nicht. Stattdessen wende ich mich noch einmal um und lächle. Ich weiß aus Erfahrung, wann sich ein Kampf lohnt und wann man einfach gehen sollte.

Die Kinder fehlen mir wirklich. Ohne den täglichen Kontakt und ihr Lachen fühlt sich das Leben ärmer an. Doch es bedeutet auch, mein eigenes Leid immer wieder von Neuem zu erleben, ein Kreislauf, der mir nicht guttut und aus dem ich aussteigen muss. Es ist eine Befreiung, mich ganz dem Croft zu widmen, nun ist mein Geist frei für die Reise, die vor mir liegt.

Ich habe einen neuen Freund gefunden. Er hat herrlich gelbbraunes Gefieder und einen Hakenschnabel. Ich liebe es, ihn zu sehen, während ich auf dem Croft arbeite oder über die Hügel spazieren gehe. Es ist ein Vergnügen, seinen Ruf zu hören. Ich halte inne und horche gebannt auf die Ausläufer seines schrillen Schreis. Er ist noch jung und klingt ganz anders als die ausgewachsenen Bussarde – sein Ruf ist kürzer und abgehakter als ihre vereinzelten sehnsuchtsvollen Schreie. Das Geräusch zerschneidet die Luft und schießt in meine Gedanken. Vielleicht ist es diese Schärfe, die den Ruf junger Vögel ausmacht. Ich liebe es, ihn bei seinen zaghaften Flugversuchen zu beobachten. Ich suche nach ihm, und er schaut zurück. Mit der Zeit landet er federleicht auf einem nahe gelegenen Pfosten und beobachtet mich mit seinen glänzenden Knopfaugen. Ich rede mit ihm und gewöhne mich an seine Gesellschaft. Er bleibt wild und wachsam, folgt mir jedoch überallhin. Seine Flügel gleiten über meinen Schatten, sodass ich ihn häufig über meinem Kopf sehe, wenn ich mich umdrehe oder wenn er in einem der Bäume landet. An manchen Tagen höre ich seinen Ruf, wenn ich aufwache. So bin ich glücklich, die Augen zu öffnen.

Mit der Zeit wird das Croft zu seinem Territorium. Ich versuche, die Sorgen zu verdrängen, was das bedeuten wird. Jeder Raubvogel wird letztendlich in seinem Jagdgebiet zu einer Gefahr für die kleineren Vögel und andere kleine Lebewesen wie Wühl- und Feldmäuse. Eines Tages kommt er nicht, und ich vermisse ihn. Ohne es zu wollen, bin ich in seine Fänge geraten. Beim nächsten Wiedersehen sorge ich mich über einen Ausdruck in seinen Augen. Er neigt den Kopf und nimmt einen kleinen Sperling ins Visier, der auf einer Fensterbank sitzt. Mit einer plötzlichen Bewegung verscheuche ich ihn. Ich bin aufgewühlt, denn in seinen scharfen Augen, seinem starren Blick und seinem unbarmherzig gebogenen Schnabel habe ich das Gesicht eines Raubtiers gesehen. Ich kann mich noch so anstrengen, seine Beutetiere sind für mich unsichtbar. Und ich bekomme das Leben dieses Vogels nur bruchstückhaft mit – er hingegen sieht alles.

Es ist ein schöner Tag, doch ich sitze in meinem Haus, ruhe mich gemeinsam mit Maude aus, während die Vögel über die Fensterbank hüpfen. Eine Rose rankt sich um den Rahmen. Ich habe sie sanft mit Faden festgebunden, und nun hängen einfache Futterhäuschen an den stützenden Drähten der hübschen Ranke. Jeden Morgen befülle ich sie mit Talg, frischen Beeren und Kernen. Ein Vogel ist anders als die anderen. Er scheint schüchtern zu sein und hält Abstand, geht nicht im Schwarm ans Futter. Das bleibt nicht unbemerkt. Während er lautlos Körner pickt, stürzt sich die Starenkolonie auf ihn und vertreibt ihn. Ich werde Zeugin eines lautstarken Gemenges. Der Einzelgänger versucht, sie wegzuscheuchen, bekommt es jedoch schnell mit der Angst zu tun. Einige Minuten lang futtern die Stare frenetisch, dann verschwinden sie so schnell, wie sie gekommen sind. Erst dann kommt der kleine Vogel zurück. Ich lächle, während er den Kopf senkt und wieder nach den Körnern pickt.

Plötzlich taucht ein mir wohlbekannter Schatten am Fenster auf. Spitze Fänge ergreifen den Vogel, zerreißen seine Brust und seine Kehle. Der Angriff erfolgt so schnell, dass ich wie angewurzelt dastehe, sprachlos und entsetzt. Ich bemerke ein schwaches Flattern, gefolgt von einem kurzen, schrillen Schrei. Als es vorbei ist, blicke ich auf das leere Futterhäuschen, während winzige Federn zu Boden schweben.

In jenem Frühling beginne ich eine neue Tradition. Ich erkläre das Ende der Lammzeit zum Wendepunkt des Jahres, den ich mit meinem eigenen Ritual begrüße. Der Winter war hart und karg. Die Sonne geht hoch über den Bergen auf, und ich zünde das alte tote Gras auf der Wiese und der unebenen Brache an. Die vertrockneten Halme sind vom Wind ausgemergelt und erfroren, sie enthalten kaum noch Nährstoffe für mein Pferd und die Schafe. Alles, was von den sattgrünen Gräsern noch übrig ist, liegt weiß verblichen vor mir wie die alten Knochen des Landes. Die spröden Stängel sind hohl, ihre kostbaren Fruchtstände schon vor Langem verweht.

In den uralten Mythen der Erneuerung wurde das tote Land von allem befreit, was es auszusaugen drohte. Ich entfache meine eigene Zukunft, indem ich den entbehrungsreichen Jahren der Schinderei auf diesem Croft einen Scheiterhaufen errichte. Der Tag ist windstill, trotzdem fangen die Gräser Feuer. Die Hitze brennt auf meinem Gesicht und meinen Armen, also halte ich sie mit nassen Stofflappen im Zaum. Ich setze den züngelnden Rändern der glühenden Flammen neue Grenzen. Manchmal muss man sich vom toten Gras seiner alten Existenz befreien. Ich weiß, dass ich meine eigenen Regeln aufstellen und brechen muss. Ich sehe zu, wie das Feuer die finstere Erinnerung auffrisst, bis nichts mehr übrig ist. Es ist seltsam befreiend, Zeugin zu sein, wie das eigene alte Leben verschwindet. Manche Dinge, über die ich mir noch immer nicht im Klaren bin, werden in eine neue Perspektive gerückt. Ich frage mich, was genau ich künftig anders angehen muss, um mich aus den rigiden Strukturen der Insel zu befreien und anzufangen, auf meine eigene Art zu leben.

Doch so fest entschlossen ich auch bin, einen neuen Weg zu gehen, so weiß ich nicht, wohin er mich führen wird. Manchmal wird man von Veränderungen gelenkt, die einen finden, bevor man für sie bereit ist. Das Leben ist niemals leicht. Doch wenn ich eines weiß, dann dieses hier: Jedes Mal, wenn man hinfällt, steht man wieder auf. Jedes einzelne Mal.

5

SCHWALBE

Ich habe dich vermisst«, sagt Cristall.

»Ich dich auch. Ich bin froh, dass die Ablammung für dieses Jahr geschafft ist.«

Wir unterhalten uns bei der Arbeit. Aus irgendeinem Grund ist es hier draußen an der frischen Luft leichter, über wichtige Dinge zu reden, unsere Finger ernten Erbsenschoten von den blühenden, um Weidenstöcke gewundenen Pflanzen. Jeder Griff ein kühles, frisches Rascheln. Die Luft duftet süß nach Erbsen. Dort, wo die Hunde herumgetollt sind, riecht die Erde nach Schatten, Schlappohren und weichen Flügeln.

»Sag, ist es immer noch so schwer?«, frage ich leise. Ich weiß, dass manche Tage schwerer sind als andere, dass sie an diesen Tagen kämpfen muss. Ich versuche, sie zu trösten, aber mir fehlen die Worte. Ich hatte selbst viel um die Ohren, und es ist nicht leicht, zu wissen, wie man helfen kann. Ihre Augen füllen sich mit Tränen. »Ach, mein liebes Mädchen. Ich vermisse ihn so sehr, es fühlt sich an, als wäre es erst gestern passiert. Und es ist so schwer, darüber zu sprechen. Irgendwie erschrecke ich mich, wenn ich sage, wie es mir geht.«

Die Trauer ist für uns beide noch zu frisch. Vor zwei Jahren ist Anthony an Bauchspeicheldrüsenkrebs gestorben. Ihn zu verlieren war entsetzlich, ein Leben binnen Wochen dahingerafft. Die Gefühle für ihn waren so tief, der Bund wurde so brutal zerrissen, als wäre nun nur ein halbes Leben übrig geblieben. Cristall erzählt mir, dass eine Pflanze häufig zwei oder drei ganze Jahre braucht, um einen tiefen Schnitt zu verwinden, und noch länger, wenn man einen Zweig oder einen ganzen Ast abschneidet. Sie sagt mir, es brauche Zeit, bis ein Trieb wächst, und noch länger, bis er wieder blüht. Und manchmal stirbt der Ast einfach ab, dann ist es nur eine Frage der Zeit, bis er ganz entfernt werden muss.

»Manchmal denke ich, dass alles Leben aus mir entwichen ist«, flüstert sie. »Ich vermisse ihn so sehr, ich wünschte, mein Leben wäre vorbei, damit ich in seiner Nähe sein kann. Damit ich bei ihm sein kann. Erschreckt dich das? Ich wünsche es mir jeden Tag, seit er gestorben ist. An manchen Tagen geht das Gefühl vorüber. Doch an anderen bleibt es. Vielleicht wird es nie mehr ganz weggehen. Doch ich weiß, dass es falsch ist, so zu denken. Also wache ich jeden Tag auf und zwinge mich dazu, aufzustehen und weiterzuleben.«

Auf meine eigene kleine Art meine ich zu verstehen, was sie sagt. Auch mein Körper ist auf all die subtilen Wege vom Leid gezeichnet, die nur eine Seelenverwandte genau kennen kann. »Gib nicht auf«, sagt sie mir. »Atme einfach ein und atme aus.

Halte dich an die kleinen Dinge und deine üblichen kleinen Routinen. Sie sind wichtig, wenn man allein lebt.« Ich weiß, was sie meint. Ich versuche, mich zu beschäftigen, wenn mir dieses Gefühl die Luft abschnürt, als wäre ich ein Vogel in einer Schlinge. Einsamkeit kann einen plötzlich überfallen. Man balanciert auf einem Hochseil, und auf einmal rutscht man aus und fällt.

Nach außen hin tun wir beide so, als sei alles in Ordnung. Eine wohlstudierte, nahezu perfekte Maskerade. Sie strahlt. Ich bleibe wachsam. Doch wenn man seiner Freundin so nah ist, hier draußen, kann man sich nicht verstellen. Wir beide sind es leid, immer stark zu wirken. »Ich bin so allein, dass ich manchmal gar nicht mehr weiß, wer ich bin«, gestehe ich. Cristall versteht, dass es mir manchmal schwerfällt, dieses Gefühl zu erklären. Es ist, als wäre ich nicht mehr fest verankert, als wäre ich verloren, in der Dunkelheit zurückgelassen. An manchen Tagen kann ich mich nicht bewegen. Das auf meinem Herzen lastende Gewicht wiegt zu schwer.

In angenehmem Schweigen arbeiten wir weiter. Einsamkeit zu teilen ist nur nach langer Freundschaft und mit tiefem Vertrauen möglich. Als Cristall wieder spricht, hebt sich ihre Stimme und ist so hell wie das Lied eines Singvogels: »Im Leben geht es darum, einen Windschatten zu finden, in dem man sicher ans Ziel gelangt. Wenn du das schaffst, werden sich die Dinge wieder beruhigen.« So verlaufen unsere Gespräche. Die schwierigen letzten Jahre, in wenigen Worten zusammengefasst. »Und außerdem hast du ja immer mich.« Sie streckt ihre Hände nach meinen aus.

»Versprich mir, dass du mich nicht verlässt«, bittet sie leise. »Meine Familie ist mir innerlich so nah, aber so weit weg. Uns beide verbindet etwas ganz Besonderes. Versprich mir, dass wir diese Insel gemeinsam verlassen, wenn einer von uns irgendetwas zustößt. Ich könnte es nicht ertragen, ohne dich zurückzubleiben. Ich will nicht ganz allein sein.«

»Ich gehe dahin, wo du hingehst«, sage ich ernst.

»Und versprich mir, sollte mir, Gott bewahre, etwas zustoßen, dass du dich um Isla kümmerst, ganz gleich, wo wir dann sind. Sie kennt dich und liebt dich, es würde mich sehr froh machen, zu wissen, dass sie bei dir bleiben könnte.«

»Das verspreche ich dir«, nicke ich. Sie drückt meine Hand.

»Ich kann mir mein Leben ohne dich nicht vorstellen«, sage ich ihr. Dann hole ich tief Luft und wiederhole es, doch diesmal sehe ich ihr dabei geradewegs in die Augen. Es ist wichtig. Die Momente im Leben, in denen man wirklich meint, was man sagt, sind so rar. Wir nehmen einander fest in die Arme. Ich will nicht, dass dieser Moment vergeht. Ich bin so glücklich, dass es beinahe wehtut.

Dann lachen wir, und der Wind bläst uns in den Rücken, Isla springt ekstatisch um uns herum. Nachdem man über wichtige, ernsthafte Dinge gesprochen hat, ist es befreiend, laut zu lachen. Die Freude in den aufgeregten Pfoten zu spüren, den angelegten Ohren und dem hastigen Atem. Zu spüren, dass die wilde, fröhliche Seite in uns wieder zum Leben erwacht. Mit einem Mal fällt mir das Atmen wieder leichter, denn das Leben ist schön und einfach.

Früh am nächsten Morgen bin ich im Garten. Cristall fährt auf ihrem Weg zur Fähre an mir vorbei. Sie winkt aus dem Fenster ihres klapprigen Peugeots. »Huup, huup!«, ruft sie. Lächelnd winke ich zurück. Ich sehe ihr hinterher und wünschte, ich hätte ihr gesagt, dass ich sie liebe, dass sie meine Familie ist. Ich trage die Worte im Herzen, doch ich wünschte, ich hätte sie ausgesprochen.

»Ich liebe dich«, rufe ich ihr hinterher. Dann noch einmal, lauter. »Ich liebe dich!«

Doch sie ist schon fort.

Später, am Nachmittag, nehme ich die Fähre. Seit vielen Monaten ist dies mein erster Trip auf das Festland. Ich treffe mich mit Cristall zum Abendessen in dem kleinen Hotel, das ganz oben an der Straße zu der Slipanlage liegt, mit Blick über das Meer und bis hin zur Insel. Zum Mittagessen hat sie sich mit ihrem Bruder und ihrer Schwägerin getroffen, die eine Autostunde entfernt auf einer weiter unten an der Küste gelegenen Insel wohnen. Während die Fähre sich ihren Weg über das Wasser bahnt, lehne ich den Kopf an die Fensterscheibe. Auf der Wasseroberfläche spiegelt sich das Sonnenlicht, und ich muss blinzeln. Ein herrlicher Nachmittag, die Überfahrt geht heute schnell. Es ist Gezeitenwechsel, und die See trägt uns hinaus. Die Seehunde sonnen sich, ihre schweren feuchten Felle glänzen auf den Felsen. Strandläufer und Brachvögel waten bereits durchs niedrige Wasser, picken mit ihren scharfen Schnäbel in den ersten Pfützen, die das Meer zurückgelassen hat.

In unserem Rücken liegt die Insel, an der die Gezeiten zerren. Im strahlenden Sonnenlicht funkelt sie grün, ein winziges Hebridenjuwel. Und plötzlich regt sich ein merkwürdiges Gefühl in mir. Als lächelte mein Herz. Ich blicke hinauf zu den Schwalben. Eine neue Jahreszeit steht bevor, vielleicht wird sich mit ihr auch mein Leben verändern. Eine Minute lang frage ich mich: Bin ich glücklich? Die letzten glücklichen Momente sind so lange her, dass ich mir nicht sicher bin. Doch zumindest fühle ich heute etwas anderes, und das ist genug. Ich bin dankbar dafür.

Ich erinnere mich an das Versprechen, das Cristall und ich einander gegeben haben. Es verbindet mich auf neue Weise mit der Landschaft, verankert mich auf der Insel, als hätte ich nun dort eine nahe Verwandte, durch die ich hierhergehöre. Ich atme die Sonnenstrahlen ein, und es ist so, als wäre der Sommer über die Berge gekommen, um alles Grau aus der Welt zu verjagen. Bei dem Gedanken daran, wie Cristall heute Morgen in aller Frühe in ihrem blauen Wagen an mir vorbeigefahren ist, lächle ich. Und mir fallen all die Arten ein, auf die sie für mich wichtig ist. Wir haben so stark aufeinander achtgegeben, dass wir Bande geknüpft haben, die niemand auflösen kann.

Beim Verlassen der Fähre lächle ich dem Fährmann zu. Mit raschen Schritten gehe ich hoch zu dem kleinen Hotel. Auf dem Pier wird noch gearbeitet, die Fischerboote werden vertäut. Körbeweise werden frische Langusten, Krebse und Fische entladen und verpackt. Das Leben hier ist so anders als in London. Alles scheint so schlicht zu verlaufen, trotzdem sind die Tage hier geschäftiger und erfüllender als alles, woran ich mich in all meinen Londoner Jahren erinnern kann. Ich betrete die Bar und das Restaurant. An einem Tisch zu sitzen und einen frischen Kaffee zu bestellen kommt mir wie eine Belohnung vor. Wie viel Genuss und Erfüllung man aus den kleinsten Dingen ziehen kann!

Eine Stunde später stehe ich am Fenster des Hotels und sehe zu, wie die Sonne hinter Wolken verschwindet. Austernfischer staksen mit gesenkten Schnäbeln durchs Niedrigwasser, die hellen orangefarbenen Augen auf die Pfützen und Rinnsale gerichtet. Ich blinzle und versuche mich zu fangen, all die Dinge in mich aufzunehmen, die Cristall so sehr liebt.

Sie ist noch nicht hier, weil es einen Unfall gegeben hat. Zwei Autos sind frontal kollidiert, und nun ist die Straße vorübergehend gesperrt. Dann winkt mich die Rezeptionistin zu sich, sie hält den Telefonhörer hoch. Ungläubig höre ich, was sie sagt: »Einer der Ärzte möchte Sie sprechen. Ihre Freundin Cristall saß in einem der Autos.«

Meine Füße rennen durch den Raum, und mein Herz rast so schnell, als würde ich schweben.

»Geht es ihr gut?«, rufe ich in den Hörer. »Ist sie verletzt?« Meine Stimme ist gestochen scharf, aufgeregt.

»Bitte, machen Sie sich keine Sorgen. Sie ist okay. Alles wird gut.«

Erleichtert atme ich auf. Der Arzt braucht die Telefonnummer von Cristalls Tochter, die unten im Süden wohnt – die anderen Verwandten leben in Neuseeland –, und ich ärgere mich über mich selbst, denn mein Handy mit den eingespeicherten Nummern liegt zu Hause. Aber ich bin dankbar und gerührt, dass der Arzt sie kontaktieren möchte, damit sie so schnell wie möglich kommen kann. »Das ist nett von Ihnen. Cristall wird ihre Tochter sicher brauchen. Sie kann mir helfen, mich um sie zu kümmern.« Cristalls Tochter will ihre Mutter sicherlich besuchen, sollte sie ins Krankenhaus kommen. Ich gebe dem Arzt die Nummer von jemandem auf der Insel, von dem ich glaube, dass er ihm weiterhelfen kann. Dann versichere ich ihm: »Ich bin schon auf dem Weg, in zehn Minuten bin ich da«, denn ich weiß, dass Cristalls Tochter etwas Zeit brauchen wird, bis sie hier sein kann. Und ich weiß, Cristall würde wollen, dass ich bei ihr bin.

Er klingt fahrig. »Nein, bleiben Sie besser, wo Sie sind«, sagt er bestimmt. »Die Autos stauen sich schon, Sie werden nicht durchkommen. Die Polizei hat alles abgesperrt, und sie kennen Sie nicht.«

»Aber es geht ihr gut?« Ängstlich hake ich noch einmal nach.

»Ja, sie ist okay. Bleiben Sie da, ich rufe sofort zurück. Glauben Sie mir, alles wird gut.« Doch plötzlich wird es still in der Leitung, und schließlich sagt er hastig: »Es tut mir leid, ich muss gehen.« Dann nur noch das Freizeichen. Er hat aufgelegt. Erst als ich wieder am Tisch sitze, frage ich mich, warum er ihre Tochter persönlich sprechen will, wenn alles in Ordnung ist.

Ich werde mir ein Taxi rufen und sofort zu ihr fahren, sobald er sich wieder meldet. Doch das Telefon klingelt nicht. Mit jeder Minute werde ich ungeduldiger. Ich weiß, dass ich noch abwarten muss, doch ich will endlich los. Der Arzt hat nicht gesagt, ob sie verletzt ist. Ich versuche, den Gedanken von mir wegzuschieben, doch es klappt nicht. Mir fällt ein, dass sie einige Dinge brauchen wird, also lenke ich mich ab, indem ich eine Liste anfertige.

Eine Stunde später klingelt das Telefon endlich. Ein Sanitäter spricht mit mir. Seine Stimme ist ruhig, tief, kontrolliert und professionell, also ist die Situation ernster, als ich es mir vorgestellt habe.

»Was ist passiert?« Mein Herz gefriert. Plötzlich habe ich Angst.

Vorsichtig bringt er mir bei, es sei eine frontale Kollision gewesen. Dass Cristall zwar bei Bewusstsein, aber im Auto eingeschlossen ist und sie nicht an sie herankommen. »Wir haben alle Hände voll zu tun. Die Feuerwehr schneidet gerade das Dach auf. Nur so können wir sie befreien. Das Auto ist völlig zerstört.«

Während er mir das erzählt, weiß ich, dass Cristall mich bei sich haben wollen würde. Bestimmt fürchtet sie sich, allein in ihrem zerquetschten Auto eingeschlossen. Ich bin dessen so sicher, dass es mir die Kehle zuschnürt. Und in diesem Moment sehe ich ihre wunderschönen himmelblauen Augen. Schon greife ich nach meiner Tasche, um mich auf den Weg zu ihr zu machen, und das weiß mein Gesprächspartner auch. Es ist sein Job, es zu wissen. »Bitte bleiben Sie, wo Sie sind. Wir tun alles, was in unserer Macht steht.«

Die Leitung ist erneut tot. Trotzdem kralle ich mich weiter an den Hörer, meine Knöchel sind weiß, als hinge ein Leben daran. Ich klammere mich an jedes einzelne Wort, das er mir gesagt hat.

Ich fühle mich so hilflos.

Durch das Fenster starre ich auf die Möwen, die sich draußen auf dem Wasser um die Fischerboote scharen. Ich wünschte, ich wäre ein Vogel, dann würde ich die Flügel ausstrecken und mich in den weiten Himmel schwingen. Ich überschlage im Kopf, wie lange ich zum Krankenhaus brauchen werde. Meine Augen folgen der Fähre, die in der Ferne verschwindet, tiefe Wolken hängen über dem Meer, die Sonne versinkt hinter den Bergen. Unser Zuhause ist noch da, nur liegt es nun im Schatten.

Ich warte. Ich bleibe. Weil mir gesagt wurde, ich solle bleiben. Ich horche. Ich vertraue. Es ist okay, alles wird gut, das sage ich mir wieder und wieder. Als würde etwas wahr, nur weil man es wiederholt. Ich werde Jahre brauchen, um zu verstehen, warum ich dortgeblieben bin, obwohl ich hätte bei ihr sein sollen, und noch länger, bis ich es mir verzeihen kann. Ich kann die Schritte nicht nachverfolgen, die ich nicht gegangen bin.

Auf eine bestimmte Weise nimmt uns Autorität einen Teil unseres Mutes. Vertrauen ist eine subtile, gefährliche Angelegenheit. Man gibt die eigene Stimme ab, vernachlässigt seinen Instinkt. Bei dem Gedanken überkommt mich ganz plötzlich die Übelkeit. Ich schaffe es nicht mehr bis vor die Tür, gerade noch auf die Damentoilette. Ich weiß nicht genau, was passiert, denn mein Zeitgefühl löst sich auf. Ich erinnere mich nur an den harten Boden und meine weißen Finger, die sich an den Keramikrand des Waschbeckens klammern.

Zitternd stehe ich wieder an der Rezeption. Die Bar ist menschenleer. Niemand ist zu sehen. Ich gehe am Tresen vorbei in das kleine Restaurant. Eine Kellnerin faltet Servietten.

»Gibt es schon etwas Neues? Was ist passiert?«, frage ich besorgt.

Sie sieht mich unverständig an.

»Von dem Autounfall.«

Ihre Augen weiten sich. Nun versteht sie. Bedächtig legt sie die Serviette ab. Nun faltet sie die Hände.

»Es tut mir leid, aber sie hat es nicht geschafft.«

Ich sehe ihre Lippen, die sich bewegen, und höre ihre Stimme, doch ihre Worte ergeben keinen Sinn. Ich stehe da, verloren, und starre ins gleißende Licht.

»Nein, das kann nicht sein. Der Arzt hat doch gesagt, dass es ihr gut geht. Er hat es mir selbst gesagt.« Panik steigt in mir auf. »Bitte, sagen Sie mir, was passiert ist. Ich muss es wissen. Wir standen uns nahe.«

Sie schüttelt sehr langsam den Kopf. »Es stimmt«, sagt sie, »die alte Frau ist gestorben. Es ist sehr traurig.« Fassungslos sehe ich sie an. Und dann folgt dieser schreckliche Moment, in dem einen die Einsicht trifft, dass die Welt nicht mehr dieselbe ist. Und es auch nie wieder sein wird.

Im Rücken der Kellnerin, hinter der Glasscheibe, schwirren die Schwalben, tauchen ab, steigen auf. Doch nun schmerzt der blassblaue Himmel in meinen Augen. Ich fühle mich verloren, mein Herz sucht nach diesem Leben, das ich liebe, es rast durch den Himmel, aus dem blaue Schwalben regnen, gleißendes Licht, rauschende Luft.

Verzweifelt sehe ich sie an, doch sie senkt den Blick auf ihre Hände und seufzt leise, dann widmet sie sich wieder den Servietten. Sie heißt Ana und kommt aus Rumänien. Ich kenne sie flüchtig, ohne viel über ihr Leben zu wissen.

Die Wände kommen näher. Ich stehe nur da und sauge Luft ein. Webe den Tod ins Leben. Stille in Klang. Schwalbenflügel und ein blauer Himmel. Versuche zu ertragen, zu verstehen. Cristalls Tod ist eines dieser Schlüsselereignisse, die für immer wehtun. Eine Katastrophe, von der man weiß, dass man sie niemals verstehen wird.

Was ist ein Leben? Wohin geht es, wenn es so abrupt aufhört? Ich kneife die Augen zusammen. Jedes Mal, wenn ich sie öffne, tut es aufs Neue weh, auf der Welt zu sein. In dem blauen Himmel liegt ein grausamer Widerspruch: Wie kann etwas so Schönes Zeuge von etwas so Schrecklichem sein?

»Bitte«, flüstere ich. Es ist keine Frage, sondern ein Hilferuf. Als Ana zum Sprechen ansetzt, füllen furchtbare Bilder die Lücken in meinem Bewusstsein. Ich rieche versengte Reifen, die Bremsspuren auf dem Asphalt brennen sich in meine Vorstellung ein. Eine kaputte Leitplanke, Metallstücke auf der Straße und zwei einsame versprengte Autos, die aussehen wie vergessenes Spielzeug. Eines liegt auf dem Dach wie ein gebrochener Knochen, der sich durch die Haut gebohrt hat, das andere ist vor einen Baum gefahren. Dann sehe ich die zusammengesackten Körper, einen Schatten, der über einem Lenkrad hängt. Plötzlich tut jeder Atemzug weh. Manche Dinge sind zu schrecklich, als dass man sie sich vorstellen könnte.

Ich blinzle, starre aus dem Fenster. Ich weiß, dass Cristall irgendwo dort draußen ist. Das Einzige, was uns trennt, ist diese Glasscheibe. Ich kann sie spüren. Ganz in der Nähe. Ihren Atem. Sie ist in den Flügeln der Schwalben und legt ihre Arme um den Himmel. Ich kann ihre Stimme hören, sehe das Himmelblau ihrer Augen, höre ihr helles Lachen.

Ich kann nur die Augen öffnen und schließen. Weinen kann ich nicht. »Bleib bei mir«, flüstere ich. »Bitte geh nicht.«

Ich fühle Cristall in den Lichtreflexen am Fenster, winzige Regenbogenstücke. Das letzte wunderschöne Seufzen eines Lebens. Also berühre ich das Licht, lege meine Hand darauf, als könnte ich es so für immer halten, doch als ich sie wieder hebe, ist es nicht mehr da.

Ich wende mich wieder zu Ana. Meine Augen klammern sich an ihr Gesicht. »Bitte, helfen Sie mir«, flüstere ich. Unsere Blicke treffen sich. Uns beide macht meine nackte Verletzlichkeit verlegen. Sie hat braune Augen, ein goldener Ring umfasst die Iris. Sie sehen mich einen langen Moment an, irgendwann wird eine von uns bewusst den Blick abwenden müssen. Mit flehendem Ausdruck überbrücke ich den Abstand zwischen uns. »Siehst du, was ich sehe? Kannst du fühlen, was ich fühle?« Sie ist diejenige, die wegschaut. Wir stehen so nahe beieinander, dass ich in der sanften Kurve ihrer Kehle ihren Herzschlag sehen kann. Sicher wird sie dort mal jemand geküsst haben, denke ich.

Wir spüren die Not und Verzweiflung eines anderen Menschen. Warum können wir seinen Schmerz nicht auch spüren? Warum können wir nicht, wenn jemand stirbt, auch nur einen Bruchteil des Schmerzes seiner Angehörigen spüren? Ist es zu viel, ist unser Hirn zu klein und unser Herz zu zerbrechlich, um mehr als nur den eigenen Schmerz auszuhalten?

Ana schüttelt den Kopf. Geistesabwesend seufzt sie. Dann sieht sie auf die Uhr. »Es war ein schlimmer Crash. Die Straße wird noch Stunden gesperrt sein.« Sie hat eine schöne Stimme. Sie starrt mich an und dreht nervös einen Ring an ihrem Finger. Eine lange Minute betrachten wir beide ihre Hände. Dann zuckt sie die Achseln und bemerkt kühl: »Es tut mir leid. Ich dachte, Sie wüssten es bereits.«

In diesen Momenten braucht man jemanden, etwas, woran man sich halten kann. Doch da ist niemand. Und so rennt mein Herz dem hinterher, was es verloren hat, als wäre man in der Lage, jemanden zurückzubringen, nur weil man ihn liebt und wieder und wieder seinen Namen ruft. Also flüstere ich: »Bitte. Geh nicht weg. Bleib bei mir.«

Ana reicht mir ein Glas Wasser. Meine Hand zittert. Das meiste verschütte ich, also stelle ich es wieder ab.

»Bitte«, sagt sie. »Sie können nicht hierbleiben. Die Gäste kommen gleich.«

Unsicher und ungelenk legt sie mir eine Hand auf die Schulter. Sie fühlt sich klein und fremd an. Instinktiv greift sie nicht nach meiner Hand, die so zwischen uns hängt. Ich fühle mit Ana, und ich fühle mit mir. Zwei Fremde, die von einer sinnlosen Tragödie in einen Moment der Intimität gezwungen werden.

»Es tut mir so leid«, sagt sie leise. »Wirklich, das tut es.«

Ich sitze da und warte auf die Fähre. Der Skipper ist früh dran. Er setzt sich neben mich, sieht mich jedoch nicht an. Es ist merkwürdig tröstlich, einfach stumm dazusitzen, einen Körper an meiner Seite zu wissen. Er starrt hinaus aufs Meer. Dann sagt er: »Aye, was für eine schreckliche Nachricht.«

Ich weiß, dass er weiß, dass ich Bescheid weiß. Einen Moment lang schauen wir beide zu den Möwen. Und wieder einmal verleihen mir diese Vögel die innere Stärke, zu sagen: »Bitte, erzähl mir alles, was du weißt.« Ich bin begierig danach, die Lücken zu füllen, auch wenn jede Zelle meines Körpers schreit, dass das alles nicht wahr sein kann, dass das hier gerade nicht passiert. Ich ziehe Mut aus dieser Landschaft, mache mich darauf gefasst, alles zu hören, den Blick stur auf das Wasser gerichtet, in dem in diesem Moment ein außergewöhnlicher Sonnenuntergang den Himmel erglühen lässt. Sein Licht ist unglaublich, wofür ich dankbar bin. Obwohl es mich blendet, blinzle ich nicht, und höre, dass Cristall die Kollision wie durch ein Wunder überlebt hat, dass sie bei Bewusstsein und in der Lage war, ihren Namen zu flüstern. Erst als man sie aus dem Wrack befreit und geborgen hat, ist ihr Körper kollabiert, er war vom Metall zusammengehalten worden, sodass sie weiter atmen konnte. Dass sie im Hubschrauber auf dem Weg zur Notaufnahme in Glasgow gestorben ist, hoch oben bei den Schwalben im herrlichen Blau der Luft.

Ich fahre über die Insel, doch vor lauter Tränen sehe ich die Straße nicht. Ich stelle den alten Pick-up-Truck im Garten ab und lasse ihn zurück, der Schlüssel steckt noch im Zündschloss. Langsam schleppe ich mich zur Tür. Nach all den Adrenalinstößen überwältigt mich die Kraftlosigkeit, die auf einen Schock folgt.

Das Haus ist leer. Trotzdem strecke ich die Hände nach irgendwem, nach irgendetwas aus, woran ich mich festhalten kann. Draußen gehe ich in die Hocke und halte die weichen grünen Blätter in Händen, die Stängel, Blumen, Pflanzen. Dann sacke ich auf die Knie und ziehe am Gras. Riesige Stücke reiße ich heraus und recke sie hoch gegen den Himmel. Ich hebe den Kopf und rufe ihren Namen, meine Stimme verliert sich im Blau. Ich schluchze so sehr, dass ich meine eigene Stimme nicht erkenne. Ich fühle mich leer, der Schmerz entfährt mir durch den dunklen, zerrissenen Kanal meiner Kehle. Ich bringe kein Wort heraus, es sollen ihre Worte sein, nicht meine. Ich weiß, dass sie noch immer ganz in der Nähe ist. Also wickle ich mich in eine Decke ein und setze mich unter den sich verdunkelnden Himmel. Ich horche und weine, bis ich mit der feuchten Wange auf dem Grasboden einschlafe. Stunden später versagt meine Stimme. Und ich schweige. Meine Stimme ist zu Staub geworden.

Am nächsten Morgen wache ich steif und frierend auf. Die Sonne scheint. Als ich ins Haus gehe, um mir das Gesicht zu waschen, erkenne ich mein hageres Spiegelbild nicht wieder. Ich bin ein Geist, mit Büscheln von weißem Haar über der Stirn, wo zuvor kein einziges war. Später erfahre ich aus medizinischen Fachbüchern, dass in akuten extremen Stresssituationen die Haare plötzlich weiß werden können.

An jenem Tag kommt Isla und wird bei mir bleiben. Ich rolle mich mit ihr auf dem Boden zusammen, presse meine Nase gegen ihr weiches Ohr und sauge den Geruch des Windes in ihrem Fell ein. Sie seufzt und leckt mir über die Wange. Sie schlägt mit dem Schwanz auf den Boden – sie will nach Hause. Später bringe ich sie dorthin. Wir müssen Cristalls Pass und Dokumente finden – die feinen Fäden, aus denen unser Leben besteht. Ihre Familie braucht sie für die Klärung rechtlicher Angelegenheiten. Ich schaffe das nicht allein. Also gehen wir zusammen, Isla und ich. Um uns von dem Haus zu verabschieden.

Als wir dort ankommen, fange ich an zu weinen und kann nicht wieder aufhören. Ich schalte den Motor aus und sitze ans Lenkrad geklammert einfach nur da. Isla leckt über meine Wange, dann vergräbt sie ihre Schnauze im Sitz und weigert sich auszusteigen. Ich weiß, dass sie es weiß. Für uns beide ist es schwer. Am Ende nehme ich sie an die Leine. Ich öffne das Tor, und wir gehen langsam in Richtung Haus. Es ist, als durchschritten wir eine andere Welt. Eine Welt von gestern. Eine Welt, die es nicht mehr gibt.

Alles ist noch so, wie Cristall es zurückgelassen hat: eine halb volle Tasse Kaffee, ein Pullover über einer Stuhllehne. Es ist ganz still, alles Leben ist fort. Stundenlang sitzen wir da. Spüren dem Gewicht der Möbel nach, ohne die Hand, die sie verrückt hat, die sie zum Leben erweckt hat.

Es fällt mir nicht leicht, nach den Dokumenten zu suchen, und ich will keine Schubladen öffnen oder Verstecke ausfindig machen. Sie gehören zu einem Leben, das nicht meines ist. Erst als ich gerade gehen will, bemerke ich die Schwalbe auf dem Fenstersims, die uns beobachtet. Ich weiß nicht, wie sie hereingekommen ist, denn Fenster und Türen sind verschlossen. Aber es hilft, dieses winzige Leben anstelle eines anderen bei uns zu haben. Der Vogel hüpft auf den kalten Herd und sieht mich mit seinen neugierigen und wachsamen Augen geradewegs an. Er öffnet den Schnabel, wie um etwas zu sagen, doch kein Laut kommt heraus. Dann putzt er sein Gefieder und hüpft zur Hintertür. Langsam öffne ich das Schiebeglas. Ein letztes Mal schaut er zu mir, dann fliegt er davon. Isla steht auf, als sie das sieht. Sie geht zum Truck und wirft keinen Blick mehr zurück. In diesem Moment ist mir klar, dass sie weiß: Cristall ist tot. Dass dies nicht mehr ihr Zuhause ist.

Die Familie kommt. Wir trauern gemeinsam und allein. Statt eines Begräbnisses verstreuen wir Cristalls Asche ihrem Wunsch gemäß, wir geben sie dem Wind, den Bergen und dem Himmel zurück.

Ihre Asche ist weich und fein. So gut es geht, halte ich meinen Atem an. Ich will, dass sie vom Wind fortgetragen wird und nicht in der tiefen Trauer meiner Lunge feststeckt. Langsam versenke ich meine Hand in dem Behältnis und hole eine kleine Handvoll Asche hervor. Sie klebt an meinen Fingern, es ist schwer loszulassen. Das Gefühl, sie in meiner Hand zu halten, ist merkwürdig – ein Leben, das man so sehr geliebt hat, von dem nichts bleibt als ein graues weiches Pulver. Ihr helles Lachen, ihre strahlend blauen, klaren Augen. Dies sind ihre Gedanken. Ihr Herz und ihre Lieder. Ich gehe mit ihr in meinen Garten und an all die Orte auf dieser Insel, die sie so sehr geliebt hat.

Ein kleiner Teil von mir will heimlich etwas von ihr in der Hosentasche behalten. Damit sie wieder mit mir am Feuer sitzen kann. Um Karten und Schach zu spielen, zum Kochen, Gärtnern, Plaudern, Weintrinken. Doch ich tue es nicht, da ich weiß, wo sie am liebsten ruhen würde. Leise verabschieden wir uns, Isla, Cristall und ich. Ich grabe kein Loch – die Erde wäre zu kalt und feucht. Stattdessen verstreue ich die Handvoll Asche sachte über den Bäumen und Pflanzen, die wir gemeinsam gesetzt haben, vor Jahren, als winzige Stecklinge und Samen. Jedes Blatt, jede Pflanze, jeder Ort ist eine Erinnerung. Den Rest verstreue ich im Wind.

Nachdem ihr Haus ausgeräumt wurde, fülle ich meines mit ihren Sachen, umgebe mich mit allem, was sie geliebt hat. Mit dem Krimskrams und den Überbleibseln. Möbel, Bücher, Tupperware, Salz- und Pfefferstreuer. Bilder, die sie an der Wand aufgehängt hat. Es ist so viel, dass ich mich kaum bewegen kann, mein Haus und ich quellen über vor Trauer. Es mag seltsam wirken, doch durch diese Dinge ist sie mir nah. Jeder erlebt Trauer auf seine ganz eigene, persönliche Art und Weise. Manchmal kann ich sie in einem anderen Zimmer hören, doch wenn ich gehe und nachschaue, ist es leer. Sie ist da, doch nie kann ich sie sehen.

Man verwindet einen Tod nicht. Er wird zu einem zentralen Bestandteil unseres Gewebes. Wenn ich den Duft der klebrigen Knospen der Schwarzpappeln rieche, dann singt und weint mein Herz. Und ich halte inne. Ich sehe nach den Schwalben. Ich halte mein Gesicht in den Wind. Mein Herz sagt ihren Namen. Und irgendwann, nach langer Zeit, tut es nicht mehr weh zu atmen. Und ich kann anfangen, über sie zu sprechen.

Es wird beinahe sieben Jahre dauern, bis ich eine Art Frieden finde. Ich treffe mich mit einem örtlichen Feuerwehrmann auf einen Kaffee, der am Tag des Unfalls als Erster vor Ort war. Der sie gefunden hat. Er erinnert sich, dass sie langsam die Augen geöffnet hat, als er sich auf den Boden gekniet hat. Was es für ein Wunder war. Das Wunder des Lebens. Er erzählt mir, dass dieses Bild für ihn noch immer so lebendig ist, als wäre es erst gestern gewesen. Dass sie ihren Namen flüstern konnte. Dass sie gelächelt hat, ein zitternder Augenblick auf ihrem Gesicht, dass sie versucht hat, bei Bewusstsein zu bleiben, zu leben.

Seinen Worten zu lauschen ist nicht leicht. Sie kommen später zu mir zurück, ohne dass ich es will. Es ist so schwer, sich nicht verabschieden zu können. So bleibt ein Teil von uns immer in der Schwebe. Man muss die Abschiedsworte selbst finden, still, allein, im eigenen Herzen.

Ich bin hier. Ich bin dort. Ich will alles wissen. Ich will alles, alles, alles darüber wissen – und warum es passiert ist. Warum derlei Dinge passieren. Seine ruhige Stimme und der Schmerz in seinen Augen, als er all das erzählt, machen mich froh, dass er für sie da war. Es tröstet mich zu wissen, dass sie in Anwesenheit von Güte und Liebe gestorben ist. So kann ich auf eine Art mit ihrem Tod abschließen, die ich jahrelang gesucht habe. Mir wird klar, dass die Liebe, die man empfindet, einen niemals verlassen wird.

6

SCHAFSBOCK

Erst gegen Mitternacht stehe ich an der Tür bereit. Als ich auf meine Uhr schaue, lassen meine zittrigen Finger die Gegenstände fallen, die ich zusammengesammelt habe: Seile, Werkzeug, einen großen Leichensack, Handschuhe und eine Stirnlampe. Manche Dinge muss man im Schutze der Nacht erledigen. Die Tür klickt hinter mir zu, und Maude winselt leise. Ich stähle mich innerlich, auch wenn mein Herz sich beim Gedanken an das, was ich gleich ausgraben werde, zusammenzieht. Auf meinem Nacken und meiner Kopfhaut steht der Schweiß. Meine Ängste und meine Zweifel verschmelzen miteinander zu einem großen Klumpen. Mein Gehirn sucht fieberhaft nach einer Alternative, doch mein Instinkt sagt mir beharrlich: Jetzt oder nie.

Ich ziehe die Lampe auf die Stirn, ihr schwacher Schein flackert, dann greife ich nach dem Spaten und marschiere mit raschen Schritten über die Felder. Nichts hiervon hatte ich geplant, doch nun bin ich fest entschlossen, und es gibt kein Zurück mehr. Heute ist Halloween und ich lasse meine eigenen Toten auferstehen. Ich werde meinen geliebten Bock ausgraben, den ich vor sechs Wochen begraben musste, dann werde ich ihn mit der ersten Fähre in das Obaner Leichenschauhaus bringen und später zum Veterinärpathologen in Glasgow, um die Ursache für seinen Tod herauszufinden.

Mit sperrigem Gerät in der Hand schnell zu gehen ist nicht so einfach. Während ich das Croft überquere, rutscht mir der Spaten aus der Hand und knallt mit dem Blattrand gegen einen Stein. Der Lärm ist bis in die Ferne zu hören. Eine Eule krächzt, dann fliegt sie mir lautlos voraus, ihre Flügel flattern in Richtung Grab. Es ist eine wunderschöne Nacht, der Himmel von tiefen Wolken verhangen, am zitternden Lichteinfall über dem Meer erkennt man, dass es dort windet. Doch schon jetzt sieht man einen fahlen Schein hinter den Bergen, und sobald der Sichelmond aufsteigt, erstrahlt ein silbernes, kristallklares Licht über diesen Feldern. Dann kann man sich nirgends mehr verstecken.

Der Gedanke, den Schafsbock auszugraben, ist entsetzlich. Doch jedes Mal, wenn ich mir sage, lass es einfach sein, sagt mir mein Instinkt etwas anderes. Es ist ein elendiges Gefühl, nicht sicher zu wissen, ob etwas nur ein unglücklicher Zufall war, eine Laune der Natur, oder, und das sagt mir mein Bauchgefühl, möglicherweise ein Unrecht geschehen ist, eine Missetat. Ich will die Wahrheit erfahren, und trotzdem bin ich hin- und hergerissen. Mit zunehmender Panik zögere ich, den Spaten anzusetzen und loszugraben. Dabei darf ich keine Zeit verlieren: Jede Minute, die mein Bock länger in der Erde verbringt, wird den natürlichen Verwesungsprozess vorantreiben und die Testergebnisse ungenauer machen. Endlich gebe ich mir einen Ruck und bin beinahe erleichtert, als der Spaten zum ersten Mal in den feuchten Torf sticht. Mit jeder Schippe nähere ich mich dem Grab.

Vor seinem Tod war mein schöner Bock in Bestform, er hatte gerade bei der Insel-Schau eine Handvoll Auszeichnungen und Preise gewonnen, unter anderem den begehrten Purebred Sheep Champion Silver Cup. Auf diese Anerkennung folgte eine weitere Auktion, bei der meine Lämmer beim Verkauf Top-Preise erzielten und besonders gelobt wurden, und das bei zehntausend Tieren, die an jenem Tag gezeigt wurden. Auf der Insel werden sie für die Zucht genutzt, statt nur wegen ihres Fleisches verkauft zu werden. Doch nach dem Verkauf der Lämmer überzogen mich die örtlichen Farmer mit Spott und Geringschätzung, und ich begann an der Qualität meiner Tiere zu zweifeln – und an meiner Fähigkeit, sie großzuziehen. Ich hatte eigentlich gar nicht vor, mit der kommerziellen Lämmerzucht fortzufahren; aber ich fühlte mich gefangen. Würde ich sie aufgeben, hätte ich Angst, den Hof zu verlieren. Ich wäre nicht die Erste, der das passiert. Das Getuschel der Leute trägt dazu bei. Ein Hof muss nun mal bearbeitet werden, sein Gras verlangt nach eigenem Weidevieh. Und wenn ein Stück Land und seine Geschichte – mit all ihren Streitigkeiten und Missständen aus den Zeiten vor unserer Ankunft – noch immer so lebendig ist, dann weiß ich, dass ich dafür sorgen muss, dass jeder Halm abgeweidet wird. Die Lämmer dieses Jahres sind die ersten Vertreter einer riesigen Nachkommenschaft. Während dieses aufregenden Abenteuers habe ich alles gegeben und ernte nun die Früchte meiner Arbeit. Es sind die besten Schafe, die ich bislang gezüchtet habe, sie haben seine herrliche Gestalt und den starken, edlen Kopf.

Als ich meinen Bock zum letzten Mal lebend sah, fraß er gerade ruhig aus einem Eimer. Später kam er zu mir und rieb sein hübsches großes Gehörn sanft an meinem Bein. Ihn am nächsten

Tag leblos vorzufinden war ein ungeheurer Schock. Unglücklich starrte ich auf seinen toten Körper hinunter. Seine leblosen Augen zu sehen war herzzerreißend. Ich versuchte, sie möglichst sachte zu schließen. Als ich meine Arme um ihn legte, schossen mir die Tränen in die Augen. Bei aller Trauer wunderte ich mich darüber, wo ich ihn gefunden hatte: kopfüber in einer flachen, nicht einsehbaren Senke, einer kleinen Ecke am Zaun gleich hinter seinem frisch vorbereiteten, geschützten Schlafplatz im Stall. Das ergab für mich keinen Sinn, denn er schlief immer in diesem Stall, wo süßes Sommerheu und ein Eimer mit frischem Wasser für ihn bereitstand und er vor Wind und Wetter geschützt war. Es schmerzte mich, sein schönes Gesicht im Dreck zu sehen, also wusch ich es. Anschließend hob ich ein Loch aus, legte es mit frischem Stroh aus und begrub ihn. Der Gedanke, ihn nicht zu begraben, wäre mir nie gekommen. Ich erzählte niemandem von seinem Tod. Im Schockzustand denkt man nicht unbedingt klar.

An jenem Tag verlor ich jedweden Kampfgeist. An dem Abend, nachdem ich ihn mit frischer Erde bedeckt hatte, sie vorsichtig festgetreten und das Grab wieder mit Torf bedeckt hatte, wickelte ich mich in Decken ein und saß draußen auf dem Hügel. Ich blieb die ganze Nacht wach, sah nach oben, bis die Wolken sich lichteten. Obwohl der Himmel aufklarte, war es schwierig, die Sterne auszumachen. Seit Cristalls Tod musste ich diese hellen Lichtblitze unbedingt sehen. Ich schaute und schaute, doch in jener Nacht war die Dunkelheit undurchdringlich.

Der Tag der Tierschau war wolkenverhangen gewesen, bevor der Regen einsetzte. Ich schaute meinen Bock an, seine abstehenden Ohren und die durch die gute Fütterung straffen Muskeln. In mir wuchs der Stolz. Er war nun durch und durch ein Rasseschaf von stattlichen achtzig Kilogramm, und ich war nervös und aufgeregt, denn mir wurde klar, dass wir eine Chance auf den Sieg hatten. Endlich hatte ich das Gefühl, der Moment des solidarischen und kameradschaftlichen Schulterschlusses mit der Bauerngemeinschaft sei für mich gekommen. Ich war fest entschlossen und hoffnungsvoll, die Sache anzugehen, ohne meine eigene Stimme zu unterdrücken. Zeigen wir ihnen, aus welchem Holz wir geschnitzt sind, dachte ich, als ich das frisch geschorene Fell mit einem weichen Tuch abrieb. Bereit für die Herausforderung zu sein war ein Wahnsinnsgefühl. Zu Beginn herrschte eine fröhliche Atmosphäre, doch mit zunehmendem Alkoholgenuss kippte sie wie erwartet, die Schlammschlacht aus Stiefeln und Hufen nahm ihren Lauf. Ich fühlte mich zunehmend unwohl. Im Ring machten sie sich über mein »Schoßböckchen« lustig, meine Teilnahme wurde als lächerlich befunden. Eine Frau, die bei der Punktevergabe assistierte, wurde wütend und weigerte sich, mir Glück zu wünschen. »Sie gehören hier nicht her«, sagte sie.

»Aber ich wurde eingeladen.«

Sie funkelte mich an. »Sie hätten nicht kommen sollen. Das hier ist Männerarbeit. Frauen haben im Ring nichts zu suchen.«

Ich ging weiter. Dies war nicht der Augenblick, um den Mut zu verlieren, und im Grunde hatte ich mit derlei Anfeindungen gerechnet. »Du und ich, wir schaffen das«, sagte ich leise zu meinem Bock. Ich hatte hart dafür gearbeitet, hier zu stehen, hatte neun Monate lang jeden Tag geübt, um ihn sicher führen zu können, nachdem er mich einmal verfolgt und brutal zu Boden gestoßen hatte. Es hatte Mut, Durchhaltevermögen und Mühe gekostet. Plötzlich wurde mir klar, wie viel mir dieser Tag bedeutete und wie viel ich dazugelernt hatte. Trotzdem war ich sprachlos, als mein Bock in allen Kategorien gewann, für die er registriert war. Bei der Preisvergabe war ich überglücklich. Wir hatten besser abgeschnitten, als ich es mir je erträumt hätte. Er wurde Purebred Sheep Champion, bekam die Auszeichnung First Reserve, dazu eine ganze Reihe Medaillen und zwei Silver Cups von einem unabhängigen Richter. Hätte ich nur damals schon gewusst, wie rasch diese Preise ihren Glanz verlieren würden. Rückblickend wünschte ich manchmal, ich hätte niemals an dieser Schau teilgenommen.

Sein Leben hatte ein viel zu frühes Ende gefunden. Er war gerade einmal drei Jahre alt. Beim Gedanken an all die schlaflosen Nächte, die ich dank der unverhohlenen Drohungen nach der Schau verbracht hatte, wurde mir übel. »Ich kann das nicht mehr«, hatte ich mir bitter geschworen. »Von nun an habe ich mit Landwirtschaft und Schafzucht nichts mehr zu tun.« Vielleicht verheimlichte ich seinen Tod aufgrund dieser Verletzungen, meiner Trauer und meiner Verwirrung. Gleichzeitig fraß sich die Wut darüber, dass sein Tod anderen vermutlich ein diebisches Vergnügen bereitet hätte, in mich hinein. Wissen ist auf dieser Insel wie eine Währung, ein schadenfroher, kalter Wind, der über das Land zieht und die höchsten Mohnblüten umweht.

Die Umstände seines Todes kamen mir verdächtig vor. Etwas – ein Bauchgefühl, eine Ahnung – sagte mir, dass da etwas nicht stimmte. Tiere sterben, manchmal auch ohne ersichtlichen Grund. Doch meine waren geschoren, geimpft, entwurmt und grasten auf kräuterreichen Wiesen. Auch meine Auen und Lämmer waren kerngesund und auf der Schau bewundert worden. Ich suchte die Felder nach möglichen giftigen Pflanzen ab, fand jedoch nichts. Noch seltsamer war es, die anderen Lämmer auf dem Feld wohlauf zu sehen. Kleinigkeiten erhärteten meinen Verdacht: Tore standen anders, als ich sie zurückgelassen hatte, Details ließen mich hellhörig werden.

Einige Wochen später bereute ich es bitterlich, meinen Bock so früh beerdigt zu haben, denn plötzlich fügten sich all meine Zweifel zu einem großen Ganzen zusammen. Eine saloppe Bemerkung ließ mich alarmiert und aufgebracht zurück. Gerüchte entstehen nicht ohne Grund, ohne Zunder und Funken. Die

Worte blieben in meinem Kopf hängen, sie ließen mich nachts schweißgebadet und angstvoll erwachen. Hellhörig geworden, ging ich meinem Verdacht in einem längeren Gespräch nach, das von einem Freund beobachtet wurde. Normalerweise ist es Standard, die Todesursache abzuklären, gerade im Falle eines reinrassigen Zuchttieres. Mir wurde klar, dass ich überhastet gehandelt hatte.

Ich stellte diskrete Nachforschungen an, sprach mit Züchtern, Tierärzten und Vertretern von Ämtern für Veterinärwesen. Stunden verbrachte ich über Infomaterial und medizinischen Berichten. »Wenn Sie es mit Sicherheit wissen wollen, müssen Sie ihn exhumieren«, riet man mir. »Aber Sie müssen sich beeilen, denn die körpereigene Autolyse und der Verwesungsprozess werden die Fasern zerstören, die man braucht, um die Todesursache festzustellen.« Zunächst war ich abgestoßen vom Gedanken an derart drastische Maßnahmen. Instinktiv schreckte ich vor der Vorstellung zurück und beschloss, ihn in Frieden ruhen zu lassen, ich sagte mir, ich könne ihn unmöglich anheben oder aus der Erde zerren.

Erst später änderte ich meine Meinung. Wenn ein nagender Zweifel bleibt, muss man handeln, denn Unsicherheit ätzt wie Säure, sie korrodiert. Sie brennt sich ins Bindegewebe unserer Gedanken ein, frisst sich durch unseren geistigen Frieden. Dann braucht man eine Erklärung, um das mulmige Gefühl loszuwerden.

Das Ritual des Deckens ist auf der Insel noch immer Männersache. Meine Lämmer, die auf dem Markt Spitzenpreise sowohl für Fleisch als auch Zucht geholt haben, haben mir ein wenig dabei geholfen, das Recht auf meine Handvoll Boden zu erlangen. Doch durch die Aufzucht eines eigenen Bocks zum Decken habe ich mit dem Feuer gespielt. Indem er die Auen deckt, gilt der Bock traditionell als Lebensspender für die Insel, und die neugeborenen Lämmer prägen den Ablauf der Jahreszeiten, ebenso wie die Kirchenfeste, an denen sich das bäuerliche Jahr orientiert. Er ist der heilige Phallus, der seinen Samen verteilt – ein Symbol der Fruchtbarkeit, das seit langer Zeit die Vorstellung von matriarchalen Göttinnen und Priesterinnen als Hüterinnen des Bodens ersetzt hat und das die Männer weiterhin wehrhaft und misstrauisch verteidigen.

Ich wusste, dass ich mich mit meinen Ambitionen auf dünnes Eis begeben würde und vorsichtig sein musste. Doch ebenso war ich mir dessen bewusst, dass ich tief aus mir schöpfen und meine innerste Stärke finden müsste, um auf diesem extrem umkämpften Gebiet zu bestehen. Es fühlte sich wichtig an, endlich meine eigenen Grenzen zu ziehen und Regeln und Werte für meine Praxis aufzustellen, um fortan nicht mehr nur über die Runden zu kommen, sondern endlich erfolgreich zu sein. Ich dachte an all das, was ich seit meiner Ankunft vor all den Jahren erlitten und durchlebt hatte, um mir ein Einkommen und ein Zuhause zu sichern.

Eine Wunde heilt mit Salbe besser als ohne. Merkwürdig, wie Gerüchte auflodern. Auch wenn man die Flammen nicht sieht, fühlt man ihre Hitze. Wenn ich nachts wach lag, habe ich die Sterne beobachtet und mich gefragt, was sie wohl wissen. So ist es mit allem, was begraben liegt.

Mein Vater hat einmal zu mir gesagt: »Die Sterne schauen immer herab, selbst wenn man meint, da wäre nichts. Sie sind immer da, auch tagsüber, wenn man nur Wolken sieht. Wenn ich mal tot bin, werde ich ein Stern dort oben sein. Ein kleiner Stern, der sein Licht auf die Erde wirft.« Sein ausnahmsweise einmal nicht vom Alkohol vernebelter Blick strahlte, sein sonst so bedrücktes Sein schillerte. Ich weiß also, dass es Momente gegeben haben muss, in denen auch er versucht hat, ein helles Licht am Himmel zu finden.

»Warum ein Stern?«

Nie werde ich die Traurigkeit vergessen, die auf seinem Gesicht lag, als er antwortete: »Weil man als Stern von der Erde befreit ist.«

Wenn ich hinauf zu den Sternen schaue, denke ich immer an meinen Vater. Doch in Wahrheit ist er überall. Er ist überall dort, wo ich bin und wo ich hinsehe. Mein Vater ist das Licht und die Dunkelheit in meinen Augen. Er ist die sengend heiße Sonne und der kalte dunkle Mond. Sein Tod war so aufwühlend wie sein Leben. Obwohl er drei Monate nach Rabs Abreise gestorben ist, kann ich seine Präsenz noch immer spüren. Ich will sagen, ich verzeihe dir, deine Liebe, deine Wut, deine Verzweiflung und auch deine Gewalttätigkeit. Ich will den Kreislauf des Traumas brechen, das du immer mit dir herumgetragen hast – ein Sechsjähriger im Südafrika der Apartheid, aufgewachsen in einer der Wellblechhütten der Townships, dessen Vater vor seinen Augen abgeschlachtet wird. Ich will sagen, es ist Zeit, den Boden aufzubrechen, der uns beide erdrückt. Wie gern würde ich mich von ihm befreien, damit mein Leben weitergehen kann.

In der Nacht, nachdem mein Bock gestorben war, kamen die Worte meines Vaters zurück zu mir. Ich wollte nicht glauben, dass mein stattlicher Schafsbock einen unnatürlichen Tod erlitten hatte. Doch ich wusste nicht, wie ich mit den mir gegenüber geäußerten Drohungen umgehen sollte, was die Worte »jemanden unter uns zum Schweigen zu bringen« bedeuteten. Kleinste Geräusche ließen mich aufschrecken, selbst Schatten oder Regungen, meine Haut prickelte vor Furcht. Plötzlich fühlte es sich wie eine echte und greifbare Schwäche an, eine allein lebende Frau zu sein. Wenn ich nachts wach lag, beobachtete ich den Mond, der aufstieg und immer heller leuchtete. Es beruhigte mich, Zeugin seiner stillen Bahn zu sein, wie ein Übergangsritual. Ich träumte davon, anders zu leben. Ich wusste, was ich zu tun hatte.

Ich bin froh, dass ich nun handle. Ich kann den Schatten des Aufschiebens nicht mehr ertragen. Ich bin bereit, meine eigenen Toten auferstehen zu lassen und mich endlich von alldem zu befreien, was unter dem dunklen schweren Torf liegt.

Über meinem Kopf geht eine dünne silbrige Mondsichel auf. Der Boden ist zunächst dunkel und trocken, doch je tiefer ich komme, desto feuchter wird die Grube. Schlamm klebt an meinen Füßen und Waden, als würde ich versinken. Mit stetem Sauggeräusch bahnt sich der Spaten seinen Weg in die Erde, bis ich auf etwas Feuchtes stoße. Ich lege das Werkzeug zur Seite und bringe mein Gesicht näher heran. Ein furchtbarer fauliger Geruch steigt auf, und für einen Moment muss ich mich abwenden, mein gesamter Körper würgt. Ich muss mir etwas über Mund und Nase binden, um den schrecklichen Gestank nicht einzuatmen. Man kann ihn unmöglich beschreiben. Modrig, wie feuchtes Laub, aber auch süßlich – eine Angst einflößende, abstoßende Fäulnis. Eben so, wie ein Körper riecht, der sechs Wochen in der Erde gelegen hat.

Erstaunlich, was passiert, wenn all die dunkle organische Materie ihr Leben aus dem Tod speist. An manchen Stellen liegt das Fleisch meines Bocks frei. Es ist weich und gibt nach. Es ist harte Arbeit, die Schaufel unter den schweren Körper zu bekommen und die Säcke und dicken Seile unter ihm zu platzieren. Insgesamt ist die Struktur des Körpers erhalten und wird von einem Schmierfilm aus feuchter Haut und klammer, dreckig klebriger Wolle zusammengehalten, der leicht reißt. Die Beine sind sichtlich verwest. Sie sind unter ihm zusammengefaltet, als schliefe er, doch als ich den Spaten darunterschiebe, erschaudere ich, als sich einer der festen dunklen Hufe spaltet. Den Verfall dieses einst so prächtigen Körpers zu sehen ist ein neuerlicher Schock.

Ihn mit den Händen zu berühren fühlt sich zu intim an, selbst mit Handschuhen. Als ich ihn anhebe und rolle, höre ich ein leises Gluckern: Gase entweichen aus seinen Organen. Zu meinem Entsetzen ächzt der Körper und regt sich, er atmet unter seinen gluckernden Säften und dem sich langsam zersetzenden Fleisch. Ich wende mich ab und kralle mich am Rand der Grube in die Erde. Ich hole Luft und halte sie an, bis ich mich erneut abwenden und nach Luft schnappen muss. Nach ein paar Minuten muss ich würgen. Der widerlich süße Geruch besitzt eine ekelerregende Vertrautheit.

Aus Seilen konstruiere ich eine Winde, die ich an der Anhängerkupplung und der stabilen Karosserie meines Trucks anbringe. Der teilweise zersetzte Körper ist schwerer, als ich gedacht hätte, und als die Winde ihn anhebt, drehen die Räder durch. Doch dann liegt er im düsteren Mondlicht da. Es ist bewegend, ihn hier so schutzlos zu sehen, und zu meiner Überraschung erkenne ich in diesem Aspekt des Todes eine wilde Schönheit. Kahl und kompromisslos. Nun weiß ich, dass der Tod nicht nur darin besteht, dass das Herz nicht mehr schlägt oder das Hirn nicht mehr arbeitet. Darin, dass kein Atem mehr geht, die Haut auskühlt, das Blut gefriert und die Gase und Flüssigkeiten sich nicht mehr regen. Er ist all das, und doch ist da noch etwas anderes.

Als ich meinen Bock anhebe, zwinge ich mich, die Sache durchzuziehen. Er ist so groß, dass er nicht in die Veterinärsäcke passt, also wickle ich ihn in einen für Menschen gedachten Leichensack. Ich bin mir fast sicher, dass es vermutlich zu spät ist, um die Todesursache abzuklären, doch irgendwie spielt das keine Rolle mehr. Das Wichtigste ist, dass ich für ihn getan habe, was ich konnte. Ich setze mit der ersten Fähre nach Oban über, halte bei dem Leichenschauhaus, um frische Säcke zu besorgen, und dann mache ich erst wieder halt, als mich in Glasgow die Polizei stoppt. »Es tut mir leid – ich habe mich verfahren«, sage ich, als sie meine Papiere überprüfen. Ich bin zu langsam gefahren, habe Leute nach dem Weg gefragt, und jemand hat mich gemeldet.

»Ist das ihr Wagen?«, fragen sie misstrauisch. Nachdem sie mir meine Papiere wiedergegeben haben, untersuchen sie den Kofferraum. Sie hantieren mit dem Leichensack herum. »Was zur Hölle ist das?«

Plötzlich bin ich erschöpft. Meine Erklärung dauert ewig, und als ich mittendrin stecke, wünschte ich mir plötzlich, mich kurzgefasst zu haben. »Es ist alles in Ordnung«, sage ich. »Ich habe mich um den ganzen Papierkram gekümmert.« Ich zeige ihnen die Exhumierungserlaubnis und die offizielle Transportbescheinigung. Am Ende eskortieren die Polizisten mich mit Blaulicht zur Veterinärpathologie. Das alles kommt mir seltsam bekannt vor, es ist wie damals, als ich zu meinem Vater in die Leichenhalle fuhr. Die Pathologie liegt genau wie das Leichenschauhaus außerhalb, selbst Schilder fehlen. Kein Wunder, dass wir kaum über den Tod sprechen, wenn er selbst dann vor uns versteckt wird, wenn alles seine Ordnung hat.

Nervös warten die Polizisten draußen, bis der Leichnam ausgeladen worden ist. »Ich rate Ihnen, auf dem Rückweg langsam zu fahren«, rät mir einer von ihnen. »Wenn Sie den die ganze Nacht lang ausgebuddelt haben, sind Sie vermutlich müder, als Sie denken.« Dann eskortieren sie mich zurück zur Autobahn.

Die Ergebnisse sind wie befürchtet: Der Verfall des Gewebes ist so fortgeschritten, dass es unmöglich ist, die Todesursache mit Sicherheit festzustellen. Die Experten legen mir nahe, den nächsten Schritt zu machen und eine Autopsie der Organe durchzuführen, die womöglich frischer sind, da sie sich später zersetzen. »Vielleicht haben wir Glück.«

Doch am Ende muss ich akzeptieren, dass nichts dabei herauskommt. »Selbst bei einer besseren Probe wäre es schwierig, eine Todesursache zu bestimmen«, seufzt der Pathologe. »Es gibt unzählige Möglichkeiten, wie ein Schaf sterben kann. Und wenn es sich um eine Vergiftung handelt, wird alles noch komplizierter.

Man muss genau wissen, worauf man testet, um ein positives Ergebnis zu erhalten. Man könnte einen Bock mit einer Savlon-Injektion töten.« Offenbar gibt es unzählige Gifte. Beinahe so viele, wie es Sterne am Himmel gibt. Ich ziehe einen Schlussstrich und akzeptiere, dass das Schicksal entschieden hat.

Ich habe alles getan, was ich mir vorgenommen hatte. Ich habe es versucht. Die Exhumierung fühlt sich noch aus anderen Gründen bedeutsam an. Halloween ist traditionell der Tag, an dem man sich zwischen Leben und Tod bewegt. Eine Übergangszeit, in der man nicht wegsieht oder den Toten neues Leben einhaucht, sondern akzeptiert, dass wir am Ende alle zur Erde zurückkehren. Es hilft mir, Zeugin dessen zu werden, dass am Ende sogar die Erinnerung verblasst und nichtig wird.

7

WILDER SCHREI

Die Gänse rufen im Halbdunkel. Frostiger Nebel dringt durch die Fensterritzen, und ich ziehe mir die Decke enger um die Schultern. Gebannt horche ich, wie sich eine bleierne Stille über den Horizont legt, die nur von einer einzigen angestrengten Stimme durchdrungen wird. Ich staune über ihren einsamen, himmelwärts gerichteten Kampf. Ihr niedergeschlagener Schrei ist schwer zu ertragen. In ihm liegen Sehnsucht, Hoffnung und noch mehr. Er ist mein Echo. Auch ich trage einen Splitter im Herzen. Ab und an regt er sich, wenn es sich verkrampft oder sich zusammenzieht. Ich frage mich, woher ein Vogel weiß, wann und wohin er fliegen soll, wenn es nichts mehr gibt, dem er folgen kann?

Einsamkeit bringt uns dazu, uns vom Blick der anderen angezogen zu fühlen wie Motten vom Licht. Ich umkreise die Flamme, komme ihr näher und näher, so nahe ich mich traue. In mir hungert es nach Wärme, Güte, Gesellschaft. Nicht nur nach einem flüchtigen Lächeln oder Nicken und kurzen Gesprächen über den Tag oder das Wetter, sondern nach Worten, die bedeutsam sind. Ich sehne mich danach, meinen Namen mit Liebe ausgesprochen zu hören. Aus dieser Not heraus wird mein Lachen zu fröhlich, mein Blick zu flehentlich oder zu hoffnungsvoll. Ich weiß nicht, woran es liegt, aber Menschen wittern, wenn das Selbstbewusstsein eines anderen Menschen schwach oder angeknackst ist. Sie halten dann Abstand. Als Kinder lernen wir, die Zeichen zu lesen. Einsamkeit verscheucht selbst die Vögel.

Eines Tages zwinge ich mich zu einem kleinen Treffen. Ich bin nüchtern und völlig klar im Kopf. Ich weiß, dass es Zeit wird zu gehen, wenn es zu Streitereien kommt. Ich bemühe mich, nicht in die Schusslinie zu geraten, doch das Visier findet mich.

»Du denkst, du wärst was Besseres als ich.« Immer fängt es damit an. Immer werden mir die Worte als Anschuldigung um die Ohren gehauen, nicht als Frage oder sachliche Beobachtung. Mir ist schleierhaft, warum ausgerechnet diese Provokation gewählt wird, um einen Streit vom Zaun zu brechen. Doch ich habe gelernt, dass damit gewisse Ängste oder Unsicherheiten überdeckt werden. Ich habe es auf nichts angelegt. Ich wollte einfach nur zur Tür gehen.

»Ich möchte einfach nur vorbei. Darf ich, bitte?«

Die Augen des Mannes sind glasig, lodern vor Wut. Ich kenne diesen grimmigen Ausdruck. Die Erinnerungen kommen zurück, und ich fühle, wie etwas in mir kurz davor ist zu reißen. Ich will sagen: Du hast beschlossen, uns zu hassen, bevor du uns überhaupt kanntest. Lange bevor ich meinen Bock für die Schau angemeldet habe. Ich denke an seine finstere Abneigung von früher, das Getuschel über den langjährigen Disput. Wir hatten gehofft, diese Animositäten würden mit der Zeit vergehen, doch sie eitern wie eine alte Wunde. Ich beiße mir auf die Lippen. Was ich sage, würde nichts ändern.

Vielleicht liest er in meinen Augen. Was es auch ist, es lässt ihn die Beherrschung verlieren. Ich stoße mir den Kopf, als er auf mich losgeht, mich gegen die Wand drückt. Ich stolpere, und er versucht es erneut. Erst jetzt bemerke ich, wie betrunken er ist. Ich schreie: »Hände weg von mir!« Er brüllt zurück. Dann ruft jemand: »Hey, es reicht – hier drinnen wird nicht gerauft.« Die Spannung steigt spürbar. Plötzlich kämpfe ich darum, seine Hände von meinem Ausschnitt zu lösen, und als mein Bewegungsspielraum immer enger wird, schaffe ich es mit einer Körperdrehung, mich zu befreien. Ich ziehe mich zurück und suche das Weite. Die kühle Luft und stillen Felder beruhigen mich. Ich bin dankbar für die Dunkelheit, doch nach wenigen Schritten macht sie mir Angst. In meinem Kopf höre ich noch immer das Wort, das er mir hinterhergelallt hat: »Schlampe.« So schnell ich kann, folge ich der Straße nach Hause.

Gewalt ist meist unberechenbar. Befeuert wird sie vom Alkohol. Manchmal geschieht sie einfach, weil niemand etwas unternimmt. Es gibt zu häufig Probleme, und keiner will etwas davon wissen. »Streit ist Privatsache«, so läuft es auf der Insel. Doch ohne Hilfe oder Unterstützung fühle ich mich nicht in der Lage, damit umzugehen. Nach jenem Abend meide ich die gemeinschaftlichen Treffen. So lebe ich noch isolierter. Aber es gibt mir ein gewisses Gefühl von Sicherheit.

Ich vermisse Cristall. Jeden Tag trifft mich der Schmerz ihrer Abwesenheit wie eine zwirbelnde Ohrfeige. Unser Alltag war so miteinander verflochten, ich habe noch immer das Gefühl, dass ihr Schatten mir folgt. Als sie noch am Leben war, habe ich die Nähe der anderen aus dem einfachen Grund nicht gesucht, weil sie alles für mich war. Ich frage mich, ob meine Trauer schon zu lange anhält. Doch Trauer folgt keinen Zeitplänen und auch nicht sozialen Normen oder der Etikette. Sie ist eine Welle, die über einen hereinbricht und durch ihren Sog ganz langsam unter sich begräbt.

Abwesenheit lehrt uns, noch genauer nach flüchtigen Augenblicken zu suchen, in denen wir uns an das erinnern, was in den Tiefen unseres Herzens liegt. Ich kann sie unmöglich vergessen. Wo auch immer ich hingehe, umgibt sie mich. Jeden Tag streife ich durch die Wälder, in denen ihre Asche ruht, unter den Bäumen, die sie mir geschenkt hat, die wir gemeinsam gepflanzt haben. Und ich bin dankbar dafür, dass sie überall ist: Im Garten dienen die Stecklinge und Wurzeln, die wir aufgepäppelt haben, nun Wildtieren und Vögeln als Unterschlupf. Wenn die Schwarzpappel blüht, rieche ich im Vorbeigehen ihren Duft. Manchmal spreche ich mit ihr, und es fühlt sich ganz natürlich an, dies mit Isla an meiner Seite zu tun. So gestaltet sich jeden Tag meine Realität, und manchmal bittersüß, an anderen Tagen spendet es mir Trost. Die Wahrheit ist, dass ich nicht darüber hinwegkomme. In allem suche ich nach ihr.

Darin liegt auch eine gewisse Schönheit. Es ist, als lebte ihr Geist in der Landschaft weiter. An manchen Tagen fühle ich mich ihr so nahe, als wäre sie in jedem Flügelschlag, in jedem Lichthauch oder raschelnden Blatt. Ich versuche, mit meiner Trauer fertigzuwerden, doch jeden Tag kommt erneut die Welle und überrollt mich, bricht über mich herein. Jeden Tag wird es schwieriger, mit dem leeren Horizont allein klarzukommen. Zu ertrinken ist einfacher, als man glaubt. Es kann langsam passieren, bei vollem Bewusstsein, sehenden Auges. Trauer kann einen mit Gewichten beschweren, und selbst wenn man kämpft, verliert man seinen Lebensmut, man ermüdet langsam, weil man nach unten gezogen wird.

Ich liege im Bett, mein Körper fühlt sich schwer, kalt und leblos an, ich horche auf den einsamen Ruf der Wildgänse. Ich fühle mich im gedämpften Schlag ihrer Flügel gefangen. Einige Minuten will ich mich dazu zwingen, mich zu bewegen, doch es geht nicht. Los! sage ich mir. Ich sage es laut, immer lauter, wieder und wieder. Irgendwann schleppe ich mich nach unten.

Am nächsten Tag stelle ich mir den Wecker. Als ich die Tür öffne, flüstere ich Maude zu: »Hilfst du mir?« Manchmal braucht man einen Freund an seiner Seite. Ich ziehe meine Schuhe an, und wir joggen eine lockere Runde übers Croft. Von diesem Tag an laufe ich jeden Morgen, manchmal auch jeden Abend. Ich laufe in der Dämmerung, wenn die Insel sich weicher anfühlt. Ich laufe, um Wärme zurück in mein Herz zu zwingen. Und es fühlt sich an, als würde mich die Landschaft begrüßen, indem sie mir ihre Geschenke entgegenwirft. Wenn man bei Dunkelheit oder abnehmendem Licht läuft, sind die Wildtiere weniger schüchtern.

Zu Beginn schaffe ich keine längeren Strecken, alle paar Hundert Meter stehe ich vornübergebeugt da und schnappe nach Luft. Maude wartet geduldig, ihre Bernsteinaugen beobachten mich, feuern mich an. Joggen habe ich nie gemocht, doch zusammen mit einem Collie ist es etwas anderes. Wir bewegen uns gemeinsam, nach unserem eigenen Rhythmus. Jeden Tag schaffe ich ein paar Atemlängen mehr, ich messe meinen Erfolg nicht über die Distanz, sondern setze mir ein bestimmtes Ziel: den nächsten Busch oder das hinterste Tor. Jeder Atemzug schmerzt, doch ich bin dankbar für das schneidende Gefühl. Je mehr sich meine Muskeln anspannen, desto weniger spüre ich den Schmerz in mir.

Eines Morgens laufe ich später als sonst und begegne auf der Straße einigen Frauen. Sie machen einen gemeinsamen Spaziergang, halten die Augen offen und tratschen. Als ich auf sie zukomme, verstummen sie. Kühl treffen sich unsere Blicke, dann wenden wir uns voneinander ab. Eine unangenehme Situation, doch hinterher bin ich froh über diesen kurzen Kontakt. Ein winziger Schritt nach vorn. Als ich wieder zu Hause bin, spiele ich mit dem Gedanken, mich ihnen beim nächsten Mal anzuschließen und so vielleicht den Graben zu überbrücken, der uns trennt. Am nächsten Tag schicke ich einer von ihnen eine vage Nachricht. Etwa eine Woche später antwortet sie, dass ich sie begleiten darf. Ich bin nervös, aber voller Hoffnung. Es ist die Chance auf einen Neuanfang und das Ende unserer misstrauischen Waffenruhe.

Beim ersten gemeinsamen Spaziergang sind wir verschlossen. Wir tragen unser Lächeln wie einen Schutzschild vor uns her, unsere Augen sind hart und klar. Doch nach und nach gehen wir regelmäßig spazieren, und unsere Blicke begegnen sich mit mehr Großzügigkeit. Eines Tages ertönt lautes Lachen, wie das Lied eines Vogels, und es scheint, als seien wir über den Berg. Ich entspanne mich und sage mir, dass jede Freundschaft einen zaghaften Anfang nimmt.

Eine Frau drückt ihr Mitgefühl aus. »Du hast es schwer gehabt.« Sie sieht mich an. »Als dein Mann fort ist, hast du mir leidgetan.« Ich versuche zu lächeln. Ich beiße mir auf die Lippe, doch mein Mund zittert, und ich wende mich ab, erschrocken und verschämt, da ich anfange zu weinen. Manchmal kann man nichts dagegen tun. Wenn man sich alle Mühe gibt, stark zu bleiben, ist es häufig Mitgefühl, nicht Feindseligkeit, die durch unseren Panzer dringt. Ganz besonders, wenn sie spärlich gesät ist. Einsamkeit ist gefährlich: War man zu lange allein, kann jedes noch so kleine Zeichen von Intimität einen auf die falsche Fährte bringen, und man fühlt sich plötzlich warm, sicher und geborgen. »Ich habe damit zu kämpfen«, flüstere ich und reibe mir hektisch über das Gesicht. »Manchmal ist es schwer, allein klarzukommen.«

Ich weiß, dass ich nicht darüber reden sollte, wie sehr ich Cristall vermisse oder über Schmierereien an meinen Wänden, harte

Augen und kalte Schultern, doch ich kann nicht anders. Ich kann die heißen Tränen nicht daran hindern, aus meinen Augen zu rollen, und mein schluchzender Mund hält die Worte nicht im Zaum. Manchmal bahnen sich Dinge ihren eigenen Weg, wenn man sie zu lange zurückhält. Ich wollte nicht, dass es auf diese Art passiert.

Münder werden schmal. Aufeinandergepresste Kiefer und angespannte Schultern. Nur Zentimeter stehen wir voneinander entfernt, doch es ist, als würde sich zwischen uns eine riesige Schlucht auftun. »Es tut mir leid«, stammle ich, bevor ich mich reumütig abwende.

»Du kannst so etwas nicht sagen«, wirft eine der Frauen ein. »Du kannst nicht deinen Nachbarn Vorhaltungen machen.«

Andere Blicke durchbohren mich wortlos.

Ich verteidige mich nicht, denn sie sieht mich an wie etwas, was einem am Schuh klebt. Ich habe mich noch angreifbarer gemacht. Hätte ich nur nichts gesagt. Ohne es zu wollen, habe ich sie implizit beleidigt. Ich habe es gewagt, den Traum ihrer Insel durch den Dreck zu ziehen, und ich werde dafür bezahlen. Doch in mir regt sich Wut über diese Ungerechtigkeit. Seit Jahren versuche ich, auf meine eigene Art zu leben, ganz gleich, was andere mir vorenthalten, was sie verschweigen oder sabotieren wollen. Ich habe die Sippschaften und Allianzen satt. Ich blicke in das sanftere selbstvergessene Gesicht fest verwurzelter Misogynie. Dieser Fehler wird mir nie wieder unterlaufen.

Am Ende wenden sie sich ab, und ich habe niemanden mehr, mit dem ich Spaziergänge unternehmen könnte. Ich laufe wieder allein. »Ich komme schon klar«, sage ich mir, während die Wochen verstreichen. »Das geht vorüber.« Tut es aber nicht. Wer verstoßen wird, stellt die gesamte eigene Existenz infrage. Das Schweigen hat eine neue Qualität, lässt sich schwerer in den Griff bekommen als die vorigen Aggressionen. Ich habe keinen Panzer, um damit umzugehen. Die Wunde sitzt tiefer, ihr Schmerz ist subtiler, unerreichbar. Erst wehre ich mich dagegen. In ein Notizbuch schreibe ich eine Liste mit den Namen all der Menschen, die ich liebe. Ich male einen Freundschaftsbaum, dessen Äste ihre Namen tragen.

Bei der Fähre stelle ich mich in einer Schlange hinten an, in der ich einige bekannte Gesichter sehe. Mir graust es vor den missmutig Wartenden, doch gleichzeitig bin ich dankbar für die winzige Möglichkeit, mich eventuell aus dieser ausweglosen Situation wieder zu befreien. Ich hege die Hoffnung, dass sie uns dazu zwingen wird, uns wie erwachsene Menschen zu verhalten. Schließlich atmen wir dieselbe Luft und wohnen zusammen auf dieser schroffen Gesteinsformation. Selbst wenn wir verschiedene Ansichten haben oder wir nicht scharf auf die Gesellschaft der anderen sind, so verbindet uns doch wenigstens unsere Menschlichkeit.

»Hallo«, sage ich.

Niemand antwortet.

Selbst ein Stein wird von kalten Wassertropfen ausgehöhlt. Mit der Zeit merke ich, dass ich erodiere. Wieder versuche ich, zunächst dagegen anzukämpfen. Doch das zermürbt mit der Zeit. Ich akzeptiere es. Man gewöhnt sich daran, so zu existieren, als existierte man gar nicht. Man fängt an zu glauben, ein Nichts zu sein. Manchmal frage ich mich sogar, ob ich mir das alles nur einbilde. Doch je mehr ich mich bemühe, desto heftiger stößt man mich fort. Eines Tages hilft der Skipper mir mit einer schweren Tasche und sagt leise zu mir: »Unerträglich, was hier vor sich geht.« Für diese wenigen Worte bin ich dankbar.

Jeder erlebt Zeiten, in denen er mit niemandem reden kann oder Menschen sich abwenden und wegsehen. Es ist eine Grausamkeit, die wir einander eben antun, eine Spielplatzangewohnheit, die sich ins Erwachsenenleben zieht. Alles, was es braucht, sind ein oder zwei dominante Tonangeber, der Rest der Gruppe folgt ihnen blind. Auf diese Weise werden die Machtstrukturen unserer Gesellschaft geschaffen und eingerissen. Sie richtet sich gegen die, die einsam sind, ungewollt, verletzlich und ausgegrenzt. Ich habe gesehen, wie es anderen aus Familien oder Gruppen passiert ist, die einer Minderheit angehören. Doch ich bin ganz allein, was meine Isolation und Verletzlichkeit noch akuter werden lässt.

Ich gehe nicht mehr meinen Pfad hoch, auf dem ich Spaziergängern über den Weg laufen könnte. Bleibe außer Sichtweite. Halte mich an die Hügel. Und ich vermisse Cristall mehr denn je. Ich vermisse ihr Lächeln, ihr Lachen, ihre unbeirrte Freundschaft, unseren Bund und unser Vertrauen. Da ich niemandem zum Reden habe, verstumme ich. Dann höre ich auf, klarkommen zu wollen. Ich mache mich unsichtbar. Das ist leichter, wenn niemand da ist.

Ich verliere den Bezug zu Worten. Ich gehe in die Wälder, denn sie trösten mich mit ruhigen Empfindungen, die sanfter und gütiger sind als alles, was ich kenne. Ich presse meine Wange an kühle Rinde und lehne meinen müden Kopf an einen starken Baumstamm. Ich baue einen dürftigen Unterschlupf und statte ihn mit dicken Decken aus. Als die Dunkelheit hereinbricht, mache ich Feuer und starre in die Flammen. Das feuchte Holz zischt und knackt, doch es wärmt angenehm. Maudes Augen werden von den Flammen hell erleuchtet. Ich bin unter Bäumen. Ich fühle, wie das atmet, was wild und zerbrochen in mir ist. Ich bin bereit, die mir bekannte Welt loszulassen, wie ein Blatt, das sich zum Winter hin zusammenrollt und welkt. Als der Morgen anbricht, will ich nicht fort von hier. Also bleibe ich.

Bei den Vögeln im Wald lebt es sich friedlich. Manche Tage verstreichen angstvoll und flatterhaft, andere ziehen sich schwer, stumpf und ermüdend dahin.

Ich verbringe Stunden damit, die wilden Tiere um mich herum zu beobachten und sie in meine Nähe einzuladen. Hasen verstecken sich im hohen Gras, wenn dunkle Eulenflügel und Falken ihre Kreise ziehen. Morgens und abends grasen Hirsche in der Dämmerung, blähen ihre Nüstern und ziehen die Lippen zurück, um vorsichtig den Wind zu wittern. Die Birken lassen ihre kalten Äste rascheln, blass wie Winterknochen. Still kauere ich mich zu anderen gespannten Herzen und flüchtigen Schatten ins Unterholz und horche. Später sammle ich Holz und Späne für ein Feuer. Ich erinnere mich daran, wie dieser Wald mich vor ein paar Jahren ernährt hat, körperlich und seelisch. Im Nachhinein war diese Nahrungssuche einfach. Plündern ist anders als suchen. Es verleiht dem Alltag einen schärferen Biss.

Cristall hat einmal zu mir gesagt, ich würde meine Seelenverwandten erkennen, wenn sie zu mir kämen. Eines Tages bemerke ich einen winzigen olivgrünen Vogel. Seine Stirn ist leuchtend goldgelb, umfasst von schwarzen Streifen. Mit ansteckender Neugier sieht er mich an. Als er den Schnabel öffnet, um zu singen, eine schnelle Abfolge steigender und fallender Töne, muss ich plötzlich an sie denken. In diesem Vogelgesang und den wispernden Bäumen ist sie mir atemberaubend nah.

Ich denke daran, dass alle Organismen vom Verhalten ihrer Freunde und Nachbarn beeinflusst werden. Ich erinnere mich, wie ein völlig kahler Baumstumpf in Cristalls Garten durch die Empathie der umstehenden Bäume neue Triebe entwickeln konnte. Sie erklärte mir, dass Bäume sich instinktiv entweder gegenseitig nähren und unterstützen oder sich vom Leid oder der Not des anderen abwenden. Beim Gedanken an ihre Worte kommen mir die Tränen. Und mir wird klar, dass wahre Freundschaft freiwillig kommt. Man muss nicht die Hand danach ausstrecken, man kann sie nicht erwarten oder herbeiführen.

Wenn ich an die Inselfrauen denke, weiß ich, dass wir alle nur die Rollen spielen, die uns politisch durch die Regeln von Dominanz und Unterwerfung zugeteilt wurden. Dass das höchste Interesse jeder Gesellschaft oder Gemeinschaft ist, zu gedeihen. Den Familien, die diese Insel miteinander verbindet, geht es am Ende nicht anders als den Bäumen: Sie wurzeln auf einem Fleckchen Erde auf einem kleinen Felsen im Meer.

Ich gehöre nicht hierher. Und plötzlich sehe ich, dass man leicht die eigenen Bedürfnisse aus den Augen verliert, sie sogar ganz vergisst, wenn man sich so sehr bemüht dazuzugehören. Es wird Zeit, meine eigenen Bande zu knüpfen. Selbst auf einer winzigen Insel ist der Horizont weit und das Wasser tief.

Als ich dem winzigen Wintergoldhähnchen lausche, verschlagen mir seine Schönheit und seine Belastbarkeit den Atem. Es wiegt kaum mehr als ein Zwanzig-Pence-Stück und ist doch ganz allein über das weite russische und skandinavische Ödland geflogen, es ist nur seinem eigenen Instinkt gefolgt. Ich weiß, dass ich mich neu ausrichten muss. Während die Dunkelheit hereinbricht, sitze ich lautlos vor meinem Verschlag am Feuer, schlinge meine Arme um mich und flüstere: »Ich bin ich, so wie ich bin.«

8

RAUES ELEMENT

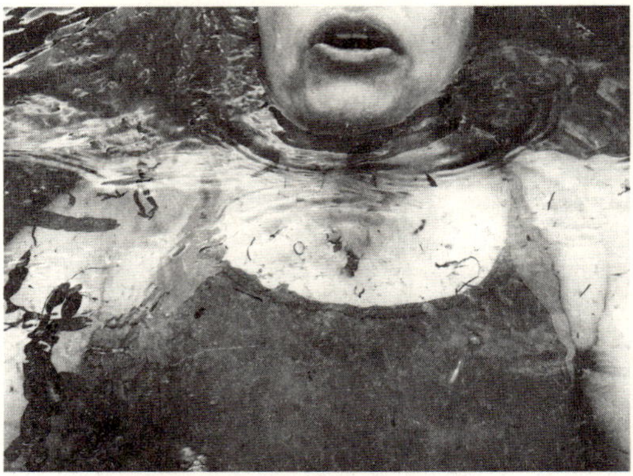

Kurz vor Tagesanbruch. Meine Füße stolpern über die zerklüftete Küstenlinie, als sich im Osten ein mürrisches Leuchten erhebt. Ich bin so weit gegangen, wie ich gehen konnte. Die Insel liegt in meinem Rücken, vor mir nichts als das dunkle, wogende Wasser. Tosend brechen die Wellen auf dem glänzenden Kies, der Wind heult durch die Baumgerippe. Ich kenne diesen Ort, und er kennt mich. In meinen einsamsten Momenten zieht er mich unwiderstehlich an. Ich sehe zu, wie das Meer heranrauscht und sich wieder zurückzieht, wild über die zischenden feuchten Steine streicht. Es ist eine flüchtige Zeit des Jahres, in der Sonne und Mond gemeinsam tief am Horizont leuchten. Ich denke nach über dieses schöne merkwürdige Leben und überlege es mir beinahe anders, doch mein Herz flüstert: Wenn es dich nicht bricht, heilt es dich vielleicht. Dann blende ich alle Ablenkungen aus und zwinge mich dazu, mich auszuziehen.

Die Kälte lähmt mich, doch durch sie werden die belastenden Gedanken in mir schwerelos. Meine zitternden Finger fummeln ungeschickt an Knöpfen herum, und ich frage mich, ob man es jemals schafft, all die einzelnen Momente zu benennen, die einen derart haben verzweifeln lassen.

In den frühen Morgenstunden hatte meine innere Stimme rau und elend geklungen, durchlöchert von Fragen, Hoffnungen und Unwägbarkeiten, die ich vor niemandem offen aussprechen konnte, vor allem nicht vor mir selbst. Und die ganze Zeit flehte die Stimme: Wann kommt endlich das Tageslicht? Diese Zeit nenne ich die dunkle Wache. Ihr ist mein Gesicht vertraut und alles, was ein Herz in sich birgt. Ich sehne mich danach, eine andere Stimme zu hören: *Du bist nicht allein. Fürchte dich nicht* und dass sanft meine Hand berührt wird. Dann schließe ich die Augen. Diese Zeiten sind vorbei, Cristall ist nicht mehr da, und die Zeit stottert weiter, anders als alles, was ich je gekannt habe.

Die Temperaturen sind unter den Gefrierpunkt gesunken, der eisige Wind liegt bei schneidenden minus acht Grad. Halb ausgezogen hebe ich die Arme und gehe in die Knie, setze meine Haut dem Wetter aus. Manchmal spiegelt unser körperliches Empfinden exakt unsere tieferen Gefühle und Emotionen wider. Ich heiße den scharfen Biss der Kälte willkommen. Ich bin es müde, mich vor meinen eigenen Gedanken zu verstecken. Wohin auch immer ich mich wende, sie folgen mir. Auch vor einem Flüstern habe ich mich versteckt: Wie dunkel wäre es, wenn ein Licht für immer ausbrennt oder selbst erlischt? Ich habe versucht, das sanfte Flüstern von mir wegzuschieben. Doch es lauert immer im Schatten, in den gezackten Linien um meine Augen herum.

Ich weiß nicht, wann das Tageslicht zu grell wird, die Dunkelheit zu allumfassend und die Dinge, die man in der Stille betrachtet, zu Furcht einflößend werden, um noch über sie zu sprechen. Einsamkeit lässt sich schwer in Worte fassen oder erkennen. Ich spüre sie in meinem Körper und ertaste ihre Spitzen, soweit ich es wage. Isolation ist noch schlimmer. Sie versengt, blendet.

Ich ziehe mich ganz aus und lege meine Kleider sorgfältig zusammen, bevor ich sie in meinen zerschlissenen Rucksack packe. Langsam schlüpfe ich aus meinen Gummistiefeln und stecke meine Socken in sie hinein. Normalerweise bin ich nicht so ordentlich, doch heute ist es mir wichtig, keine halben Sachen zu machen.

Wenn man alle Hoffnung verliert, brechen die Routinen ein. Zusehends fehlt es dem notdürftigen Rahmen, der unsere alltägliche Existenz zusammenhält, an Klarheit und Ordnung. Die kleinsten Schnipsel des Lebens verklumpen zu einem Haufen unerledigter Tätigkeiten. Selbst einfachste Rituale – essen, Geschirr spülen, Zähne putzen, Haare waschen – scheinen nicht machbar zu sein. Jeden Tag zwinge ich mich, die Bewegungen durchzuführen. Ich frage mich, was passiert, wenn ich aufhöre. Ich starre den Gedanken im Spiegel an. Sein Anblick macht mir Angst. Seine dunklen Augen sind aufgerissen und leer.

Nackt blicke ich aufs Meer und öffne dem Wind meine zitternden Arme. In mir flüstert eine Stimme: *Dreh um – es ist gefährlich. Es gibt einen anderen Weg!* Doch ich drehe nicht um. Mein Herz ist erfroren, taub, und trotzdem muss es weiterschlagen. Ich öffne die Arme für die kalte Umarmung der Wildnis, die den Schmerz dieser wunderschönen Welt heilt. Ihr allein fühle ich mich eng verbunden, ein Gefühl, das mir jahrelang gefehlt hat.

Am Ende ist es einfach. Jeder möchte gehalten werden und den eigenen Namen liebevoll ausgesprochen hören. Ich sehe hinaus aufs Meer, das kommt und geht. Ich denke daran, wie friedlich es sein muss, unter diese Wellen zu tauchen. Mein Atem geht hastig, als ich in Richtung Wasser laufe. Ich versuche, nicht in den Himmel zu sehen. »Jetzt gibt es kein Zurück mehr«, sage ich mir leise. Ich bin nicht hergekommen, um schwimmen zu gehen. Ich bin zum Meer gekommen, um gehalten zu werden.

Einen schonungslosen Blick auf sich selbst, die eigenen Schwächen in all ihrer rohen Ursprünglichkeit zu werfen, kann furchterregend sein. Wirklich zu verstehen, dass das Leben nur ein einziger, tiefer, zitternder Atemzug ist.

Diesen Punkt erreicht zu haben jagt mir Angst ein. Ich weiß, dass mein Leben anders ist. Ich habe gelernt, jeden Tag mit weniger und weniger auszukommen. Mittlerweile lebe ich von so wenig, dass ich nur mit Mühe sagen kann, was genau mir fehlt.

Man gelangt an einen Punkt, an dem man feststellt, dass etwas nicht funktioniert. Diesen Punkt habe ich erreicht und hinter mir gelassen, nur habe ich immer weitergekämpft, auch wenn ich müde war. Ich habe mich abgestrampelt, auch wenn die Strömung jeden Tag ein wenig stärker wurde und mich langsam, unwiderstehlich nach unten gezogen hat. Ich habe nur noch die Bewegungen ausgeführt, denn wir alle halten uns an eine einfache Regel: Man gibt niemals auf. Das darf man nicht. Man kann aufhören, aber hinschmeißen kann man nicht. Jeden Tag habe ich meine Erwartungen heruntergeschraubt. Wie bei einem kontrollierten Hungerstreik. Man lernt, sich von seinem Hunger abzukapseln. Der Körper hilft einem dabei, es ist ein einfacher Überlebenstrick. Doch der Magen ist anders als ein Herz. Ein Herz braucht die Wärme von Liebe und Verbundenheit, um zu schlagen und zu gedeihen.

Eines Tages rannten meine Beine einfach los. Das war kein Laufen, wie ich es von früher kannte. Ich vertraute einem einzigen Aufflackern des Instinkts, dass mir nichts zustoßen würde.

Ich öffnete die Tür und ließ meine Beine mich dorthin tragen, wo sie hinlaufen mussten. Ich hatte Glück. Sie hörten selbst dann nicht auf zu laufen, als ich das Wasser erreicht hatte. Ich lief weiter, die Steine hinunter und in die Wellen hinein. Danach fühlte ich mich stärker. Vielleicht nicht tagelang, aber wenigstens für ein paar kurze Stunden. Wenn man in eiskaltem Wasser geschwommen ist, fühlt sich nichts mehr unmöglich an. Man lacht oder weint, manchmal beides gleichzeitig. Man fühlt sich wie ein Kind, dem etwas versprochen wird. Das Meer hält sein Wort. Es wird niemals brechen, reißen, zerbersten, sterben oder einfach aufhören.

Sobald ich nackt auf den Steinen stehe, bewege ich mich instinktiv, mit einer Leichtigkeit, die ich an Land so gut wie nie an mir bemerke. Wasser nimmt den Weg des geringsten Widerstandes. Im Wasser lege ich alle Zweifel ab. Zweifel sind gefährlich. Sie machen uns misstrauisch, wir stellen Dinge infrage. Fragen nähren Unsicherheit und Angst. Angst lässt uns zögern, wir schrecken vor dem zurück, was uns zu sich ruft. Manchmal hält sie einen davon ab, genau das zu tun, was nötig ist. Sich vom Leben zurückzuziehen schließt uns in einer Welle ein, deren Verlauf, über den wir so gut wie keine Kontrolle haben, wir für immer ausgeliefert sind. Das ist die andere Seite der Angst: Kontrollverlust. Er bringt unsere Stimme zum Schweigen und macht uns zu einem leichten Opfer, das in seiner eigenen Zurückhaltung gefangen ist. Das Meer knackt dieses Schloss in uns. Es setzt alles frei, was verschwiegen oder unterdrückt wird. In den heftigen Gezeiten ist man frei von alldem. Im Meer ist man nur ein Atemzug. Im Meer hat die Angst keinen Platz.

Wir alle durchleben unsere Krisen. Es ist nur allzu leicht, stark zu tun, obwohl uns alles über den Kopf wächst, wenn der tägliche Kampf hinter verschlossenen Türen weitergeht. Manchmal wirft es selbst die Stärksten von uns aus der Bahn. Ist dann nicht die einzig logische Lösung, das Leben aufzugeben, um einer Tortur zu entkommen, die wir nicht mehr ertragen können? Nur hätte ich nie gedacht, dass es mir einmal so gehen würde.

Ich bin hergekommen, um mir das Leben zu nehmen. Heute scheint das mir die letzte mir verbliebene Möglichkeit zu sein. Als ich in den frühen Morgenstunden wach lag, steif, kalt und still, war es, als wäre mir sämtliche Luft ausgegangen, als läge ich gefesselt und geknebelt in einer Metallkiste. Es war furchtbar. Lange Zeit lag ich nur da, konnte mich nicht bewegen und atmete flach. Mich zum Aufstehen zu zwingen war das Mutigste, was ich je getan habe. Kein bestimmter Grund oder Gedanke trieb mich an. Ich wusste ganz einfach, dass ich mit dem, was auch immer das hier war, nicht weitermachen konnte. Es war keine bewusste Entscheidung. Und doch habe ich mich darauf vorbereitet, es geplant. Der Schatten, der hinter mir aufgestiegen ist und mich überallhin verfolgt, senkt sich nun in Zeitlupe auf mich nieder und hüllt mich ein.

Man kann noch so viel planen, doch wie man reagiert, wenn der Schatten tatsächlich da ist, kann man nicht absehen. Häufig habe ich darüber nachgedacht, eine scharfe Klinge in mein Handgelenk zu drücken, habe es geträumt, damit geliebäugelt, in all den harten Jahren nach Rabs Fortgang. Doch am Ende ging es immer einen Schritt zu weit. Man denkt zuerst an seine Lieben. Ich habe vielleicht keine Kinder, aber ich habe Tiere. Ich fühlte mich schuldig, nicht, weil ich ernsthaft mit dem Gedanken spielte, meinem Leben ein Ende zu setzen, sondern weil meine Hunde mich finden würden.

Man versucht, den bestmöglichen Plan zu schmieden. Wenn es schon passieren muss, denkt man, dann wenigstens zusammen. Mit einem Schlauch leitete ich die Abgase ins Innere des Autos, und wir saßen vorn in einer Reihe, Maude, Isla und ich, sahen aus dem Fenster, als würden wir eine Spazierfahrt machen. Der einzige Unterschied war, dass die Fenster zu und die Handbremse angezogen waren, während der Motor lief. Nach wenigen Minuten wusste ich, dass es ein Fehler war. Der Himmel wird unwiderstehlich blau, wenn sich Rauchwolken vor einer Windschutzscheibe zusammenballen. Ich schaltete den Motor aus, drückte die Türen auf und warf die Schlüssel irgendwo ins Gras, wo ich sie erst einmal eine Weile nicht mehr finden würde, dann ging ich weg, unter Würgen. Wieder fühlte ich mich schrecklich und unfassbar schuldig. Nicht wegen meines eigenen Lebens, sondern weil ich mir angemaßt hatte, andere mit mir zu nehmen, die dem nicht zustimmen konnten.

Niemand spricht über die Gedanken, die uns finden können, wenn in uns eine Stille niedergeht und uns unter ihrem Gewicht zu ersticken droht. Ich frage mich, warum das so ist. Ich habe andere von einem Licht in der Dunkelheit sprechen hören, nicht von der düsteren Gegenseite dieser Medaille. Als Kind klammerte ich mich an alles, was mir Trost zu spenden versprach, legte mein ganzes Vertrauen hinein. In meinen Lieblingsteddy, ein Spielzeug, ein Buch oder einen Baum, der mir durch mein Fenster zusah. Als ich noch sehr klein war, redete ich mit Gott. Dann hörte ich damit auf. Jeder braucht eine unveränderliche Wahrheit, an der er sich festhalten kann. Wenn man eine Kindheit ohne Antworten verbringt, ist man wie eine Elster: Man sammelt alles ein, was nach außen hin fröhlich und glänzend aussieht. Ich bin gut darin, anderen mit meinen funkelnden Funden Aufmunterung und Trost zu spenden, doch bei mir selbst, ruhig und zurückhaltend, wie ich bin, fiel mir das immer schwer.

Wenn Eltern unzuverlässig und unberechenbar sind, wenn der eine wegsieht, während der andere einen verletzt, dann fällt ihnen nicht nur ein kleiner Körper zum Opfer, sondern auch das Urvertrauen. Unwiderruflich bekommt sein Fundament Risse, wenn es von Geschehnissen in der Kindheit untergraben wird. Die eigene

Toleranzgrenze dehnt sich, unbemerkt, über einen akzeptablen Punkt hinaus. Dann betritt man ein gänzlich unbekanntes anderes Terrain. Man sieht zu, verzehrt sich danach, sich endlich sicher zu fühlen, doch diese schwache Hoffnung hängt immer in der Schwebe, wie in der Bewegung erstarrt, man klammert sich an den Gedanken, dass die Welt heute oder morgen schon ganz anders aussehen kann. Vertrauen und Intimität fühlen sich gefährlich an. Sie bringen einen dazu, sich an phantomartigen Möglichkeiten, die das Herz in die Falle gelockt haben, festzuhalten. Sie machen süchtig.

Man entwickelt eine verzerrte Sicht auf die Welt. Man leugnet, dass die Dunkelheit existiert, weil man sich mit allem, was man hat, an das Licht klammert. Das Leben wird zu einem Tauziehen zwischen dem Wunsch nach Heimat und der Entwurzelung. Man sucht nach etwas Hellem, Glänzendem und bemüht sich, das Aas zu ignorieren. Auf eine Wahrheit zu vertrauen, die sich von der unterscheidet, die man kennt oder sich selbst geschaffen hat, kann den Wert oder die Berechtigung des eigenen Daseins auslöschen und unsere Stimme zum Schweigen bringen. In der Angst bleibt kein Spielraum für Unsicherheit, also hält man sich mit seinen Fragen zurück und hofft auf einen unmöglichen Regenbogen. Man wächst im Glauben an ein unrealistisches Leben auf, das aus Hoffnung und glänzenden Träumen besteht.

Hier, auf den Felsen, gibt es kein Versteck, keinen Schutz und kein Polster. Hinter mir liegt der dunkle Schatten der Insel, beobachtet, brütet. Ich wende ihm den Rücken zu. Ich bin ein einsamer Wildvogel, entfremdet, außen vor. Ein letztes Mal rufe ich nach Verwandten meiner Art, doch ich rufe schon seit so langer Zeit, dass meine Stimme davon heiser ist. Als sie nicht kamen, habe ich gelernt, mich den sanften und verletzten Dingen in der Natur zuzuwenden. Als ich meine Angst vor der rauen Wildnis und ihren Elementen ablegte, fand ich einen anderen Quell des

Vertrauens und der Liebe. Viele Male habe ich am Rande dieser Felsen gestanden und meine Hände nach dem Meer ausgestreckt. Heute antwortet es und beginnt, mich leise zu sich zu rufen.

Beim ersten Schritt in das eisige Wasser stockt mir der Atem. Es sticht und klatscht gegen meine Schienbeine. Ich schreie laut, als es meine Brust, dann meine Schultern umspült, doch ich gehe weiter. Ich senke den Blick nicht. Je kälter es draußen ist, desto weicher wird sich das Wasser anfühlen. In das Eiswasser einzutauchen lässt einen Frieden über mich kommen, wie ich ihn nie zuvor gekannt habe. In der Kälte gibt es keinen Platz für Gedanken. Sie verstrickt Kopf und Herz auf wundersame Weise miteinander und verknüpft sie mit jedem einzelnen Moment. Ich fühle mich sicher, beschützt und warm. Ich füge mich ein in das silberne Gerüst des Meeres, seinen weichen und gleichzeitig stählernen Rahmen.

Für die Minuten, in denen ich durch die kalte Strömung tauche und das Meer mich durchfließt, bin ich ein muschelbedecktes, salzversengtes, windumtostes und entzündetes Stück Meereszunder, durch mich hindurch scheint das Licht.

Als ich endlich den Schmerz der Kälte spüre, bin ich dankbar. Er spült meine Haut und meine Verletzungen fort.

Ich bin eine Insel. Ich trage einen Namen. Eine Handvoll Wind ist meine ganze Stimme. Ich übergebe der See die kalte Stille in mir.

Akzeptanz ist eine wundervolle Kapitulation, die heranrauscht wie die Flut. Wenn sie sich wieder zurückzieht, nimmt sie einen mit. Ich wehre mich nicht. Ihre Vergebung ist ein großzügiges Geschenk. Die Wildnis hier ist zäh und unerbittlich, das Meer sanft und wunderschön. Der Mond scheint blass und riesig. Als ich zum Horizont blicke, höre ich den Ruf der tiefen See. Also schwimme ich in Richtung der erhabenen blauen Dunkelheit, die vor mir liegt.

Draußen im Kanal hat sich der Wind gelegt. Unter brennendem Silberfeuer kräuseln sich ebenso silberne Wellen. Ich lasse mich treiben, als der lange versprochene Schnee endlich fällt. Hypnotisiert sehe ich zu, wie die dicken Flocken umherwirbeln. Ein sanfter Kuss streift meine Wange. »Danke«, flüstere ich dem Himmel zu.

Ich fühle einen völligen Frieden, als meine Lunge nach Luft ringt und mein Körper zu zittern beginnt. Man bewegt sich immer weiter, und die starre Grenze löst sich auf, man wird zu purem Instinkt. Ich lasse meinen Körper sinken, mich vom Meer fest umarmen. Das Wasser bewegt sich so still, ich höre es seufzen und atmen. Sein Atem ist mir so nah, so sanft auf meinen Lippen. Auch ich seufze, als es vorsichtig meine Haut löst.

Es kommt ein Moment, wenn das Leben als ein scharfer, zitternder, schwingender Atemzug aufflackert, der von den grausameren, dunkleren Gewässern erzählt. Er flüstert, dass ich nie wieder atmen oder lieben werde, wenn ich weitertreibe. Nie wieder werde ich den Wind auf meinen Wangen spüren oder Sonne und Dunkelheit in meinen Augen. Er durchdringt mein Bewusstsein. Murmelt meinen Namen.

Dieser Atemzug ruft mit einer anderen Stimme, wie ein reißender Fluss oder das Gras, das sich unter dem Himmel wiegt. Wie helle Bernsteinaugen, die meinen Blick suchen, oder dunkle Hufe, die über Winterboden preschen. Er lässt eine Flamme in mir auflodern, die die Dunkelheit verscheucht. Die Stimme der Wildnis ruft meinen Namen voller Liebe.

Sie lässt mich kämpfen. Ich war zu lange im Wasser. Jede Faser meines Körpers ist taub vor Kälte und brennt doch vor extremem Schmerz. Mein Kopf sagt mir, mich nicht zu wehren und einfach einzuschlafen. Doch ich wehre mich. Ich wehre mich, weil ein heftiger Überlebenstrieb in mir vorhanden ist. In manch einem Moment ist man gezwungen, alles zu geben. Es ist kein Moment der Entscheidung, sondern ein Moment der Wahrheit. Ich schwimme, weil ich plötzlich weiß, dass ich nicht sterben will. Weil ich noch Liebe zu geben habe. Weil ich verstehe, dass mein Atem meine Lebensquelle ist und mein teuerstes Geschenk.

Es ist nie zu spät. Das Leben kann sich mit einem einzigen herrlichen Atemzug unwiderruflich ändern. Man weiß es unmittelbar, ohne Vorwarnung. Das Meer atmet in der Dämmerung. Es hebt und senkt sich in rauschendem Wispern und Schwellen, es rüttelt mich wach und füllt meinen Körper mit ungestümer Inspiration. Plötzlich ist jeder Atemzug ein kostbarer Edelstein. Ich drehe um und schwimme zur Küste. Für all die Liebe in meinem Herzen. Für Maude. Für Isla. Und für ein Versprechen: Für alles, was ich noch kennenlernen werde, und alles, was ich noch lieben werde.

Die Wellen tragen mich, während ich mir mit jedem Schlag sage: Ein Zug. Ein Leben. Meine Arme werden taub. Sie zucken, vollführen steife, abgehackte Bewegungen, die das Schwimmen sinnlos und merkwürdig machen. Doch das Meer verzeiht vieles. Wenn man atmet, trägt es. Weiß glühende Schmerzensstiche durchziehen meine Gliedmaßen. Ich bin dankbar für den Schmerz. Er peitscht wildes, instinktives Leben in meine Haut.

Ich atme weiter, und meine Finger fahren durch das Nichts des Wassers. Meine Kehle ist wund, meine Lunge schnappt nach Luft. Ich halte den Blick auf den dunklen Inselschatten gerichtet, blinzle das Salzwasser weg – und plötzlich wird mir klar, dass trotz allem, was passiert ist, diese Insel der einzige Ort ist, an dem ich sein will. Über mir scheint der blasse riesenhafte Mond. Dunkle Umrisse von großen Vogelschwärmen fliegen durch einen hellen Mondlichtkegel am Himmel. Mein Herz hängt sich an diesen unbändigen Überlebenswillen und ringt meinen schmerzenden Lungenflügeln jeden einzelnen Atemzug ab.

Als ich mich endlich aus dem Wasser schleppe, hört mein Körper nicht auf zu zittern. Meine Zähne klappern. Ich bin kurz davor, das Bewusstsein zu verlieren, doch in mir bin ich nicht mehr dieselbe. Meine Haut ist wund, sie brennt vor Kälte und vor Staunen, ein glitzerndes Feuer der Liebe.

Salz kann das dickste Eis schmelzen. Tränen können die gefrorene Stimme in unserem Innern befreien. Meine Augen glänzen, heiße Tränen stechen darin. Erst wische ich sie weg. Dann höre ich damit auf und lasse sie fallen. Sie gehören mir. Als ich die brechenden Wellen kommen und gehen spüre, schwöre ich mir, meinem Atem zu folgen, wohin auch immer er mich führt. Sanft flüstere ich dem Meer zu: »Ich bin eine Insel. Und du hast mich nach Hause getragen.«

DRITTER AKT

1

WASSER

Gischtwolken schäumen wie ein dichter Vorhang über den Wellen. Regen fällt. Ich wende mein Gesicht zu den Tropfen, die auf meine Haare fallen. Frische Regentropfen mit dem Mund einzufangen ist schwerer, als man denkt. Der Regen ist frisch, süß und belebend, wenn er sich mit Salz mischt. Mein Mund brennt, taub und angeschwollen von den eisigen Tropfen. Ich sehe hinaus zu den Windböen, die über die Flut und die grauen tosenden Wellen wehen und die Wasseroberfläche aufwühlen. Jeden Tag verbringe ich ein paar müßige Stunden mit dem Wasser. Jeden Tag füllt es meine Kraftreserven, befeuert meine innere Widerstandsfähigkeit und lässt mich mit Dankbarkeit für meinen warmen Atem und mein schlagendes Herz zurück. Ein Jahr und einen Tag ist es her, dass ich mich nach dem langen, zermürbenden Schwimmen hinaus in den Kanal, von dem ich nicht hatte zurückkehren wollen, am Rand der Erschöpfung aus dem Wasser geschleppt habe. Ein hartes schönes Jahr liegt hinter mir.

Ich bin aufgeregt, denn heute werde ich bis zu den Möwenfelsen schwimmen, von denen aus die Seehunde sich auf ihren Weg ins tiefe Wasser machen. Jeden Tag bringen mich ihre glatten Köpfe und großen, glänzenden Augen dazu, ein wenig weiter zu schwimmen, wenn sie in die Wellen abtauchen. Ich weiß, dass der weite Weg bis zu den Schären meine Ausdauer auf die Probe stellen wird. So weit zu schwimmen habe ich im Winter noch nie versucht. Monatelang habe ich davon geträumt, über das seichte Küstengebiet und die Reusen hinaus bis ins tiefere Wasser zu schwimmen, wo sich die Gezeiten wenden und die Flut aufsteigt, wenn sie den muschelbewachsenen Felsenkamm umschäumt. Dort ruhen sich die wilderen, scharfsichtigen Vögel, die Kormorane und Trottellummen aus, nachdem sie von den starken Atlantikwinden hierhergetragen wurden. Ihre Schreie mischen sich mit dem Piepsen eines einsamen Strandläufers oder Kiebitzes, der zurückgelassen wurde und nun an dieser kahlen Küste allein überwintern muss.

»Du schaffst das«, sporne ich mich selbst an, als mir der schneidende Wind meine Haare ins Gesicht peitscht. Dann nehme ich ein paar letzte tiefe Atemzüge, klatsche mir mit den Händen auf die Arme, um das Blut in meinem Körper zirkulieren zu lassen. Am Wasserrand ist keine Zeit mehr für Zweifel. Ruhig konzentriere ich mich auf meine Atmung und bin mir bewusst, dass ich mich hinreichend auf diese Herausforderung vorbereitet habe.

Hin und zurück ist es nur eine halbe Meile, doch in der bitteren Kälte ohne einen Neoprenanzug zu schwimmen erfordert eine andere Art der Ausdauer. Man misst die Distanz nicht nur durch Zeit und Entfernung, sondern anhand eines subtileren innerlichen Maßes, das ein tieferes Verständnis für das körperliche und seelische Gleichgewicht erfordert.

Auf den Hebriden ist das Schwimmen im Meer das gesamte Jahr über eine eisige Angelegenheit, doch heute ist die Kälte besonders unerbittlich. Als ich mein Thermometer ins Wasser tauche, zeigt es kaum sieben Grad an. Ich weiß, dass ich hart werde arbeiten müssen, um hin- und wieder zurückzukommen, ohne die Konzentration zu verlieren oder meine innere Wärme und Stärke, sonst riskiere ich eine Unterkühlung. Aus diesem Grund und weil es angenehm ist, habe ich eine Thermoskanne mit heißem Tee mitgebracht, um mich direkt vor dem Schwimmen noch einmal aufzuwärmen. Durch diese Wärme im Körperinnern bin ich ein paar Minuten länger geschützt. Ich nehme hastige Schlucke. Ungefähr so, stelle ich mir vor, muss es sich anfühlen, Feuer zu schlucken. Danach glühe ich, ich bin bereit. Ich recke mein Gesicht in den Regenschauer und denke: Heute hält mich nichts auf.

Jeden Tag habe ich hierfür trainiert, habe mein Kraftzentrum und meine Ausdauer aufgebaut, um länger im Wasser bleiben zu können, jeden Tag ein paar Minuten mehr.

Meist schwimme ich nackt, doch im Winter trage ich Neoprenstrümpfe und drei Millimeter dicke Handschuhe, um beim längeren Schwimmen meine Extremitäten zu schützen. Außerdem ist es so einfacher, über die spitzen Felsen zu klettern, die geradewegs ins tiefere Wasser führen, sodass ich nicht im Wind von der Küste aus durchs seichte Wasser waten muss. Ich liebe es, das Meer und die rauen Elemente auf meiner Haut zu spüren, doch es ist nicht ganz ungefährlich.

Ohne Neoprenanzug hat es einige Zeit gedauert, um auf zwanzig Minuten zu kommen. Für die halbe Meile werde ich fünfundzwanzig Minuten brauchen, wenn ich meinen Rhythmus nicht verliere. Das Adrenalin wärmt meinen Körper, doch bei zwei Grad Lufttemperatur ist die Kälte erbarmungslos. Ich habe diesen Tag minutiös durchgeplant. Da die Temperaturen gefallen sind, werde ich meinen Schwimmausflug in zwei Hälften teilen, zwischen denen ich mich auf den Schären mit einem Feuer aufwärmen werde. In einer wasserfesten Schwimmtasche stecken ein Rost und trockenes Anfeuerholz, eine kleine Plane, ein fleecegefüttertes Ganzkörper-Ölzeug mit Reißverschluss, eine Thermomütze und eine zweite Thermoskanne mit brühheißem Kaffee. Das zusätzliche Gewicht wird mich im Wasser bremsen, doch dafür habe ich trainiert.

Die Bedingungen sind gut, und die Flut kommt, sodass das Hinausschwimmen anstrengend wird, der Rückweg jedoch, wenn ich müde werde, einfacher. Der Gedanke an einen Schluck heißen Kaffee und ein knisterndes Feuer erfüllt mich mit beinahe kindlicher Aufregung, ich kann es kaum abwarten, endlich loszuschwimmen. Endlich werden der Wind und der Regen von den Wellen abgemildert, und ich bin erleichtert, dass Tauwetter eingesetzt hat. Das bedeutet, dass ich heute einige kostbare Minuten länger im Wasser bleiben kann, und das ist auch nötig, ich brauche sie genau wie das letzte bisschen Kraft in meinem Körper. Das Tauwasser donnert von den Klippen, es ist belebend zu hören, wie es zurück zu seiner Quelle rauscht.

Kaltes Wasser habe ich früher nie gemocht, doch hier habe ich seine schockierende eisige Umarmung lieben gelernt. Jeden Tag, bei Wind und Wetter, stehe ich früh auf und gehe zur Küste. Ich sage mir, dass es nicht merkwürdig ist, das zu tun, doch manchmal gibt es mir zu denken. Ich sage mir, dass es kein Zwang ist, sondern dass ich einem unwiderstehlichen Ruf folge. Trotz einiger Stürme und den gnadenlosen Wetterbedingungen auf den Hebriden habe ich keinen einzigen Tag ausgelassen. Ich bin bei Schnee und Eisregen geschwommen, dicke Eisstücke haben mir die Sicht genommen. Ich bin in strahlendem Sonnenschein und dichtem, leuchtend gelbem Nebel geschwommen, einmal sogar bei windiger Kälte von minus sechzehn Grad, die das krachende Meer an seinen Rändern hat gefrieren lassen. Nach einer Zeit habe ich mich gefragt, ob das Schwimmen vielleicht nicht nur verführerisch ist, sondern ob es wie eine Droge süchtig macht.

Ich weiß, dass nicht nur ich mir diese Fragen stelle. Jeder, der im Winter die Gesellschaft des Meeres sucht, wird von etwas bedrückt, beißt auf der Suche nach Erlösung die Zähne zusammen. Nach einer Weile mache ich mir nichts mehr vor. Die Wahrheit ist, dass man bei diesen Temperaturen Schmerz und Lust nicht mehr voneinander unterscheiden kann. Im eiskalten Wasser zu schwimmen treibt beides an eine Grenze. Am Ende ist es schwierig herauszufinden, was genau einen dazu motiviert oder wonach man dabei sucht.

Ich habe mir gesagt: Bald werde ich damit aufhören. Doch schließlich wurde mir klar, dass ich nicht aufhören will. Das Schwimmen lässt mich aufstehen, wenn der Morgen grau ist und der bleierne Horizont zu niedrig hängt. Vor allem lehrt mich das Meer Vertrauen. Es lehrt mich Verbindlichkeit, nicht nur gegenüber meiner Atmung, sondern auch gegenüber etwas unendlich Größerem. Ich weiß, dass ich gewinne, wenn ich nackt die eisige Kälte ertragen, mich in die Wellen werfen und schwimmen kann.

Zurück an Land, mit den Füßen im Kies, fühle ich mich mutiger als vorher. Mut ist das Erste, was man braucht, um sich seinen Problemen zu stellen. Nach dem Schwimmen im eisigen Wasser fühlt sich alles andere in meinem Leben zwar nicht einfach, aber zumindest möglich an. Auch das ist nur eine Art, den Tag zu beginnen. Man testet seine Grenzen aus, wird zäher, man spannt und entspannt einen inneren Faden, der durchs gesamte Sein verläuft. Das Blut pulsiert in meinem Körper wie ein Schutzschild gegen die Kälte, mein Atem belebt jede einzelne Zelle.

Da ist dieser Moment, wenn ich einen Schritt nach vorn mache und meine Füße im feuchten Sand versinken, in dem ich etwas zurücklasse. Ich sehe zu, wie das Meer meine Fußabdrücke füllt und im nächsten Moment gänzlich verwischt, und fühle mich innerlich leicht wie Luft. Ins Wasser zu gehen ist unglaublich befreiend und erleichternd. Meine Schultern werfen meine äußere Hülle ab, all meine Sorgen und Nöte, die Details meines Lebens. Im Winter zu schwimmen stellt Standhaftigkeit und Mut auf die Probe. Es verlangt einem das letzte bisschen Kraft ab und fordert dann noch mehr. Man stellt fest, dass man mehr zu geben hat, als man je für möglich gehalten hätte.

Das Meer ist eine geschickte Bildhauerin, sie verleiht dir neue Konturen, die den Rückschlägen des Lebens standhalten. Man spürt den eigenen weichen Umriss noch nuancierter, die Anmut und Leichtigkeit des eigenen Seins, wenn man keine Stiefel oder Handschuhe trägt, und so gibt es selbst in den Wintermonaten Tage, an denen ich lieber ohne sie schwimme. Wenn ich nackt am Wasserrand stehe, regt sich ein mutigeres Bewusstsein und befeuert eine stahlblaue unauslöschliche Flamme in meinem Herzen. Sie schubst mich über die Welle der Angst oder des Widerstrebens und richtet meinen inneren Kompass neu aus. Was auch immer mich antreibt, ich habe erkannt, dass es eine positive Kraft ist. Erst mit Blick zurück auf die vergangenen Monate erkenne ich, dass ich mich wieder auf dem richtigen Weg befinde.

Hinter mir hockt ein Bussard auf einem hohen Hagedorn, beobachtet mich mit seinen starren goldenen Augen. Geht mir genauso, denke ich mit einem Lächeln, denn ich sehe, dass wir beide die Schultern bis an die Ohren ziehen. Seine Anwesenheit sagt mir, dass der Regen bald aufhören wird, die Wolken werden aufreißen. Mein Herz hebt sich, denn ich weiß, wie die Sonne strahlen wird. Die Möwen, die sich erheben und dem Wind trotzen, sind ein weiteres Zeichen dafür, dass die Wolken sich lichten werden. Wenn es sich eingeregnet hätte, würden sie in der Bucht Zuflucht suchen oder sich auf den Feldern zusammenkauern.

Meine Füße schrecken vor den kalten Felsen zurück, doch ich beruhige meinen Atem, sammle mich, konzentriere mich. Jedes Gefühl zu überwinden bedeutet, sich zu öffnen, zu ergeben, es ist kein Kampf. Ich habe gelernt, auf alles zu vertrauen, was diese scharfen Gezeiten mir zutragen. In dieser Zeit bin ich allein, doch ich bin nicht einsam. Ich gehe nicht mehr so hart mit mir ins Gericht. Das Alleinsein, genau wie das Meer, übt eine Anziehungskraft auf mich aus, doch über die Jahre hat sich meine Beziehung zu ihm verändert. In London bedeutete Alleinsein hauptsächlich eine Auszeit und Entspannung, eine Pause und notwendiges Runterkommen. Damals war es ein seltenes Vergnügen, das ich genoss. Nun ist das Alleinsein mein Normalzustand und weicht mir nie von der Seite. Ich muss immer aufpassen, dass es sich nicht in Einsamkeit verwandelt, denn diese kann unbemerkt in ein Herz einsickern.

Eine Windböe kräuselt die Wasseroberfläche. Die dunklen pfeilförmigen Körper der Kormorane gleiten wenige Zentimeter darüber. Energisch reibe ich ein wenig Wärme in meine zitternden Hände, Maude presst ihren nassen Körper an mich, bevor sie losspringt und aufgeregt nach den Wellen schnappt. Wir haben uns eine Routine angewöhnt. Jeden Tag gehen wir zu einem anderen Wasserabschnitt. Jeden Tag stellen wir unsere eigenen Regeln auf, brechen sie und lassen einander die Freiheit zu tun, was wir tun müssen. Jeder hat Hemmungen, Ängste oder Dinge im Leben, denen er nur schwer gegenübertreten kann. Es ist wichtig, Schritte nach vorn zu machen, denn jede Herausforderung, der man sich stellt, bedeutet die Erlaubnis, es noch einmal zu versuchen.

Meine Zehen sind blasse Muscheln zwischen den Seepocken der Felsen. Überall hocken kleine Schalentiere zusammen wie feuchte Blumen. Ich sehe zu, wie die Flut die Wellen anrollen lässt. Hinter mir wirft sich ein nasser, glatter Otter von den Felsen. Auch wenn sich mein Körper an die eigene Wärme klammert – und ich mache ihm deswegen keinen Vorwurf –, denke ich nicht an das, was jetzt kommt. Wenn ich zögere, wenn ich an die Kälte denke, werde ich nicht hineingehen. Als ich in die Felsenpfützen steige, schnappe ich nach Luft, aber ich weiß, dass ich jetzt nicht stehen bleiben darf. Ich folge meinen Beinen, die ins Wasser waten. Als ich in die Wellen tauche, kommt mein Atem kurz und hastig, und mein Gesicht prickelt bei jedem rhythmischen Zug meiner Arme. Mein Herz klopft schneller, und das Wasser brennt in meinen Augen, als ich sie in der Kälte weit öffne.

Ich hatte nie Angst vor Wasser. Das Schwimmen lernte ich mit drei Jahren. Später, in London, ging ich nach der Arbeit im Dunkeln in einem öffentlichen Freibad schwimmen. Ich kam immer kurz vor Schluss, um den Tag zu beenden. Das Schwimmbad war keine edle Einrichtung: durchschnittlich, funktional, aber sauber und mit zwei Schwimmerbecken. Ich bezahlte mein Ticket, steckte es in den Automaten an der Schranke, drückte gegen den Metallbarren und ging links an den Getränke- und Kaugummiautomaten die Treppe hinunter zu den Umkleidekabinen. Eine eigene Kabine brauchte ich nicht, ich warf einfach die Klamotten ab, band mir den Spindschlüssel um den Knöchel, watete barfuß und bemüht, auf den kalten Fliesen nicht auszurutschen, durch das Fußbecken, dessen scharfer Chlorgeruch mir den Magen umdrehte.

Hinaus in die Abendluft zu treten ließ mich immer einen tiefen Atemzug nehmen. Das lebendige London pulsierte und summte überall um mich herum, auf der anderen Seite der hohen Mauern rauschte der Verkehr vorüber. Es war fabelhaft, auf dieser Seite der Backsteine zu stehen und auf das schöne, dunkle, ruhige Wasser zu blicken. Ich legte mein Handtuch ab und steckte prüfend einen Zeh ins Becken. Dann nahm ich ein paar Atemzüge, machte mich bereit, schaute auf den Nebel, der in die kühle Luft stieg. Ich folgte dem unwiderstehlichen Ruf, der einen dazu bringt, die Zehen in den Beckenrand zu krallen, die Beine anzuspannen und in einem langen, hohen Bogen zu springen. Flüchtige Stille. Dann die berstende Wasseroberfläche, ein Blick auf den abfallenden Fliesenboden und das sich kräuselnde Wasser voraus. Mit jedem langsamen Ausatmen spürte ich, wie eine Last von mir abfiel. Das Becken war meine ganz eigene blaue Druckkammer. Ich schwamm endlose Bahnen, ab und an drehte ich mich auf den Rücken. Der Dampf, der von dem beheizten Becken aufstieg, ließ meinen kalten Atem frostig weiß aussehen. Im Herzen der Hauptstadt unter dem Nachthimmel zu schwimmen war fantastisch, trotzdem fühlte sich selbst dieser Ausblick manchmal zu klein an.

Wenn ich nun zurückdenke, kann ich nicht glauben, dass ich so viele Jahre ausschließlich auf dem Festland der Insel verbracht habe. Abgeschreckt von der Kälte schwamm ich selten im Meer oder dem See. An heißen Tagen sprang ich ab und zu kurz hinein, doch länger als ein paar Minuten hielt ich es nicht aus. Und ich bin nicht die Einzige. Wenige Inselbewohner mögen das Wasser. Das Meer ist eisig, die Gezeiten stark, und die Strömungen kommen aus dem weiten Atlantik. Wer mit den Bedingungen hier nicht vertraut ist, begibt sich in Gefahr.

Doch nun bin ich so froh, mit dem Wasser vertrauter zu sein. Wann immer sich die Insel zu klein oder beengt anfühlt, laufe ich über die Hügel und in die Wellen hinein. Hier liegt ein unbekanntes Gebiet jenseits der einspurigen Straße von Nord nach Süd mit ihren gegensätzlichen Streitereien. Manchmal frage ich mich, ob es anders wäre, hier zu leben, wenn es auch eine Straße gäbe, die entlang der Küste rund um die Insel verliefe. Die Landschaft prägt die Psyche der Bewohner auf so vielfältige Art und Weise. Vielleicht hätte sich der Gedanke an einen dritten, kreisförmigen Weg ins Gedächtnis der lokalen Kultur eingebrannt. Früher war ich neidisch auf die Vögel, die einfach abheben und überall landen konnten, auf den Wellen oder an Land. Doch nun verfüge auch ich über grenzenlose Freiheit. So kann ich meine eigenen Parameter mit neuen beweglichen Linien ziehen.

Nahe der Schäre gibt es eine Stelle, an der die Gezeiten dreier Buchten aufeinandertreffen und das Wasser aus unterschiedlichen Richtungen kommt und geht. Das kann sich merkwürdig anfühlen, doch ich habe das Wasser in den Sommermonaten ausprobiert, und es gibt dort keine Springfluten oder Strömungen. Wenn ich zurück zur Insel schaue, wirken die Felsen wie riesige Buckelwale. Der Wind ist stark, er weht durch die feinen Härchen in meinem Nacken. Dort und an meinen nackten Schultern spüre ich die harsche Kälte am stärksten. Im Winter zieht es mich instinktiv in die schnelleren Gewässer. So bleibe ich konzentriert, mein Adrenalin pumpt. Die ruhigeren Gewässer sind bei niedrigen Temperaturen schwieriger zu durchschwimmen. Sie lullen ein und machen müde, erfordern mehr Aufmerksamkeit, Anstrengung und Ausdauer. Ich tauche immer mit dem Kopf unter. So reguliere ich meine Körpertemperatur.

Ich atme weiter, pflüge mit den Händen durchs Wasser. Meine Lunge atmet stoßweise aus, meine Haut wird weiß. Hier, wo die Wellen langsam stärker werden, hinterlässt das Meer einen dünnen Film auf meiner Haut. Ich fühle mich warm und vor den scharfen Klauen des Windes geschützt. Auf halber Strecke wird das Wasser plötzlich tiefer. Hier treffen die Gezeiten aufeinander. Ein starker Puls steigt von dort unten auf. Die See hebt mich an und schiebt mich, als säße ich auf dem Rücken eines Wales. Es ist aufregend, gehalten und gestützt zu werden. Das Meerwasser wird in die Bucht gespült und trägt mich mit minimalem Kraftaufwand zu den Schären. In diesen letzten Minuten meiner Reise fliege ich wie ein Vogel.

Auf den Felsen kabbeln sich die Möwen, drängeln und kreischen im Wind. Das Wasser ist voller Fische. Silberne Schatten zucken. Weiter draußen gleitet eine murmelnde Gänseschar vorbei, ruht still aus. Im Wasser legen Vögel ihre Angst vor Menschen ab. Neugierig gleiten wir aneinander vorüber. Ich fühle mich von Meer und Himmel umarmt, verbunden mit beiden.

Mühsam ziehe ich mich an den Felsen hoch und zünde ein knisterndes Feuer an. Die kleine gespannte Plane hält die paar Äste trocken. Bei so niedrigen Temperaturen bleibt fürs Abtrocknen keine Zeit, ein Handtuch würde sich rau und wund auf der Haut anfühlen, also werfe ich sofort das fleecegefütterte Ölzeug über und setze die Mütze auf. Ich halte die Dinge einfach. Während ich den heißen Kaffee trinke, bleibe ich in Bewegung und spüre der Wärme nach, die in meine Körpermitte fließt. Zurück an der Küste wartet ein vollgepackter Rucksack mit Proviant auf mich. Eine Emailletasse, heiße Suppe, eine Kanne und Tee, ein Stück Schokolade, Feuerzeuge und Kleinholz und jede Menge trockener Kleidung. Man gewöhnt sich an die Routine und muss mit etwas Übung schließlich nicht mehr nachdenken. Die Muskeln merken sich die Bewegungen. Das ist wichtig, denn die Kälte macht sie langsamer.

Ich wertschätze mein Leben und gehe keine Risiken ein. Aus Erfahrung habe ich gelernt, wie ich mich schütze. Ich war nicht immer so vorsichtig. Meine Knie sind mit feinen Schnitten von den Felsen überzogen. Mittlerweile weiß ich, wie man eine Hypothermie erkennt. Zwischen extremer Kälte und einer Unterkühlung liegt nur ein schmaler Grat, und gerade wenn man wirklich in Gefahr schwebt, ist es schwierig, die Symptome bei sich selbst zu bemerken. Mein Körper ist ein lebender Beweis dafür.

Am Knöchel meines rechten Zeigefingers habe ich ein Andenken, eine kleine Erfrierung. Sie wird mich an diese herrlichen Tage erinnern, wenn ich alt bin. Sie fällt kaum auf. Es ist einfach ein kleiner, glatter Fleck am Knöchel, ohne Falten oder Flecken, wie Narbengewebe oder eine Verbrennung. Als ich aus dem Wasser kam, war sie rot und sah wund aus. Ich war bei Windböen von minus sechzehn Grad schwimmen gegangen, und mein Handschuh war gerissen, sodass meine Finger der eisigen Luft ausgesetzt waren. In den Extremitäten stoppt die Blutzirkulation sehr viel schneller, als man meinen würde. Mein restlicher Körper wurde, abgesehen von meinem Kopf, vom Wasser bedeckt, und über der Schwimmhaube trug ich zwei Mützen. Das Meer um mich herum war eisig, es knackte unter sanftem, zischendem Gemurmel. Das Ganze war von so außergewöhnlicher Schönheit, dass ich gegen mein besseres Wissen zehn Minuten länger als geplant im Wasser blieb. Und ich bereute es nicht, denn es war ein kristallenes Wunder, das mich für immer begleiten wird – ein einmaliges Erlebnis, das für immer in mein Herz und meinen Körper eingraviert ist. Wochenlang brannte und juckte mein Knöchel, als würde sich etwas in meine Haut bohren. Ich konnte es kaum ertragen, ihn zu berühren. Nun ist er mein Talisman. An jenem Tag hat mich das Meer geküsst und meine Hand gebissen, es hat sein silbernes Gift in meine Adern geschickt. Durch dieses Mal wird mich das Meer für immer begleiten.

Heute laufe ich immer über die Hügel zur Küste und mache Feuer, um mich warm zu halten. Bevor ich schwimme, trinke ich heißen Tee oder esse Suppe. Hinterher dusche ich mich mit lauwarmem statt mit heißem Wasser ab, um meine Körperwärme sicher in der Körpermitte zu halten. Die Wärme in die Extremitäten fließen zu lassen ist gefährlich, da sie sonst Blut von den wichtigen Organen und Gefäßen wegführt. Wenn man sich unterkühlt hat oder kurz vor einer Hypothermie steht, kann ein kalter Blutschwall einen tödlichen Schock für das Herz bedeuten, selbst wenn man sich langsam aufwärmt.

Jeden Tag, wenn ich aus dem Wasser komme, mich abgetrocknet und die schützenden Thermokleider angezogen habe, lege ich meine zitternden Arme um die nasse Maude, um uns beide zu wärmen. Ich stelle meine winzige Blechkanne aufs brennende Holz, horche auf die tosenden Wellen und das Rauschen in den Bäumen. Dampf steigt auf, blubbert und zischt. Meine zitternden Finger umfassen die heiße Teetasse. Häufig frage ich mich, wenn ich auf die knisternden Flammen auf den Felsen schaue, wie um alles in der Welt wir hier gelandet sind. Es ist merkwürdig, so allein zu sein und dennoch in einem so schönen Moment zu versinken. Mit der Wildnis fühle ich mich vollkommener und verbundener, als es mir je mit einem Menschen ergangen ist.

Es kann beängstigend sein, mit allem allein fertigzuwerden, wenn man sich an niemanden wenden kann, doch ich habe das Gefühl, die Probleme gemeistert zu haben, die mir das Schicksal in den Weg gelegt hat. Sie waren wichtig, um die zu werden, die ich bin. Ich weiß jetzt, dass man langsam, aber sicher ausbrennt, wenn ein lang anhaltender Kampf in eine erbarmungslose, unaufhaltsame Attacke übergeht, wie die Erosion, die die Oberfläche eines Felsens abträgt. Man geht mit einem neuen Profil aus einer Krise hervor, und auch innerlich verändert sich etwas. Manche dieser Veränderungen sind willkommen, andere wiederum lassen einen um das Selbst trauern, das man verloren hat.

Draußen auf den Schären wandeln sich die Gezeiten und das Licht. Zurück im Wasser halte ich mich an einem Felsen fest und schnappe Luft. Weiter draußen gleiten die Seehunde unter die Wasseroberfläche, heben ihre dunklen Köpfe, ihre Augen glänzen, auf ihrer kalten, scheckigen Haut spiegelt sich der Himmel, als das Wasser von ihr abperlt. Stumm beobachten wir einander, bis einer von ihnen neugierig ruft, ein singendes Gurgeln, süßer als Hundegebell. Als er in die dunklen Tiefen abtaucht, nehme auch ich einen Atemzug und folge ihm in die düstere grünliche Welt dort unten. Weiter draußen im Kanal warten die reichhaltigen

Futtergründe. Ich weiß, dass dort neue, ungesehene Welten atmen, so viele, wie es pulsierende, unsichtbare Leben gibt. Heute ist das Meer für mich kein Objekt mehr. Es hat einen Namen und eine Präsenz, die ich liebe und die mir vertraut ist. Wenn das Meer steigt, um mich zu begrüßen, öffne ich mich seiner Schönheit und seinen fließenden Möglichkeiten. Ich entdecke, dass das Leben ohne die alltäglichen menschlichen Interaktionen weniger kompliziert ist. Seine unendlich einfacheren Rhythmen ermöglichen mir eine tiefe Verbundenheit zu meinen Instinkten und einer ursprünglicheren Stimme. Sie bringen mich dem Himmel näher, der Sonne, dem Wind und dem Mond.

Tiefschürfende Veränderung ist wiederbelebend und hat ihren Preis. Damit sie sich einstellt, muss man den rauen Schmerz über all das, was das Leben einem in den Weg legt, das eigene Herz zurechtschleifen lassen. An manchen Tagen fühle ich mich wie die Schale einer Auster, die sich von innen heraus aus einem Sandkorn selbst erschafft. Jeden Tag poliert mich das Meer. Wenn es sich zurückzieht, enthüllt es einen Teil von mir, der mir neu ist, unmerklich anders. Überwindet man seine Ängste, gelangt man an einen wilderen Ort. Es ist nicht nach jedermanns Geschmack. Ich bin nicht mehr dieselbe – und bin noch nicht die, die ich sein werde.

»Das ist erst der Anfang«, flüstere ich dem Meer zu. »Wir lernen uns gerade erst kennen.« Und dann sehe ich hinaus zu den Seehunden, die ins Wasser gleiten, und denke darüber nach, wie viel weiter ich noch schwimmen muss.

2

FEUER

Harter anhaltender Frost hat sich der Insel bemächtigt. Jeden Morgen wache ich im Dunkeln auf und tapere in meinen Wollsocken und dicken Thermosachen nach unten. Auf dem Küchentisch wartet eine leere Thermoskanne auf mich, neben anderen wichtigen Dingen: Streichhölzer, ein Rost, eine Handvoll trockenes Anzündholz, ein zünftiges Frühstück für die niedrige Pfanne und ein kleiner Teekessel, um mich von innen zu wärmen.

Nach dem Schwimmen muss ich in Bewegung bleiben. Heute falte ich zwei große Jutebeutel zusammen, in denen früher die Post ausgeliefert wurde, sie sind noch immer fest und brauchbar, schultere eine dicke Karodecke und hole einen alten Sattel. Maudes Pfoten schlittern zur Tür hinaus, ehe meine Stiefel die glitzernde Eiswelt betreten, die vor uns liegt. Am Tor mache ich halt und rufe, meine Stimme schallt über das Croft. Kurz ist es still, dann antwortet ein Wiehern. Hufe klappern über die gefrorene Erde, dann steht meine Highland-Stute vor mir, bläht die Nüstern, schnaubt. Ich kann ihre wunderbare Wildheit spüren.

Fola steht im Schatten, doch ihr Fell glitzert durch den Frost, ihre langen Wimpern blinzeln träge, als sie mit der Schnauze die dicke Decke und den Sattel anstupst. Als sie ihren Hals und ihren Rücken streckt, knistern feste Eiswirbel auf ihrer Mähne. »Bist du bereit?«, raune ich, und sie schlackert mit dem Hals, lässt ihren Schweif hoch kreisen. Ich stelle mir vor, wie es wäre, wenn wir immer so reisen würden, wenn wir in der Morgendämmerung aufsatteln und dorthin reiten würden, wo wir hinmüssten. Wir stoßen dicke Atemwolken aus, als ich mit meinen rauen Händen kräftig ihr Fell abreibe. Zitternde Eisstückchen segeln mit ihrem weißen Glanz auf uns herab. Die Sonne geht langsam auf und versieht unsere Silhouette mit ihrem goldenen Glanz, der Tag ist zum Greifen nahe und fühlt sich in seiner glasklaren Schlichtheit unfassbar schön an. Ich weiß, wenn ich über das Land blicke, dass es mir alles gibt, was ich brauche, nicht nur zum Überleben, sondern um zu gedeihen. Die Granitfelsen, die den Horizont einrahmen, werden von den außerirdischen Feuerringen, die die steigende Sonne auf sie wirft, in die Bedeutungslosigkeit gemeißelt. Jenseits von ihnen liegt das silberne Meer wie ein Spiegel aus Glas.

Merkwürdig, dass der Himmel die Macht besitzt, versteckte atavistische Instinkte in uns heraufzubeschwören, die sich unserer urzeitlichen Impulse und Erinnerungen bedienen, um eine tiefere Spiritualität zum Leben zu erwecken. Eine Sekunde lang habe ich das Gefühl, diesen Moment schon einmal erlebt zu haben, dass mich nichts mehr überraschen kann. Ich kenne diese Landschaft, flüstert mein Herz – und die Zeit fühlt sich zugleich wie ein Wimpernschlag und unendlich ausgedehnt an.

In dieser Zeit spürt man, wie sich die Jahreszeiten und die Erdachse verschieben und auch, dass etwas im eigenen Bewusstsein angestoßen wird. Der Boden ist noch immer gefroren, doch die Erde regt sich im Dunkel, das ganze Leben dort unten keimt, als wolle es sich nach oben recken, die Kruste der Welt durchbrechen und den Griff der lähmenden Kälte mit der Wärme neuen Wachstums zerschmettern.

Die eisige Luft sticht und rötet meine Nasenspitze und meine Fingerkuppen. Schnell zurre ich Sattel und Gurt fest. Stunden habe ich damit zugebracht, das raue Leder mit Wachs zu glätten, und verspüre eine ungeheure Genugtuung, als der Gurt butterweich durch die Ösen gleitet. Ich begutachte mein Werk und muss lächeln. »Was sagst du?«, frage ich Fola, die neugierig die Jutebeutel beäugt, die an ihrem Sattel hängen. Meine Konstruktion ist provisorisch, doch sie hält. Fola hebt die Vorderhufe und setzt sie auf den harten Boden, ich streichle sie und sage: »Geh nur, mein Mädchen.« Aus ihren Nüstern steigen blaue Wolken auf, als sie sich vorwärtsbewegt und Maude ihr wie ein Schatten folgt. Unser Ziel ist der Wald, um Feuerholz, abgeknickte Äste und windgetrockneten Ginster zu sammeln.

Der Winter auf der Insel ist lang. Die Sonne geht nachmittags um drei unter und erst am nächsten Morgen gegen neun wieder auf, sodass sich der Tag anfühlen kann, als überquere man einen Berg mit schwindendem Proviant. Die Wintermonate nimmt man hier nicht auf die leichte Schulter. Man muss sich nicht nur praktisch auf sie vorbereiten, sondern auch mental. Früher nannte man den Winter hier die Zeit der fehlenden Sonne, sein Licht fahl und matt. Das Wetter kann sich auf verschiedene Weise auf das Gemüt niederschlagen. Ich liebe die kälteblitzenden Tage, wenn die Erde gefroren ist und dicker Schnee die Hügel bedeckt. Es ist eine stille, eingeschlossene Zeit, in der die Erde sich beruhigt und neue Kraft schöpft. Doch so schön sie auch sind, ziehen sich diese langen dunklen Monate hin.

Sechs Monate im Jahr, von Oktober bis März, verstärkt das Meer dieses Gefühl der Abschottung. Die Gezeiten zerren an der Insel. An ruhigen Abenden sieht der Fährplan vor, dass das letzte Boot um halb sieben in Richtung Festland aufbricht. Doch jedes Jahr trennen uns Stürme vom Festland ab. Als ich noch neu auf der Insel war, beunruhigte es mich, vom Rest der Welt abgeschnitten zu sein. Dunkelheit dröhnt, und man fühlt sie abseits urbaner Zentren wesentlich intensiver. Ich hatte mich an die Stürme noch nicht gewöhnt oder an die langen Zeiten, in denen das Meer und der Wind tosten, als Fähren ausfielen, der Strom abgestellt wurde und das Telefon tot war. In diesen frühen Tagen wurde ich mit jedem Unwettertag niedergeschlagener und demotivierter. Kälte kann nicht nur unserem Körper Schaden zufügen, sondern auch unserer emotionalen Standhaftigkeit und Ausgeglichenheit. Solche Tage verleiten nicht nur zu Vorsichtsmaßnahmen, zum Anlegen von Essens- und Benzinvorräten, sondern regen uns auch dazu an, über unsere Zerbrechlichkeit nachzudenken, nicht nur auf dieser winzigen Insel, sondern als menschliche Wesen, die sich im Universum nach Kontakt zu ihresgleichen sehnen. Nichts führt einem die eigene Verletzlichkeit so deutlich vor Augen wie ein Sturm, der einen dazu bringt, die eigene Widerstandsfähigkeit augenblicklich zu erhöhen.

Wenn ich an mein erstes Weihnachten auf der Insel zurückdenke, scheinen mir diese Jahre mit Rab so lange her zu sein. Wir waren so jung, naiv und kindlich in unserem Enthusiasmus, die ersten Feiertage hier zu erleben, als gehörten wir tatsächlich hierher, dass wir freiwillig ein Weihnachten fernab unserer Familien verbrachten. Obwohl wir so wenig hatten, hatten wir einander – und darum so viel. Nun erscheint mir diese Vergangenheit wie ein Echo aus einer anderen Welt.

Mein erster Winter, nachdem Rab fort war, war der kälteste und härteste, an den ich mich erinnern kann. Es war der Winter, in dem der Heizöltank leer war und die Befüllung noch sechs Wochen auf sich warten ließ. Es machte auch keinen Unterschied, da ich ohnehin kein Geld hatte, um für Heizöl zu bezahlen, sodass das Haus in diesem Jahr bis zum Frühling unbeheizt blieb. Manchmal muss man sich mit dem abfinden, was einem zur Verfügung steht. Ich packte mich dick ein und hüllte mich in Decken, lebte von Suppe und schlief mit mehreren Kleiderschichten und Mützen. Wenn die Kohlen alle waren, verbrannte ich Holz, das ich im Wald gesammelt hatte. Ich nahm ein Seil mit und band damit dicke Bündel zusammen. Mit meinen verletzten Händen konnte ich sie nicht hochheben, also band ich mir das Seil um die Hüfte und lief langsam mit dem Feuerholz im Schlepptau zurück über das Croft.

Genauso fühlte sich damals das Leben für mich an: beschwerlich, sperrig, ungewohnt. Doch ich lernte, dass die Last weniger wurde, wenn man durchhielt, und dass man mit der Zeit Fertigkeiten und Stärke ausbildet. Diese harten Jahre liegen hinter mir, und ich sehne mich nicht nach ihnen zurück. Trotzdem war es eine außergewöhnliche und kostbare Zeit. Und manchmal vermisse ich sie wegen ihrer elementaren Herausforderung und rauen Schönheit. Manchmal schenken uns die schlimmsten Jahre eine Kraft, die wir ohne sie nie gekannt hätten. Im Leben gibt es immer dunkle Zeiten, und durch sie wird das Licht heller, sobald es kommt.

In diesem Jahr kann ich die müßigen ruhigen Winterstunden problemlos füllen. Laternen stehen bereit, falls der Strom ausfällt. Ruhig entzünde ich Streichhölzer in der Dunkelheit. Kerzen leuchten behaglich, Paraffindochte flackern hell. Die Arbeit auf dem Croft teile ich mir in kleine machbare Einheiten auf. Das erleichtert mir den Alltag, denn eine überlange To-do-Liste kann schnell überfordern. Jeden Tag setze ich mir drei Ziele, die ich bis Ende des Tages erreichen möchte, zusätzlich zu den üblichen täglichen Aufgaben wie Feuerholz sammeln, übers Croft gehen, ausmisten, Dung schaufeln und nach den Tieren sehen. Die Obstbäume, Pflanzen, Gemüse- und Kräuterbeete brauchen das ganze Jahr über Pflege. An den langen Abenden behandle ich mit Bienenwachs das raue Leder an Folas Geschirr. Maude und Isla dösen am Feuer, ihre Beine zucken, wenn sie träumen. In diesem Jahr schläft hinten auf dem Sessel eine Henne. Ich lese laut. Ich lege Patiencen. Ich flicke meine Kleidung. Ich schreibe Gedichte. Das Kerzenlicht erhellt sanft die weißen Blätter. Ich schaue in die flackernden Flammen.

In der Dunkelheit zieht das Licht die Augen an. Wärme und Flammen stimulieren die Sinne und rufen nach Leben. Es entzündet einen Funken aus Hoffnung und Mut. Und wenn man sich abends an einem Feuer ausruht, fühlt man sich sicher vor allem, was außerhalb seines zuckenden Scheines liegt. Man weiß, die Wölfe sind immer noch dort draußen, doch solange das Licht brennt, ist man vor ihnen sicher. Ich bin dankbar dafür, dass Fola mir nun dabei behilflich ist, den Holzvorrat zu sammeln, der mein Feuer in den langen Winternächten am Leben hält. Die trockenen Zweige in den provisorischen Satteltaschen zu verstauen erfordert Übung, man muss das Gewicht gleichmäßig verteilen.

Jeden Tag füllen wir sie einige Male, wir gehen durch den Wald hinauf zu den Hügeln über dem See. Der Ginster wächst gegenüber. Wenn alles kahl ist, schimmert sein goldener Pfad quer über die Hügel: ein Symbol der Hoffnung. Die kratzigen Stiele sind für die Säcke zu spitz und sperrig, stattdessen pflücke ich die hellgelben Blüten und sauge an ihnen. Sie schmecken nach Bittermandel, Honig und Sonnenschein. Oben angekommen, bringe ich mit meinem Kessel etwas Wasser zum Kochen für eine schmackhafte Tasse Tee.

Auf dem Hügel mache ich Feuer. Ich habe geübt, auf unterschiedliche Weisen das Holz anzuordnen, und möchte eine ganze Nacht im Freien wachen, beschützt von den Sternen. Es ist nicht leicht, den ersten Funken hervorzulocken, besonders an feuchten Tagen, also habe ich mich darauf vorbereitet. Meine Taschen sind gefüllt mit Holzspänen, Moos, Flechten, Birkenrinde, Zweigen, trockenem Gras und Stroh. Wenn man das Holz dünn mit einer Klinge abschabt, rollt es sich zu Korkenzieherlocken, die herrlich duften, wie Vanilleextrakt gemischt mit frischen Blättern. So schnitze ich die innere Rinde ab, bis nur noch dünne Plättchen übrig bleiben, die sich leichter entzünden. Birkenholz rollt sich nach innen, wenn es erhitzt wird, und die Flammen gehen leicht wieder aus; also streiche ich die Rinde glatt und ordne sie fächerförmig an, um die Brenndauer zu verlängern. Wenn Maude ihr Sommerfell bekommt, kann ich ihre ausfallenden Haare wie die Wolle der Schafe leicht und sanft auskämmen. Die Haarbäusche rolle ich in meinen Handflächen zu kleinen Bällen zusammen, die sogar bei feuchtem Wetter nach wenigen Stößen mit dem Feuerstein aufflackern und knistern.

Feuer machen zu können ist eine wichtige Fähigkeit, die einem sofort das Gefühl verleiht, auf alles vorbereitet zu sein. Ich werde immer besser darin. Ich übe auch Unterschlupfe zu bauen. All das hilft mir dabei, spontan und anpassungsfähig auf meine Umgebung reagieren zu können. Es fördert den Einfallsreichtum und ein offenes Denken, welches das körperliche und geistige Durchhaltevermögen stärkt, ebenso wie ein Vertrauen in die mich umgebende Welt das Selbstvertrauen erhöht. Wenn man in der Lage ist, an jedem Ort und in jeder Umgebung angenehm zu leben, kann man auch darauf vertrauen, dass es einem gut gehen wird, egal was passiert.

Morgens zünde ich eine Kerze an und formuliere meine Hoffnungen und Pläne für den Tag. So werde ich mir meiner eigenen Stille bewusst, rege mich selber dazu an, sie mit Geräuschen und Bewegungen zu brechen. Ich drehe mich, recke meinen Körper, hebe die Arme in die Luft. Es ist befreiend, zu sehen und zu fühlen, wie sich der Körper ganz ungezwungen regt. Verschiedene Ausdrücke und Figuren auszuprobieren fühlt sich wundervoll an. Es unterstreicht die Ziele, die ich mir zuvor laut aufgesagt habe. Ich werde immer mutiger, was meine Bemühungen angeht, mich jeden Tag zu stärken, indem ich meine eigenen Rituale und Traditionen für Arbeit und Freizeit entwerfe.

Jeden Abend mache ich einen Spaziergang, im Mondlicht und in der Dunkelheit, teste meine Nachtsicht, zwinge mich aus meiner Wohlfühlzone heraus. Bewusst halte ich mich von den flackernden Lichtern der Insel fern, während ich die dunklen Hügel und Felder jenseits des Crofts beschreite. So mache ich mich mit der nächtlichen Insel vertraut, fühle mich gewappnet und sicher, wo immer ich bin. Wenn ich einen Lieblingsort erreiche, verweile ich. Eine Taschenlampe oder andere batteriebetriebene Lichtquellen nehme ich nicht mit; ich bevorzuge natürliche Beleuchtung, eine Laterne beispielsweise, die ein sanfteres Licht wirft, in dem sich Formen und Schatten leichter ausmachen lassen und das die kleinen Wildtiere weniger aufschreckt. In der Dunkelheit horche ich auf Eulen und Gänse. Ich bin so still wie ein Reh.

Eines Tages wickle ich alte Baumwolltücher und Späne fest um einen dicken Ast, tauche sie in Paraffin und besprühe den Stoff leicht mit Alkohol. In jener Nacht zünde ich die Fackel an und laufe die Grenzen des Crofts mit ihr in der Hand ab. Es hat etwas herrlich Ursprüngliches, ein flackerndes Feuer zu tragen, die lodernde Flamme ist wunderbar anachronistisch. Sie verankert meine Füße mit dem Boden, verbindet meine Augen mit dem Licht. Mein Herz streckt sich nach der Dunkelheit aus.

Ich gehe über das Croft, eine lodernde Flamme über dem Land. »Das ist mein Zuhause!«, rufe ich in den Wind. In jener Nacht verbrennt das Feuer meine Angst. Es gibt etwas, dem ich mich stellen muss, und ich weiß, dass die Zeit gekommen ist. Ich weiß genau, was ich zu tun habe.

Am nächsten Morgen um neun klopfe ich an eine Tür. Das Herz hämmert mir in der Brust. Die Flamme darin, so sage ich mir, darf nicht erlöschen. Ich will das hier nicht tun. Aber ich weiß, dass ich es muss.

»Wir müssen reden«, sage ich ruhig, als sich die Tür öffnet.

Einen Moment ist es still.

»Es gibt nichts zu reden«, blockt eine grimmige Stimme schließlich ab.

»Ich wünschte, es wäre so, aber wir wissen beide, dass das nicht stimmt.«

Und dann sage ich seinen Namen. Der Mann mustert mich scharf, und in seinen Augen flackert Ungläubigkeit auf. Doch er hält meinen Blick nicht, und ich spüre seine Scham. Ich wünschte, es wäre nicht so. Scham ist gefährlich. Sie wohnt gleich neben dem Stolz. Man kann ein Feuer eindämmen, indem man Mauern baut und Grenzen errichtet. Und ich weiß, dass meine Flamme erstickt, wenn ich diese Mauern nicht schnell überwinde. Sanft lege ich ihm eine Hand auf den Arm.

»Bitte. Das muss aufhören.«

Ich sehe, wie sich Angst in seinen Augen breitmacht. »Ach, zur Hölle damit. Mit dir rede ich nicht.«

»Und ich gehe hier nicht weg, bis du nicht meine Hand genommen hast«, sage ich ruhig. »Ich kenne dich kaum. Ich lebe allein. Ich habe niemanden, der das hier für mich übernehmen kann. Was wäre, wenn irgendjemand, ein Mann, mit deiner Tochter so streiten würde? Du würdest wollen, dass das Kriegsbeil begraben wird.«

Er sieht mich von der Seite an. Dann reibt er sich langsam das Gesicht.

Ich halte mein Herz im Zaum. Das hier ist nur eine Tür. Es wird andere geben. Aber eine einzige sich öffnende Tür kann ausreichen, um eine Welle der Veränderungen anzustoßen.

»Ich gehe hier nicht weg«, sage ich noch einmal, »bevor wir uns nicht hingesetzt und eine Tasse Tee getrunken haben.«

Ich warte. Ich zittre. In jedem Moment könnte das hier furchtbar schieflaufen. Ich will wegrennen. Ich will an jedem anderen Ort sein, nur nicht hier.

»Bitte«, sage ich.

Und dann geschieht das Wunder. Er zuckt mit den Schultern. Die Tür öffnet sich, und er tritt einen Schritt zurück, damit ich eintreten kann. »Na, wenn du nicht weggehst, kommst du besser rein«, sagt er. »Ich habe keine Lust auf eine Szene.«

»Danke.«

Ich folge ihm, immer noch mit weichen Knien.

Ein Feuer muss auflodern, bevor es stirbt, und der Hass ist wie ein Schwelbrand, der sich spontan entzündet. Wenn er sich gegen einen richtet, ist er Furcht einflößend. Und seine Hitze versengt. Jahrelang habe ich versucht, diesen Mann und seine Gefolgschaft zu meiden, doch auf so einem kleinen Gebiet ist das schwer. Man läuft sich unweigerlich über den Weg. Mit jedem Aufeinandertreffen wird es schwieriger, sich normal zu verhalten. Doch die Hitze kann verfliegen, wenn man ihr mit Verständnis begegnet. Ich sage mir, die Gunst der Stunde zu nutzen und weiterzureden. Es gibt nichts, was ich fürchten muss. Ich vertraue auf die leuchtende Flamme der Wahrheit in meinem Herzen.

»Du glaubst, du wärst was Besseres als ich«, sagt er, genau wie an dem Abend, als er sich auf mich gestürzt hat, um mich zu Boden zu werfen. Ich erwähne den Vorfall nicht. Das würde unser Gespräch sofort beenden.

»Ich höre deine Worte, aber du musst mir helfen. Du sagst das immer, und ich weiß nicht, warum. Wann habe ich dich so sehr vor den Kopf gestoßen?«

»Du hast mit deinem Bock die Schau ruiniert.« Seine wütende

Stimme wird lauter. »Du bist eine Lügnerin, behauptest, Preise gewonnen zu haben, die du gar nicht gewonnen hast.«

»Aber der Preisrichter hat sie verliehen. Ich habe mir die Punkte nicht ausgedacht.«

»First Reserve hast du nicht gewonnen«, grummelt er. »Den Preis hast du dir gestohlen, du selbstsüchtiges Miststück.«

»Aber ich habe die Urkunde«, sage ich und zeige ihm das Foto auf meinem Handy.

Ungläubig starrt er es an, dann hebt er wieder den Blick. »Woher hast du das?« Seine Augen funkeln hasserfüllt.

»An dem Tag wurde viel Whisky getrunken. Vielleicht sind ein paar Dinge in Vergessenheit geraten.«

»Du bist ein selbstgerechtes Miststück! Sag, was du willst, aber das hast du nicht gewonnen.« Er verschränkt die Arme. »Immer was zu sagen, was? Deshalb bekommst du hier alles, was du willst.«

Mein Herz flattert. Ich schlucke. Meine Handflächen sind schweißnass. »Bitte hör mich an. Ich habe einfach nur mitgemacht, ich wollte die Schau mit meinen Tieren unterstützen und in guter Absicht antreten. Ich hätte nicht kommen müssen, aber ich wollte meinen guten Willen zeigen und mitmachen.«

»Du wolltest gewinnen«, ruft er zornig.

»Und wennschon. Das wolltest du auch – und alle anderen, die teilgenommen haben. Ich habe den Bock aufgestellt, um mir selbst zu beweisen, dass ich mit ihm umgehen kann. Das wusstest du nicht, oder? Dass er mich verletzt hat, dass er mich auf den Boden geschubst hat?«

Er antwortet nicht.

»Hat ja viel gebracht, jetzt ist er tot«, sagt er schließlich.

Ich schaue ihm direkt in die Augen. »Ja, jetzt ist er tot. Und ich wünschte, ich wäre nicht mit ihm angetreten.«

Unsere Blicke treffen sich. Mir ist kalt und übel, die Wände kommen näher, doch ich zwinge mich dazu, seinem Blick standzuhalten.

»Lass es uns beenden, jetzt«, sage ich. »Hier gibt es keine Gewinner und keine Verlierer. Nicht in diesem Raum, nicht auf dieser Insel. Ich lebe hier, lebe hier seit vierzehn Jahren. Vielleicht kannst du mich nicht leiden, und vielleicht werden wir uns nie gut verstehen. Doch wir sollten einander respektieren. Ich habe ebenso ein Recht darauf, hier zu sein, wie jeder andere. Ich habe keine Familie, und niemand ist auf meiner Seite. Wir werden vielleicht keine Freunde, aber wir können höflich miteinander umgehen, und das hier – den ganzen Streit, den Hass, alles – ein für alle Mal begraben.«

Er sieht weg und schüttelt den Kopf. »Ach.«

Ich warte. Ich sage mir: Gib nicht auf! Nicht jetzt, wo ich so nah dran bin. Dann tue ich es. Ich strecke meine Hand aus.

»Hier«, schlage ich vor. »Ein Waffenstillstand. Abgemacht?«

Verblüfft sehen wir beide meine Hand an. Als er sie nicht nimmt, lasse ich sie dort zwischen uns schweben, die Sekunden verstreichen, und mein Herz hämmert. Es ist kaum auszuhalten. Ich frage mich, ob ich einen Fehler gemacht habe. Mir dämmert, dass er nun alle Trümpfe in der Hand hat. Wenn er den Kopf schüttelt und Nein sagt, kann ich nichts mehr tun.

Mit meiner als Zeichen des Friedens ausgestreckten Hand stehe ich da und versuche, nicht an all die Jahre zu denken, die vergangen sind. Ich versuche, nicht an seinen ersten Besuch unseres Crofts zu denken, als zwei Männer betrunken aus einem Traktor fielen und im Garten eine Schlägerei anzettelten. Ich versuche, nicht an die hasserfüllten Blicke zu denken. Ich habe Angst, doch ich lasse nicht locker. Vierzehn Jahre lang habe ich dieses Gespräch mit diesem Mann und weiteren vermieden. Ich muss da jetzt durch. Ich konzentriere mich darauf, all meine positive Energie in diesem Raum zu bündeln. Mit aller Macht denke ich daran, ein Feuer zu entfachen. Ich puste sanft auf die kleinen Flämmchen.

»Bitte«, sage ich. »Kommst du mir wirklich nicht entgegen? Es wird Zeit, dass wir das Kriegsbeil begraben.«

Eine weitere Minute vergeht. Dann schüttelt er den Kopf und sieht mich scharf an. »Also gut, einverstanden«, sagt er und nimmt endlich meine Hand. Vor Erleichterung wird mir beinahe schlecht. Ich bin durch irgendetwas, was ich nicht benennen kann, aufgekratzt. Als hätte ich den Gipfel eines Berges erklommen: Ich bin restlos erschöpft, und gleichzeitig befeuert mich ein ungekanntes Hochgefühl.

Die Aussprache war schwierig, und für den Moment ist alles gesagt. Ich bin nicht sicher, ob der Friede halten wird. Wut kann ausbrennen, aber nur, wenn so etwas wie Freundschaft an ihrer Stelle wächst. Als ich gehe, schütteln wir noch einmal kurz die Hände. Es fühlt sich hoffnungsvoll an, beinahe wie ein Versprechen. Ich sage mir, dass es ein Anfang ist.

Zu Hause zittre ich. Ich mache starken Kaffee, und während ich dastehe und ihn trinke, kommt mir ein solch klarer Gedanke, dass ich die Tasse abstellen muss: Es ist Zeit, die Vergangenheit zu verbrennen. In diesem Jahr will ich nicht auf mein traditionelles Lagerfeuer warten, mit dem ich das Ende der Lammzeit feiere. Plötzlich überkommt mich der starke Drang, das Haus von allem unnötigen Ballast zu befreien. Ich ziehe eine Schublade hervor und leere sie auf dem Schreibtisch aus. Es sind zahllose Briefe an Rab, die ich aufgehoben habe. Sie sind voll von Hoffnung, Schmerz, Liebe und Verrat. Ich lese einige Worte, dann einige Seiten. Und dann werfe ich sie in eine Kiste.

Rigoros durchkämme ich das Haus. Wenn mich ein Gegenstand traurig, wütend oder niedergeschlagen macht, fliegt er raus. Schnell türmen sich alte Möbelstücke, Kleider, Krimskrams und Ordner mit vergilbten Rechnungen und Papierkram. Euch brauche ich nicht mehr, denke ich. Merkwürdig, wie greifbar die Schwere der Vergangenheit plötzlich wird. In diesem Vakuum fühlt sich das gesamte Cottage leerer und leichter an.

Zum Schluss verbrenne ich Salbei und gehe damit durch alle Zimmer, mit meiner Kräuterfackel reinige ich jeden Raum. Alles, was draußen auf dem Rasen liegt, werfe ich auf die Ladefläche des Trucks, öffne das Tor und fahre durch die Felder einen steilen, dicht bewachsenen Grasweg den Hügel hinauf, schlängle mich zwischen Steinen und Felsen hindurch. Heute Abend werde ich aus knisterndem Ginster, Reisig und Holzscheiten ein Feuer machen, das ich auf dem Hügel über dem See entzünden werde. Nahe meiner Lieblingsesche werde ich bei den Flammen wachen, bis seine Asche in der Morgendämmerung verglühen wird.

Die Nacht ist wunderschön, klar, über den Bergen erhebt sich eine zunehmende Mondsichel. Als ich ein Streichholz entzünde, knistert und zischt der Ginster. Ich hocke da und schirme die weißen Flämmchen mit meinen Händen ab. Als die Stiele Feuer fangen, lodern schnell größere Flammen auf. Ich werfe haufenweise Reisig und kaputte Möbel darauf, Briefe und Fotos. Der Wind befeuert meinen Scheiterhaufen. Er brennt mit sengender Hitze.

Als die Flammen langsam erlöschen, ordne ich in der Glut fünf dicke Holzscheite sternförmig an, damit sie weniger schnell abbrennen, und koche einen Eintopf darüber. Während sich der Himmel verdunkelt, lege ich zwei längere, längs mit einer Kerbe versehene Holzstücke etwas erhöht auf Steinen übereinander. In der Kerbe stecken Holzspäne und getrocknete Flechten. So brennen sie die ganze Nacht lang, eine wunderbare Art, sich warm zu halten, ohne ständig das Feuer neu bestücken zu müssen. Hinter mir hebt sich Fola blass von der Finsternis ab, sie grast.

Um Mitternacht öffne ich eine kleine Truhe. Darin liegen zwei Zettel. Sanft flüstere ich ihre Namen. Ich lese meine Träume von früher laut vor. Ich küsse die Muscheln. Ich schließe die Augen. Ich stelle mir kleine Hände vor, die sich nach mir ausstrecken, und müde Äuglein. »Auf Wiedersehen«, flüstere ich. »In diesem Leben hat es nicht sein sollen.« Ich stehe auf, hebe die Truhe sachte hoch in den Himmel. Dann sehe ich zu, wie sie in das Feuer fällt und meine Träume zu Flammen werden. Es tut weh, mich von ihnen zu verabschieden, und gleichzeitig ist es merkwürdig befreiend. Ich bleibe bei ihnen, ihre hellen goldenen Flammenzungen flackern in meinen Augen.

Als die Sonne aufgeht, ist meine Decke mit Reif überzogen. Vom Feuer ist nur noch die Glut übrig geblieben. Ich schüre sie und fülle die Asche in einen alten Melkeimer. Mit der heißen Asche gehe ich los und verteile ihr glühendes Leben auf dem Croft. Mit jedem zischenden Funken flüstere ich einen Wunsch, Rauch über dem glitzernden Reif. Auf den hohen Bergzügen rufen die Bussarde. Ihr Echo trägt der Wind. Es klingt nach Sonnenlicht und all den rauen Verheißungen des Frühlings. Ich atme eisige Wolken aus. Ich hebe meine Arme und lasse meine Stimme dem Wind etwas vorsingen. Mir ist leicht ums Herz, und ich rufe die Schafe zur Fütterung. Ich sehe zu, wie im Osten die Sonne aufgeht, während der Morgenstern hell am Himmel brennt.

3

FAMILIE

Auf Zehenspitzen schleiche ich zur Tür und zögere einen Augenblick. »Unten«, flüstere ich Maude zu, die sich aufgeregt an mir vorbeidrückt. Ihre glänzenden Augen sehen mich flehentlich an, doch ich schüttle den Kopf. Ihre Pfoten schlittern die Holztreppe hinunter. Auf der untersten Stufe höre ich sie haltmachen, sie wendet sich um und wartet mit fragendem Blick. Für uns beide ist die Situation ungewohnt: Da ist noch jemand im Haus. Ich lege die Hand um den Knauf und drücke sanft die Tür auf. Normalerweise nutze ich dieses Zimmer nicht. Früher haben Rab und ich hier geschlafen. Es ist mein Lieblingsraum im ältesten Teil des Cottage. Manchmal stehe ich am Fenster und sehe hinaus in den Garten und zum Meer. Hier fühlt sich das

Croft so nah an, als wären die Wände etwas dünner. Man hört jedes Flüstern aus dem niedrigen Dach.

Viele Möbel stehen hier nicht. Die alte Kommode mit den Perlmuttblümchen, die uns als anonymes Einzugsgeschenk gemacht wurde, hebt sich dunkel von den rosaroten Wänden ab. Auf dem Bett liegt eine ältere Frau und schläft. Ihr Mund steht offen, und ihr langes weißes Haar fällt über das Kissen. Es ist meine Mutter. Sie ist älter und gebrechlicher, als ich sie in Erinnerung hatte. Sie geht auf die achtzig zu, doch im Schlaf sieht sie aus wie ein Kind. Sanft ziehe ich die Decken fester über sie. Ich betrachte ihr Gesicht. Kaum zu glauben, dass sie hier ist. Ein seltener Besuch. Zum letzten Mal hat meine Mutter das Croft besucht, als mein Vater noch am Leben war, vor über acht Jahren. Ich halte den Atem an, will, dass die Zeit langsamer vergeht. Nun regt sie sich. Ich will sie beim Aufwachen nicht erschrecken, also schleiche ich mich wieder davon.

Auf dem Tisch stehen Tassen und Teller, ein Milchkrug und eine Zuckerdose. Ich habe den Teekessel angestellt, doch dann fällt mir ein, dass meine Mutter Tee nicht mag, also räume ich ihn beiseite. Sie trinkt nur Kaffee. Schwarz, stark, dick wie Paraffin. »Der Armeeaufguss meines Vaters«, lachte sie früher.

Wir haben nur wenige Tage zusammen. Ich gebe mir alle Mühe, um sie denkwürdig und bedeutsam zu gestalten. Jeden Moment möchte ich mit einem Netz aus kleinen Erinnerungen füllen, das diese Stunden zusammenhalten und niemals reißen wird. Wie merkwürdig, dass Liebe so tief sitzen und sich dennoch so zerbrechlich anfühlen kann. Sie ist wie ein Stoff, in dem sich dünne ausgefranste Fäden verstecken. Im einen Moment hält man ihn noch in der Hand, im nächsten ist er gerissen. Ich kämpfe noch immer darum, diesen Faden zu verstehen, der mich mit meiner Mutter verbindet. Das habe ich mein ganzes Leben lang getan. Jahre habe ich damit verbracht, uns enger miteinander zu verknüpfen, doch jedes Mal lässt sie los, oder der Faden reißt an ihrem Ende. Jedes Mal knote ich ihn wieder zusammen.

»Hier«, sage ich und halte ihr das Ende hin, »das musst du festhalten.«

Ich will ihr so viele Fragen stellen, solange noch Zeit dafür bleibt. Aber wo soll ich anfangen? Dass es zu spät ist, weiß man erst, wenn es zu spät ist. Und es ist schwieriger, ein Leben aufzudröseln, wenn die Erinnerung ihren eigenen Kopf hat.

Dieser Tage stelle ich fest, dass die Erinnerung sowohl unbewusst als auch bewusst selektiv sein kann. Sie weiß genau, was sie vergisst, was sie verbirgt. Manchmal frage ich mich, ob wir uns nur an die Dinge erinnern, die uns wichtig sind. Doch was uns wichtig ist, kann sich von dem unterscheiden, was andere für wichtig halten. Meine Mutter weiß nicht, wer ich bin. Wenn sie aufwacht, erinnere ich sie daran. »Hallo, Mum«, sage ich ihr, wenn sie aufwacht. Und dann stelle ich mich ihr vor. Es hilft ihr, wenn sie weiß, wo sie an diesem Tag aufgewacht ist, wo sie geschlafen hat, wenn das Bett ungewohnt ist. Selbst wenn ich meinen Namen wiederhole, hat sie ihn häufig wenige Minuten später wieder vergessen. Jeden Tag begeben wir uns auf eine andere Reise als am Tag zuvor, doch eine Sache ändert sich nie. Irgendwann, wenn sie sagt: »Es tut mir leid, ich weiß nicht, wer Sie sind«, dann fangen wir von vorn an. Manchmal frage ich mich, ob es für mich selbst wichtiger ist, dass sie weiß, wer ich bin, als für sie. Im Grunde ist es auch egal, denn ich lese bereits in ihrem Gesicht, dass sie an etwas anderes oder jemand anderen denkt, und der Moment ist vergangen.

Mein ganzes Leben lang habe ich meine Mutter kein einziges Mal sagen hören: »Ich liebe dich.« Ich weiß, dass es Liebe gibt zwischen uns, doch ich sehne mich nach ihrer Stimme, die diese Worte ausspricht. Als Kind fiel es mir schwer, sie vor dem Einschlafen mit dem Mund zu formen. Wenn ich gestresst war, stotterte ich stark, und zu Hause war dies oft der Fall. Ich denke, das kam daher, dass diese Worte der Liebe nicht zu mir kamen; mit sechs Jahren stotterte ich nur bei den Buchstaben I, L und D. »Ich liebe dich« ist eine Bestätigung, doch in mir war es immer eine Frage. Jedes Mal, wenn es eine Frage ist, auf die keine Antwort widerhallt kommen einem die Worte schwerer über die Lippen.

Wenn ich nun meine Mutter ansehe, wird mir die Tragik bewusst, dass »Ich liebe dich« keine Frage sein kann. Wenn man die Worte nur als Antwort hört, weil man nach ihnen gefragt hat, verlieren sie an Bedeutung. Liebe ist ein Geschenk. Man kann sie nicht einfordern. Sie wird freiwillig gegeben.

Der Besuch meiner Mutter war schwierig zu arrangieren gewesen. Ich habe alles getan, was in meiner Macht steht, um ihn zu ermöglichen. Im Haus unserer Familie, in dem ich aufgewachsen bin, gibt es eine ausgeklügelte Liste an täglichen Routinen, und rund um die Uhr passt jemand auf. Schon vor Jahren hat meine Mutter entschieden, dass sie lieber in diesem Haus leben wollte, in dem wir aufgewachsen sind, als in der Nähe eines ihrer Familienmitglieder. Wir alle bemühten uns um Unterkünfte in unserer Nähe, doch sie lehnte jede ab. »Ich will hierbleiben«, beharrte sie, und damit war das Thema vom Tisch. Ich habe ihre Entscheidung immer verstanden und akzeptiert, trotzdem wird dadurch alles unendlich viel komplizierter und die Verschlechterung ihres Zustandes für die Familie schwieriger zu managen. Andererseits sagen mir subtile Details, dass es die einzig richtige Lösung ist, denn sie lebt seit über fünfzig Jahren in diesem Haus. Es ist ihr Heim. Selbst wenn sie sich nicht immer aller Feinheiten des Tages bewusst ist, weiß ihr Körper, wo er ist und wo er hinmuss. Das ist wohl so, wie wenn man in der Dunkelheit nach Orientierung sucht, wenn man mit den Fingern die Wände abtastet, weil der Strom ausgefallen ist. Im Dunkeln ist mein Körper in der Lage, das Croft wie eine unsichtbare Blindensprache zu lesen, und meine Füße wissen genau, wo sie hintreten müssen.

Meine Schwester macht sich Sorgen. »Fünf Tage, sonst wird es zu viel für sie.«

»Aber ich hätte sie gern für zwei Wochen hier«, wende ich ein. Wir streiten und wägen ab, und es ist umso schwerer, da wir nicht häufig miteinander sprechen.

Am Ende finden wir einen Kompromiss. Meine Mutter kommt für eine Woche. Ich freue mich und bin gleichzeitig nervös. Zusätzlich zu ihrer Krankheit ist meine Mutter nahezu blind. Das bedeutet, dass wir in dieser Woche unzertrennlich sein werden, und ich werde mich rund um die Uhr um sie kümmern müssen. Ich bin nicht nur gerne bereit dazu – ich muss es tun, um meinen Frieden mit ihr zu machen.

Mein Haus ist nicht wie andere Häuser. Es gibt Stufen und versteckte Ecken. Ich muss immer da sein, falls sie fällt. Vieles ist noch immer unfertig. Die üblichen Schubladen, Utensilien und Möbel einer normalen Küche oder Hausausstattung gibt es hier nicht, aber es ist bodenständig. Was fehlt, ist nur der letzte Schliff. »Wir kommen schon klar«, beruhige ich. »Ich werde mein Bestes geben.« Meine Mutter braucht Hilfe beim Anziehen, Duschen, Waschen und bei den Mahlzeiten, man muss sie ans Essen erinnern und die vielen Kleinigkeiten für sie erledigen, die zur Pflege dazugehören.

Man kann ihr nur eingeschränkte Freiheiten lassen, bevor sie den Faden verliert. Wenn man an Alzheimer erkrankt, machen einen die fehlenden Puzzleteile des Lebens wachsam und ängstlich. Den ganzen Tag kann man damit verbringen, nach etwas Ausschau zu halten, wovon man meint, es verloren zu haben. Mit großen Augen sucht man nach irgendetwas, was die Leere füllt. Nur vergisst man, was man sucht – und was man damit wollte. »Hier, nimm das«, sage ich, wenn sie in ihrer Handtasche kramt. Ich würde ihr diese Tasche gerne wegnehmen, doch sie ist ihr liebstes Stück. Sie gibt meiner Mutter ein Gefühl von Sicherheit. Manchmal vergisst sie, dass die Tasche gleich neben ihr liegt, dann muss ich sie daran erinnern. Plötzlich kann sich eine Tasche genauso lebendig anfühlen wie ein Mensch aus Fleisch und Blut, der neben einem sitzt.

Wann immer es möglich ist, gebe ich ihr etwas, was sie festhalten kann. Sanft lege ich meine Hände um ihre. »Schau mal, ganz weich«, sage ich. Dann entspannt sie sich und lächelt. »Ja, wirklich schön weich.« Ihre Finger untersuchen alles ganz genau, dann sieht sie mich erstaunt an. Und gemeinsam streicheln wir, was auch immer es ist. Ein Teddybär, eine Lieblingsstrickjacke oder eine Wollmütze. In diesem Moment verbindet es uns miteinander, wenn wir zusammen am Kaminfeuer sitzen. Und dafür bin ich dankbar. Denn am Ende können wir einander in diesem Leben nicht mehr bieten als unser Mitgefühl. Am Ende gibt es unzählig viele Wege, um Liebe auszudrücken und zu erfahren.

Sich um jemanden zu kümmern ist nicht leicht, doch jede Minute ist kostbar. Es macht Mühe, sie zu waschen und ihr die Zähne zu putzen. Ich würde ihr gerne sagen: »Ich weiß, dass ich deine Krankheit nicht kenne, aber ich glaube, ich verstehe.« Ich erinnere mich noch an die Zeit, in der mir die kleinsten Alltäglichkeiten schwerfielen. Als mein Geisteszustand nach so vielen schmerzlichen, niederschmetternden Verlusten in einer feindseligen Umgebung nicht mehr in der Lage war, sich an Reihenfolgen zu halten, zu lesen oder zu sprechen. Mein Gedächtnis war futsch. Ich vergaß die kleinsten und die größten Dinge. Ja, ich war mir meiner selbst nicht mehr sicher. Ein grober und gebrochener Teil von mir war in scharfe Scherben zersplittert. Ich verstehe jetzt, dass selbst die normalsten Aspekte des Lebens nicht nur beängstigend, sondern hoffnungslos verwirrend sein können. Ich möchte ihr versichern: »Mach dir keine Sorgen. Wir schaffen das schon.« Doch ich weiß, dass ich nur sagen muss, was wirklich zählt. Also beruhige ich sie: »Ich liebe dich. Ich bin hier.«

Alzheimer lehrt uns den Wert von Sprache, lehrt uns, sparsam mit Worten umzugehen. Ich will später nicht bereuen, es nicht versucht zu haben. Jeden Abend, den sie hier mit mir auf dem Croft verbringt, beruhige ich sie. Ich spreche mit ihr, halte ihre Hand, bringe sie zu Bett und lösche das Licht. Als würde ich mich um ein kleines Kind kümmern. Sie füllt eine Leere in mir, die sich immer danach gesehnt hat, diese liebevollen Gesten auszuführen. Ich staune darüber, angesichts derlei einfacher Dinge so glücklich und gleichzeitig den Tränen so nahe zu sein. Meine Mutter ermöglicht es mir, mich um einen anderen Menschen auf eine Art zu kümmern, wie ich es immer wollte. Doch diese kleinen Begebenheiten können Erinnerungen hervorrufen, die ein Leben lang bleiben.

Ihre Bedürfnisse muss ich vorausahnen. An dem Abend, als sie ankam, habe ich sie nicht zugedeckt, und so lag sie die ganze Nacht ohne Decke auf dem Bett. Ich erschrak, als ich sie am Morgen fand, zitternd vor Kälte. Sie hatte nicht verstanden, dass sie sich unter die Laken und Decken legen muss. Das Haus ist durch die dicken Steinwände sehr viel kälter, als sie es gewohnt ist. Das Feuer brennt rund um die Uhr, ich staple dicke Scheite und Kohle darauf. Der Kamin klingt wie ein Feuer speiender Drache. Decken und Überwürfe türmen sich auf dem Sofa und dem Sessel; ich rücke die Möbel näher ans Feuer. Nur wenn ich den Arm ausstrecke und ihre Hände fühle, kann ich sagen, ob ihr kalt oder warm ist. Dadurch merke ich auch, ob sie etwas essen oder trinken muss. Wenn der Blutzucker sinkt, verliert man an Wärme. Also fühle ich alle paar Minuten ihre Hände. Das verbindet uns. Für mich ist es eine willkommene Entschuldigung, um sie zu berühren und zu halten. Nun, da sie krank ist, zieht sie ihre Hände nicht weg. Sie entzieht sich nicht. Manchmal frage ich mich, ob sie weiß, dass das nicht immer so war. Jetzt ist es nicht mehr wichtig. Es macht mich traurig, und zugleich bin ich froh, diese körperliche Nähe nun zu haben. Die Erkenntnis, dass ich keine Ausrede mehr brauche, um sie zu berühren, ist wie eine Offenbarung. Sie ist meine Mutter, und ich liebe sie, und Hände sind dazu da, um gehalten zu werden.

Ich lerne meine Mutter, auf eine Art kennen, wie ich sie vorher nie gekannt habe; lerne den Teil von ihr kennen, den sie mir nie gezeigt hat. Sie ist so anders als die Mutter, die sie früher war. Auch darüber bin ich gleichermaßen froh wie traurig. Und es verwirrt mich. Ich fühle mich schuldig, denn ihre Krankheit schenkt mir eine Mutter, die auf diese Art sonst nie da war. Das kann Alzheimer manchmal bewirken. Es kann aus losen Enden der Vergangenheit eine einzigartige Gegenwart weben, deren Muster, Stoff und Struktur sich häufig von dem unterscheidet, was wir gewohnt waren.

Jeder macht mit dieser Krankheit andere Erfahrungen. Gedächtnisverlust ist schrecklich, doch so viel Leid er auch verursacht, kann ich mit meiner Mutter nun intimere Gespräche als je zuvor führen. Er befreit sie auf eine Art, die ich mir niemals hätte vorstellen können, erlaubt ihr, sich anders zu verhalten. Eines Morgens beim Abwasch lasse ich eine Tasse fallen. Seit den Brüchen sind meine Hände weniger sensibel, mir fällt ständig etwas runter. Jeden Tag mache ich Übungen, um sie zu stärken und Aufgaben erledigen zu können, die früher selbstverständlich waren, doch ich weiß, dass sie nie wieder so wie früher funktionieren werden. Einfachste Griffe können noch immer schwer sein. Geschirr halten, Knöpfe schließen, Seiten umblättern oder Deckel anheben.

Ich sehe zu, wie die Tasse auf dem Boden zerspringt. Ich reagiere gar nicht. Die meisten meiner Tassen und Teller haben Sprünge, oder ihre Scherben enden draußen in den Topfpflanzen zur Entwässerung. Doch meine Mutter reagiert durchaus. Sie lacht. »Scheiße!«, ruft sie, dann lacht sie wieder und fängt an, das Wort zu singen, mehrmals hintereinander, und tanzt dazu. Sie vollführt mehrere Pirouetten durch die Küche, und plötzlich lache auch ich und tanze mit ihr. Es ist ein schöner Moment. Hinterher, als wir uns die Tränen wegwischen, bin ich unsagbar glücklich. Ich umarme meine Mutter fest.

In diesen letzten Tagen hat sich die Zeit aufgelöst. Der alltägliche Rhythmus, der meinem Leben Struktur gibt, ist aus dem Takt geraten. Doch das ist egal. Diese ununterbrochene Zeit mit meiner Mutter ist ein unbezahlbares Geschenk.

Dass sie hier ist, hat noch subtilere, unsichtbare Vorteile, mit denen ich nicht gerechnet hätte. Durch ihre Anwesenheit habe ich etwas mit den anderen Inselbewohnern gemeinsam. Sie sehen, dass auch ich Familienbande habe, nahe Verwandte, die meine Hilfe brauchen, und das scheint eine Rolle zu spielen. So wirke ich weniger seltsam. Ich merke, dass ich in einem anderen Licht wahrgenommen werde, wodurch sich winzige Veränderungen ergeben könnten, ein Abklingen der Eiszeit im Umgang mit manchen. Interesse oder bloße Neugier führen plötzlich, wenn wir spazieren oder einkaufen, zu kleinen Begegnungen. »Ist das deine Mutter?« ist eine willkommene Gesprächseröffnung, selbst wenn nur wenige Sätze fallen. Ihre Krankheit, dass ich mich um sie kümmere, ist offensichtlich. Uns aus der Entfernung zu sehen, wie wir Hand in Hand spazieren, setzt mich in einen Zusammenhang, der ihnen vertraut ist. Ich fühle, dass ich neu bewertet werde. Mir wird klar, warum dieses Bild für andere wichtig ist. Und wie wichtig diese Neubewertung auch für mich sein kann.

An unserem letzten Abend sitzen meine Mutter und ich wie immer zusammen. In Decken gehüllt. Das Haus ist nicht warm, doch es brennt ein Feuer, und auf dem Herd köchelt ein warmes Abendessen. Ich habe einen Karton mit alten Fotos hervorgekramt. Alte ausgeblichene Abzüge mit weißem Rand. Ich gebe sie ihr, damit sie sie halten kann, und beschreibe sie. Mit jedem kleinen Quadrat, das ich ihr reiche, leuchten die Augen meiner Mutter auf. Für ein paar Minuten ist sie verloren in der Vergangenheit. Ich sehe mir die merkwürdigen Bilder an, Familienszenen aus meiner Kindheit. Wachsam stehen wir da, jeder für sich, und starren in die Kamera. Blasse Gesichter, große Augen, ängstlich, stumm. Ich weiß, dass mein Bruder näher bei uns stehen will, doch er traut der Sache nicht. Früher ließ er die Tür nie aus den Augen, denn wenn Streit im Anmarsch ist, dann nimmt man die Beine in die Hand, selbst wenn es die eigene Schwester ist, die zu Boden geworfen wird. Diese Tage Revue passieren zu lassen macht mich glücklich und traurig zugleich. Das war meine Kindheit. Als Kind akzeptiert man einfach, dass das Leben so ist, wie es ist.

»Wie fühlt sich das an«, frage ich meine Mutter. »Genau jetzt, in deinem Kopf? Bitte sag es mir. Damit ich dir helfen kann. Ich möchte nur versuchen zu verstehen.«

Einen Moment denkt sie nach. »Es ist, als würde man in einer Welt ohne Verbindung zu irgendwas oder irgendwem leben. Es ist einsam. Als wäre niemand da.«

Ich muss verstehen, warum ich so eine unglückliche und schwierige Kindheit hatte. Warum so wichtige Bande fehlten. Ich weiß nicht, warum das nach so langer Zeit noch wichtig ist. Aber das ist es. Vielleicht liegt es daran, dass ein Teil von uns immer das Kind von damals bleibt, ganz gleich, wie alt man wird. Dieser Teil von mir streckt noch immer schüchtern die Arme nach meiner Mutter aus, wartet auf ihre Liebe und ihre Anerkennung. Liebe und Anerkennung – untrennbar miteinander verknüpft. Dass sie sich nun nicht mehr abwendet, ist eine heilsame Erfahrung.

Wenn ich als Kind Trost suchte, wandte ich mich immer an meinen Lieblingsbaum. Er stand vor meinem Fenster, stark, groß und verlässlich, seine Äste reckten sich mir wie offene Arme entgegen. Er wachte über mich, am Tag und bei Nacht. Er sah meine

Kindheit durch meine Augen. Jeden Abend umarmte ich ihn, drückte meine Lippen auf seine Rinde und schüttete ihm mein Herz aus, meine Geheimnisse und meine Sorgen. Es half mir, dass jemand zuhörte. Er war das Erste, was ich sah, wenn ich die Augen öffnete. Es mag komisch klingen, aber ich bin mir sicher, dass dieser wunderschöne Baum auf mich aufgepasst hat. Er hat mir auf eine Art geholfen, wie es den Erwachsenen nicht möglich war. Und er hat mir schon früh beigebracht, wie wichtig die wilde Natur ist. Wenn man sich an niemanden wenden kann, dann lernt man, wie wichtig es ist, den eigenen Schmerz nicht bloß zu vergraben. Er hat mir dabei geholfen, in den Himmel zu sehen und Trost in ruhigen lebendigen Dingen zu finden.

Ich weiß, dass ich meiner Mutter nicht all die Fragen stellen kann, deren Antworten ich brauche. Doch eine ist darunter, bei der ich es immer bereuen würde, sie nicht gestellt zu haben, wenn ich es nicht versuche. Ob sie es zugeben wird, weiß ich nicht. Auch nicht, ob sie sich überhaupt erinnert. Schon häufig habe ich mir vorgestellt, wie dieser Moment ablaufen könnte. Ich rücke näher an sie heran. Hole einmal tief Luft. Es ist schwer, die eigene Mutter zu fragen, warum sie weggesehen hat.

»Ich wusste nichts davon«, sagt sie mit weit aufgerissenen Augen und starrt mich an.

»Aber wie ist das möglich?«

»Er hat es nie vor mir getan. Ich hätte nie geglaubt, dass er dir wehtun könnte.«

Blut schießt in meine Wangen. Ich bin verwirrt. Tatsächlich kann ich nachvollziehen, dass ihre Erinnerung eine Geschichte gesponnen hat, mit der sie leben kann, denn auch ich habe die Bilder und Geräusche aus meinen Kopf gelöscht.

Während wir schweigend dasitzen, höre ich mich schließlich sagen: »Ist schon gut. Jetzt sind wir hier.« Meine Augen füllen sich mit Tränen. Für einige flüchtige Momente ist ihr Geist wunderbar wach. Wir blicken einander in die Augen. Ich weiß, dass sie mich sieht, und auch ich sehe sie, genau wie wir sind.

Ich will fragen: »Was hast du gedacht, als du mich zum ersten Mal in den Armen gehalten hast?« Meine Mutter hat mir erzählt, dass sie sich für mich nicht bereit gefühlt und mein Auf-die-Welt-Kommen verabscheut hatte. Diese Worte haben mich immer begleitet, doch in meinem Herzen weiß ich, dass nicht ihre Liebe zur Debatte steht, sondern ihr Wille und ihre Fähigkeit, ihr Ausdruck zu verleihen. Wenn ich sie danach frage, wird das zu nichts führen. Ich werde sie einfach um eine Version ihrer eigenen Wahrheit bitten, die ich besser verstehen kann.

Ich weiß nicht, ob ich sie nach ihrer Beziehung zu meinem Vater fragen sollte. Schließlich tue ich es nicht, denn mir wird klar, dass ich es gar nicht wissen will. Ihre Liebe zu meinem Vater ist nicht meine.

Ich will fragen: »Warst du glücklich im Leben?«, damit ich verstehen kann, wie sie die Welt betrachtet. Doch sie war immer ein zurückgezogener Mensch, und ich will ihre Natur nicht missachten, indem ich ihr diesen Teil entreiße.

Die schwierigste Frage kann ich nicht stellen. In ihr kristallisieren sich alle anderen Fragen. »Mum, hast du mich wirklich geliebt? Wenn mir also etwas zustoßen würde, würdest du mich beschützen, weil es dir sonst das Herz brechen würde?«

Am Ende muss ich ihr keine Fragen mehr stellen, wenn das hier die letzte Zeit ist, die ich mit meiner Mutter verbringen kann. Denn tief in meinem Innern weiß ich bereits alles, was ich wissen muss. Wenn man seine Mutter für wenige Augenblicke zurückbekommt, sind sie zu kostbar für Worte. Also halte ich sie einfach fest.

4

ERDE

Das hohe Gras streicht und kratzt an meinen nackten Waden, als ich mich schwer gegen das Tor stemme. Der Riegel hebt sich, und meine Hand schiebt schwungvoll den Bolzen beiseite. Ich werfe einen Blick über meine mit Sommersprossen übersäte Schulter, der Schweiß tropft mir in die Augen. Im fahlen Licht lässt eine trockene, knisternde Hitze die glasige Luft flirren. Es ist Hochsommer, das raue Herzstück des Jahres, und die harte Kruste der sonnengesengten Erde lechzt nach Wasser. Über die letzten Wochen sind die schwachen Quellen nach und nach versiegt. Das Gras neben den aufgeheizten Felsen ist schwarz und verbrannt. Selbst die Blätter meiner Esche welken. Ich bin früh aufgestanden, um die Auen in der kühleren Morgenluft herauszutreiben, damit sie geschoren werden können.

Die Bäume bieten kaum Schatten, während ich die Schafe ruhig an der Steinmauer entlangtreibe, die die Westgrenze des Crofts markiert. Die Luft ist stickig vom hastig ausgestoßenen Atem der Tiere, ihre Flanken pochen, rosa Nüstern blähen sich und pusten. Neben ihnen schnappt Maude stoßartig nach Luft, die Zunge hängt ihr seitlich aus dem Maul. Sechsundvierzig Felle werden von diesen schweren schwitzenden Körpern geschoren werden. Schon jetzt liegt der beißende Geruch des Wollwachses über dem Croft, und ein warmer Schirokko weht darüber, reichert die Luft mit Staub und dem Geruch von frischem Dung und stechendem Urin an. Ich gieße mir Wasser über den Kopf, eine ganze Flasche, und klatsche es in mein glühendes Gesicht.

Der Schuppen ist nicht groß genug, um eine Herde von dieser Größe zu scheren. Für diese Aufgabe muss der Schafspferch herhalten. Nie ist mir der Gedanke gekommen, mit dieser Tradition zu brechen. Doch das schwere Schurgerät über dem improvisierten Rahmen anzubringen und mit Strom zu versorgen ist keine leichte Angelegenheit, dafür brauche ich Hilfe. Der Pferch ist umgeben von hohen Bäumen, nur wachsen sie zu gerade, um die langen Leitern an ihnen anzubringen, die ich vom Heuschuppen anschleppen muss. Das Endergebnis sieht sowohl ziemlich wacklig als auch großartig aus, und sei es nur aufgrund seiner beachtlichen Größe. Als alles fertig ist, klettere ich die etwa sieben Meter hohe Leiter hinauf, um die Kabel dort oben anzubringen, damit es sicher ist, den Strom anzuschalten.

Über meinem Kopf rahmt die primitive viereckige Konstruktion den Himmel ein. Auf den ersten Blick mag sie nicht allzu stabil und sicher aussehen, doch ich habe alles fest mit Pressengarn und Doppelknoten gesichert. Beim Scheren geht man nicht auf gut Glück vor. Niemand hantiert zum Spaß mit messerscharfen

Klingen. Sobald der Motor aufheult, muss jeder Handgriff sitzen, von Anfang an. Die schwarzen Kabel der Schermaschine schlängeln sich durch die Bäume zur Steckdose im Stall. Der Motor ist alt, doch er springt beim ersten Versuch an.

Endlich zeige ich dem jungen Bauern, der unten steht, den erhobenen Daumen. »Alles bereit«, rufe ich. Er nickt und wühlt in der Tasche zu seinen Füßen herum. Vorsichtig ölt er die geschliffene Klinge und den Kamm. Ich bin dankbar für seine Hilfe. Ich würde das Scheren liebend gern selbst übernehmen, doch es ist ein schwieriges Handwerk, das viel Übung erfordert, über die ich nicht verfüge, und das ich mir nicht so rasch aneignen kann. Manchmal muss man einsehen, was man zu leisten imstande ist und was nicht. Jahrelang ist mir dies schwergefallen, ich hatte das Gefühl, alles selbst machen zu müssen. Es ist eine große Erleichterung, diese Verpflichtung abzulegen und sich an andere zu wenden, in gleichem Maße Hilfe anzubieten und anzunehmen, wo es nötig ist, wie es auf dem Land schon immer üblich war. Noch immer geschieht dies für gewöhnlich in der Familie oder im Bekanntenkreis, aber ich bezahle immer meine Helfer. Das macht es einfacher, sie darum zu bitten, und die Grenzen sind klar gesteckt. Gute Zäune machen gute Nachbarn.

Der Bauer, der heute meine Schafe schert, hat auf dem Festland gearbeitet und ist mit erfrischend offenem Geist und neuen Ideen auf die Insel zurückgekehrt. Er ist fleißig, verlässlich und daran gewöhnt, an einem einzigen Morgen mehrere Hundert Schafe zu scheren. Seine entspannte Art und sein Blick fürs Ganze haben es mir in diesem Jahr leichter gemacht, die Vorkehrungen für diesen Tag zu treffen.

Die Plattform steht, nur die letzten technischen Feinheiten müssen überprüft werden. Ich sehe zu, wie seine starken, erfahrenen Hände den Aufsatz anbringen, der vor der Klinge sitzt. Die blitzenden Klingen sind sauber und scharf, der Rasierer baumelt von der über ihm montierten Maschine. Er wischt noch einmal darüber und greift dann in seine Tasche, aus der er eine Dose holt und auf den Boden wirft. »Teer, für die kleinen Kratzer.« Ich habe zwar eigenes Teerspray in einem Eimer bei mir stehen, doch seine Sorge rührt mich. Egal, wie geschickt der Scherer sich anstellt, können die scharfen Klingen die weiche Haut der Schafe manchmal verletzen. Das Teerspray verschließt die blutenden Kratzer und verhindert, dass Schmeißfliegen daran saugen und ihre weißen Eier in die offene Fleischwunde legen.

Ich fange eine Aue unter ihrem Kinn und führe sie in die mittige Box. »Bereit?« Der Bauer nickt und schnappt sie sich, indem er in einer flinken Bewegung ihren Hals dreht und ihr Hinterteil herunterdrückt, sodass sie auf der Gummimatte sitzt. »So, Mädchen«, sagt er leise zu der Aue. »Dann befreien wir dich mal von dem Gewicht.« Ich sehe zu, wie er sie beruhigt, indem er sachte ihr Gesicht streichelt.

»Was?«, fragt er lachend, als er bemerkt, wie überrascht ich darüber bin. »Die merken, wenn jemand gut zu ihnen ist. Sie benehmen sich.« Es ermutigt mich, wie die Schafe auf seine ruhige Art reagieren. Ich betrachte es als gutes Omen dafür, dass sich auf der Insel langsam, aber sicher die Dinge in eine neue Richtung bewegen. »Ziehen!« Ich ziehe an der Schnur, und der Motor heult augenblicklich auf. Ein tiefes, surrendes Geräusch. Dann entspanne ich mich und schaue fasziniert zu, wie die dicke Wolle wie ein Wasserfall von der Haut fließt. Ich widme diesem wichtigen Ritual, einem Tier das Fell vom lebendigen Leib zu scheren, meine volle Aufmerksamkeit. Ich sehe zu, wie die Wolle auf die Schermatte gleitet, und habe das Gefühl, dass in gleichem Maße all die letzten Monate und Jahre von mir abfallen.

Das Scheren wird im Kalender der Bauern immer freudig erwartet. Den Auen bereitet es Mühe, ihr Fell in der brütenden Hitze zu tragen, vor allem in diesem Jahr. Meine Beine sind es müde, viermal am Tag über das Croft zu laufen und zu schauen, ob eines der Schafe vor Schwäche umgekippt ist. Schäfchenzählen ist nicht nur was für Kinder oder zum Einschlafen. Ich zähle meine Herde fleißig, damit mir keines verloren geht.

Ich bin froh, dass den Auen die dicke Wolle abgenommen wird, was sie in dieser Jahreszeit vor einer Hitzeerschöpfung bewahrt. Wir alle empfinden eine Erleichterung und die Verheißung einer kurzen Verschnaufpause, bevor die Lämmer verkauft werden. Obwohl ich keinen Bock mehr besitze, kommen zu meiner Überraschung trotzdem sechs Lämmer. Kein Tor stand offen, und kein Zaun wurde umgeworfen, und trotzdem hat ein fremder Bock seinen Weg aufs Croft gefunden. Ich nehme es stillschweigend hin und gliedere die Lämmer in die Herde ein. Ich verkaufe meine Lämmer nicht mehr für ihr Fleisch. Von dieser Schiene bin ich vor geraumer Zeit abgesprungen. Nun verwende und verkaufe ich die Wolle für Handarbeiten. Ich wurde dafür kritisiert, das Croft auf diese Art zu verschwenden, ohne Lammzucht, was vielleicht das heimliche Decken meiner Auen erklärt. Doch ich lasse Taten statt Worten sprechen. Veränderung braucht Zeit, um angenommen zu werden, und ich bin mir sicher, dass es eines Tages so weit sein wird.

Das Scheren ist ein uralter Tanz. Er erfordert Ausdauer, Geschick und Entschlossenheit. Die Aue drückt sich an den Körper des Scherers, vorsichtig an seine Arme und Beine gelehnt, die vier Beine in die Luft gestreckt. Die weichen, gekräuselten Löckchen, die von ihrem Bauch fallen, kürzer und dichter als das restliche Fell, werden zur Seite gefegt. Sind Bauch und Vorderflanken erst einmal getrimmt, wird ihr Kopf nach hinten gebeugt, und der Rasierer surrt in einer fließenden Bewegung von ihrem Brustbein zum Hals. Mit einer flinken Bewegung klemmt der Scherer seinen Ellenbogen unter ihr Vorderbein. Der Rasierer schmiegt sich tief in das dicke Fell über der weichen Haut ihrer Achsel. Ich halte den Atem an, zücke das Teerspray, doch die Aue wird ohne Kratzer zurück auf den Rücken gedreht. Der Scherer ist erfahren und geht methodisch vor. Der Schweiß tropft ihm von der Stirn, während er den Rasierer in langen Zügen von der Hinterflanke zum Kopf führt. Die Wolle riecht herrlich. Ein tiefer, dichter, reifer Geruch. Ich vergrabe meine Nase darin und denke darüber nach, wie viele Frosttage sie in sich trägt.

Das Vlies auszurollen ist eine Kunst für sich. Ich lege es mit der sauberen Seite auf den Boden, wobei ich versuche, die weichen, von der Wolle verdeckten Ränder nicht zu beschädigen, während ich es schnell von Dreck und Schlamm säubere. Meine Hände tauchen in die dichte Wolle, ich entferne Klabusterbeeren und anderen Schmutz, ebenso die schmierigen Büschel an den Rändern, picke die Kletten, Samen, trockenen Blätter und kleinen Zweige heraus. So entsteht allmählich ein staubiger Wollhaufen, den ich später um meine Erdbeerpflanzen auslege oder zum Mulchen meiner Gemüsebeete verwende oder um die Ritzen im Cottage zu stopfen, durch die der Wind zieht.

Sobald das Vlies gereinigt ist, falte ich die beiden Seiten nach innen und rolle es vom hinteren Ende zum Nackenteil auf, die Nackenhaare werden sorgfältig gescheitelt und in die Rolle gesteckt. Dann wird es zusammengebunden. Nachdem ich das Fell aufgerollt habe, tauche ich einen glatten Stab in blaues Kunstharz und markiere die frisch geschorene Aue mit dem Zeichen des Crofts: ein einzelner Punkt zwischen der rechten Schulter und der Wirbelsäule. So kann die Aue auf den ersten Blick zugeordnet werden, ohne dass man sie fangen und die Marke im Ohr ansehen muss. Früher verhinderten diese Marken, dass ausgebüxte Schafe in fremden Herden landeten. Ich habe von Faustkämpfen um verlorene Schafe gehört; einmal soll sogar eine ganze Herde von einem Hügel verschwunden und sechs Meilen die Straße runter auf einem anderen Hof wiederaufgetaucht sein. Doch die

Landwirtschaft ist nicht mehr die Haupteinnahmequelle der Insel und beherrscht das Gemeinschaftsleben folglich nicht mehr so stark wie früher. Die Bevölkerung wächst langsam, verändert sich demografisch und die Streitigkeiten, die früher um jeden Grashalm ausgefochten wurden, gehören langsam, aber sicher der Vergangenheit an.

Die Felle sind riesig und schwer. Für gewöhnlich wird die Wolle einfach in große Säcke gepackt und für ein paar mickrige Pfund vom Wool Board mit einem Lkw abgeholt. Ein altes Sprichwort besagt, die Wolle gehöre dem Wool Board schon, wenn die Schafe sie noch auf dem Rücken tragen. In diesem Jahr habe ich beschlossen, nicht alle meine Wolle zu verkaufen. So deckt man kaum die Kosten fürs Scheren. Stattdessen packe ich zwei Drittel – die besten Vliese – weg und verwahre sie geschützt. Ich werde sie später noch einmal gründlich mit den Händen kämmen, mit frischem Regenwasser waschen und anschließend an der frischen Luft auslegen, damit der Wind sie trocknet.

Ich werde die Wolle kardieren, Bausche herauszupfen und sanft durchkämmen. Später forme ich sie zu Bällen, woraus ich dann Strähnen mache. Über den Winter treffe ich mich mit anderen, um die Wolle zu spinnen. Es ist entspannend, die Fäden mit dem Rad zu spinnen, das Pedal mit rhythmischem Klicken zu treten. Aus manchen Vliesen mache ich Capes, Decken und Teppiche. Nach und nach erlerne ich dieses traditionelle Handwerk. Manchmal lade ich Kunsthandwerker zu mir ins Cottage ein, die mir im Gegenzug etwas beibringen. Eine wundervolle Art, neue Menschen kennenzulernen, und ein anderer Weg ins Crofting-Jahr, gefüllt mit sanfteren Stimmen, Lachen, hellen Fäden und Geschichten.

Während der schillernd frühe Morgen den Tau zu strahlendem Glanz aufsteigen lässt und die Sonne mit einem schwachen Schimmer umgibt, pflücke ich winzige frische Blätter vom spitzen Hagedorn und der Schlehe, überzogen mit prallen Beeren. Die Dornen zerren an meinen Ärmeln. Es ist unfassbar, was der Alltag auf dem Croft mit der Arbeitskleidung macht. Löcher zu stopfen ist eine tägliche Aufgabe, doch es ist mehr als das. Es ist meditativ. Ich bin keine gute Näherin, aber es entspannt mich. Es ist eine Metapher für das Leben: Jede Art von Stich ist mit seinem fließenden Eintauchen ins Gewebe eine andere Lektion. Man lernt beispielsweise, dass es beim Heftstich ratsam ist, die lose Stichreihe noch einmal durch einen Rückstich zu fixieren. So hält die Naht länger, jeder Stich kann dem harten Alltag besser standhalten. Die Mühe lohnt sich, denn jeder Stich zählt.

Heutzutage – mit einer neuen Generation, die hier heranwächst, freiwilligen Helfern, die aus aller Welt kommen, um auf den Crofts und Höfen mit anzupacken, und durch das Erwachen eines unaufgeregten, aber blühenden Tourismus – verändert sich das Leben auf der Insel. Sie zeigt ein neues Gesicht. Es spielt nicht mehr so eine große Rolle, ob man von hier stammt oder hier Familie hat. Ich lebe frei, ich bitte niemanden um Erlaubnis und mache meine eigenen Regeln. Ich erfinde meine eigenen Traditionen und schließe Freundschaften, die von Dauer sind, auf die ich bauen und mich verlassen kann.

Wenn ich an die frühen Jahre auf dem Croft zurückdenke, frage ich mich, wie wir durchgehalten haben. Es war in vielerlei Hinsicht eine ungezähmte Zeit, trotzdem war sie emotional fordernd und körperlich anstrengend. Wir mussten so vieles lernen. So vieles war nicht absehbar, so viele Klippen nur schwierig zu umschiffen. Einige dieser erbarmungslosen Jahre haben uns viel Kraft und immense Mühen gekostet, doch ebenso habe ich mir durch sie wichtige Fähigkeiten angeeignet und einen Vorgeschmack darauf erhalten, was es an Durchhaltevermögen braucht, um hier Wurzeln zu schlagen und zu gedeihen. Allein diese Jahre haben mir alles beigebracht, was für mein Leben wertvoll ist.

Es hilft, den Wandel der Jahreszeiten zu spüren – und dass man raue Hände und raue Wangen bekommt. Ich lerne noch. In der Natur gibt es keine scharfen Ränder. Vielleicht suche ich daher die Nähe der Wildnis statt der Menschen. Die Natur schenkt mir einen Frieden, wie ich ihn sonst nicht kenne.

Ich sorge mich nun nicht mehr darum, was der Tag bringen mag. Ich nehme fette Jahre und magere Jahre, wie sie kommen. Sorgen laugen aus. Sie machen müde und vernebeln unsere Visionen und unsere Kräfte. Ich versuche, offen und anpassungsfähig zu bleiben. So kann jeder Tag geruhsam ablaufen, wenn man im Einklang mit dem Boden lebt, vorausschauend mit der Natur ein Bündnis eingeht. Solange man auf seine rauen Instinkte hört, wird sich der Tag so abspielen, wie er sollte.

Ich übe, wie die Erde zu sein. Wenn mir kalt ist, mache ich Feuer. Wenn ich verletzt bin, atme ich und lasse die Tränen fließen. Wenn ich Angst habe, mache ich einen Schritt auf das zu, wovor ich mich fürchte. Wenn ich mich allein fühle, gehe ich hinaus in die Wildnis, damit sie mir Gesellschaft leistet und mich tröstet.

Als das Scheren beendet ist, strample ich die Stiefel ab und ziehe die Socken aus. Die Sonne besprenkelt meine Füße mit Lichtflecken. Ich liege im Gras und sehe zu, wie die weißen Wölkchen über die Hügel ziehen.

Manchmal träume ich, dass ich eines Tages, wenn ich zum Arbeiten zu alt bin, einer jungen Familie mit Kind dieses Land schenken werde. Ich träume davon, die Schönheit dieses Fleckens Erde mit vertrauten Menschen zu teilen. Meine Hände säen für die Zukunft aus: Samen, Eicheln, Birkenkätzchen und Ahornflügel. Ich habe Bäume für die nächste Generation gepflanzt, damit die Wildtiere Schutz suchen können. Ich verstehe jetzt, dass dieses Stück Land ein wunderschöner Ort ist, der verzeiht, solange man weiß, wo man Unterschlupf, Inspiration und Schutz suchen muss.

5

LUFT

Es ist Morgen. Das Wellblechdach des alten Lammstalls ächzt unter heftigem, für den Spätsommer ungewöhnlichem Nordostwind. Im Hinterhof hebt sich der Staub und wirbelt umher, die dicke Luft ist bleiern, angereichert mit dem Geruch von Regen. Doch abgesehen von einem grauen Schleier bleibt der Himmel klar. Es macht einen nervös, wenn man den Blick nach oben richtet und feststellt, dass das Wetter mit sich selbst uneins ist. Es schärft den Instinkt, macht ihn noch wachsamer. Ich weiß, dass ein ausgewachsener Sturm vom Horizont herzieht, nicht nur, weil sich die Möwen an den Futterkrippen tummeln oder sich die Schafe in den südwestlichen Wäldern des Crofts verstecken oder man dem Quecksilber im Glas beim Sinken zusehen kann. Ich weiß es aufgrund all dieser Dinge, doch vor allem weiß ich es, weil ich einen stumpfen, metallischen Geschmack im Mund habe, der den Speichel hervorschießen lässt. Ich hebe mein Gesicht, um die Luft noch deutlicher zu schmecken. Dieser scharfe Geschmack kündet von Unheil oder von Veränderung.

Heute ist meine Intuition fest verdrahtet mit einem inneren Verzeichnis von Hinweisen, die mir die Natur gibt, und so horche ich in mich hinein und achte auf die winzigen Signale, die mein Körper unbewusst aufnimmt. Manchmal komme ich mir vor wie Lackmuspapier, das die Feuchtigkeit und den Luftdruck der Atmosphäre absorbiert. Heute zerrt das Adrenalin an einem der straff gespannten inneren Drähtchen. Ich höre, wie das dünne Blechdach über dem Stall brummt und zittert, es rüttelt an seiner Befestigung, regt sich und klappert, will sich losmachen. Alle paar Minuten stöhnt und rasselt es, bevor es unter einer vibrierenden Welle erbebt. Das abgenutzte, verrostete Metall löst sich auf, vor meinen Augen lösen sich winzige Plättchen ab, als die Fetzen zersplittern. Zu sehen, wie sich das alte ausgefranste Metall selbst zerlegt, ist ein Furcht einflößender Anblick. Seit Jahren hat sich diese Selbstzerstörung angebahnt. Der Stall ist nicht groß, vielleicht sechs Meter hoch, und mit jedem Stoß klappert das Dach und schlägt heftig gegen das zerfallende Gemäuer. Alle paar Minuten hebt eine heftige Böe das Blech an wie zwei riesige Flügel. So geht es seit Stunden. Ich habe die Hoffnung aufgegeben, es noch sichern zu können.

Mein treuer Gartenschlauch, der sich nun wie eine Schlange windet, ist über die Jahre zu einem guten Freund geworden, der alles gegeben hat. Er hat das ganze Tragwerk des Dachs gehalten, seine Enden mit riesigen Steinen, einer rostigen Traktorachse und einem tausend Kilo schweren stählernen Klauenstand beschwert. Da mir das Geld für ein neues Schuppendach fehlte, sammelte ich sämtlichen Sperrmüll vom Croft für diese provisorische Konstruktion zusammen. Es mag eine merkwürdige Vorliebe sein, aber dieser Schlauch bedeutet mir sehr viel. Er hat mich häufiger vor einer Katastrophe bewahrt, als ich zählen kann. Wir haben alles gemeinsam durchgestanden, sämtliche grausamen Wetterschlachten der letzten vierzehn Jahre.

Während ich mit bangem Herzen zusehe und mich frage, was um Himmels willen ich tun soll, habe ich eine Epiphanie: Es gibt nichts, was ich tun kann. Und dieser Gedanke ist so endgültig, dass er merkwürdig beruhigend ist und mir Kraft gibt. Es gibt immer einen Punkt, an dem es kein Zurück mehr gibt, man plötzlich die eigene Erschöpfung, das Zögern und die Versagensangst überwindet – und die Angst akzeptiert.

Schließlich reißt sich das Dach von den Wänden los, wabert immer zerbeulter herum, während der tosende Wind durch das nun offene Gebäude faucht und die Konstruktion von unten anhebt. Ich greife in meine Tasche, ziehe ein scharfes Messer heraus und löse mit einem Schnitt durch den Schlauch die schwere klappernde Blechplatte. Ich kann nicht glauben, dass das hier gerade passiert. Ich empfinde nichts als Euphorie und Erleichterung. All die Jahre hat die Sorge um dieses Dach mich bedrückt. Es loszulassen erfüllt mich mit einem Gefühl der Freiheit. Wieder muss ich meine Energie auf eine Sache weniger verschwenden.

Heftig keuchend erbebt das Dach weiter. Erstarrt stehe ich da, bin unsicher, ob noch mehr passiert. Nicht auseinanderbrechen, flehe ich innerlich, als die einzelnen Platten beben. Wenn sich das Dach in seine Einzelteile auflöst, kann ich es unmöglich kontrollieren. Die scharfen gezahnten Randstücke würden wie alte Sägeblätter durch die Luft sausen und könnten Schaden anrichten oder zu grausigen Verletzungen führen. Eine solche Platte könnte binnen Sekunden sogar eine Gliedmaße abschneiden. Zum Glück sind meine Tiere im Wald wohlauf und in Sicherheit.

Stunden später kehre ich mit einem Drahtbesen geriffeltes Metall und Äste auf. Über dem Hof liegt eine merkwürdige Stille, das helle Licht strahlt durch den prasselnden Regen. Die letzten Wolkenfetzen wurden weggetragen und geben den Blick auf die Zerstörung und das Chaos frei, das der Sturm hinterlassen hat. Ein Baum ist umgeknickt und in der Mitte durchgebrochen und blockiert nun ein Tor. Der Schuppen, nunmehr ein desolates klatschnasses Steingerippe, sieht nun noch älter aus und hat eine kahle Schönheit an sich. Als wäre die Zeit zurückgedreht worden und hätte ihn in seinen ursprünglichen Zustand versetzt. Im Innern tropft Wasser in überlaufende Eimer, im Hof liegen schmutzige feuchte Strohfetzen herum. Zum Glück sind die Heuballen im Schuppen mit einer dicken Zeltplane abgedeckt. Und jetzt? frage ich mich schockiert angesichts der Trümmer. Wie zur Antwort lässt mich ein Geräusch am Himmel aus meinen Gedanken aufschrecken. Ein kleiner Schwarm Schwäne fliegt über mich hinweg, die Flügelschläge streifen den Himmel, als zupften sie eine Leier. Die Luft surrt durch ihre Federspitzen. Der Moment erscheint mir wie in einem Traum. Schwäne symbolisieren traditionell Reichtum, Glück und Liebe, also frage ich mich, ob das auch für einen ganzen Schwarm am Himmel gilt. Nehmt mich mit, denke ich, während ich ihnen hinterhersehe. Ein außergewöhnlicher Anblick, die schweren Körper so grazil und schwerelos.

Ich weiß, dass ich mich nicht sorgen muss. Der Wind ist für mich der Hauch der Veränderung. Er hat den Schuppen von seiner Vergangenheit befreit und mich binnen drei Stunden dazu gezwungen, das Leben auf dem Croft anders zu betrachten. Manchmal lädt das Universum dazu ein, nach seinem Prinzip von Zerstörung und Veränderung zu arbeiten. Ein Zimmer zu räumen, eine lästige Routine abzulegen oder ganz einfach loszulassen, damit die Leere von einer anderen Zukunft gefüllt werden kann. Der Anblick der Schwäne erinnert mich daran, dass der geheimnisvolle Schwung des Windes ein Quell der Kraft und Erneuerung sein kann, wenn man es schafft, das Chaos zu überwinden.

Ich mache eine Vollbremsung und stoße mit der Schulter die Tür des Trucks auf. Bei laufendem Motor durchkämme ich den Straßenrand, gehe ruhig, aber entschlossen ein paar Schritte zurück. Habe ich mich verguckt? frage ich mich, während meine Augen die steile Böschung absuchen. Plötzlich entdecke ich etwas auf der niedrigen Mauer: ein feuchtes schwarzes Federknäuel. Als ich in die Hocke gehe, regt sich ein zerzauster Kopf und sieht zu mir hoch. Auf den ersten Blick halte ich ihn für eine Babysaatkrähe mit wunderschönen hellblauen Augen. Einer seiner Flügel ist zerrupft und ein Beinchen verletzt. Als ich seine Flügel auffächere, zappelt er nicht. Federn hat er noch kaum, nur fluffige Daunen, er zieht den Kopf ein. Ich versuche, ihn zum Stehen zu bringen, doch er fällt immer wieder auf die Seite. Erst jetzt fühle ich, wie kalt und schwach sein Körper ist. Ich falte meinen Pullover zu einer Trage und nehme ihn vorsichtig mit in den Truck. Ich zögere keine Sekunde. Der Vogel ist krank und braucht Hilfe. Ich fahre die sechs Meilen zurück zum Croft, und er sieht zu mir auf und lässt mich keine Sekunde aus den Augen. An diesem Tag verliebe ich mich.

Zu Hause fülle ich einen Topf mit Wasser und mache ihm ein hart gekochtes Ei. Als es abgekühlt ist, schäle ich es und füttere ihm winzige Stückchen tief in seinen aufgerissenen Schnabel, eins nach dem anderen. Aus irgendeinem Grund zerfließt bei seinem dankbaren Gurgeln mein Herz. Der Kleine hat einen langen, spitzen Schnabel, doch er ist weich, zerbrechlich und zögerlich. Erst jetzt bemerke ich einige gräuliche Federansätze auf seinem Schopf, in seinem Nacken und auf seinem Rücken. In mir regt sich ein Zweifel. Ich sehe ihn mir ganz genau an und weiß tief in meinem Innern, dass er keine Saatkrähe ist, sondern eine Nebelkrähe.

Auf der Insel sind Nebelkrähen dafür bekannt, neugeborene Lämmer zu verletzen – wer eine sieht, greift sofort zur Flinte. Ich frage mich, wie es dem Vogel ergehen wird, wenn er wieder gesund ist. Ohne eine Mutter wird er auf mich angewiesen sein und sich nicht allein durchschlagen können. Wenn er zahm wird, hat er nicht genügend Angst vor Menschen und wird mit großer Sicherheit verletzt oder abgeschossen. »Keine Sorge«, versichere ich ihm. »Erst mal machen wir dich gesund, dann sehen wir weiter.« Weiterhin hoffe ich darauf, dass die grauen Federn irgendwie verschwinden werden. Ich streichle die spitzen schwarzen Federn über seinem Schnabel. »Die haben Saatkrähen auch.« Doch als ein Bauer anklopft, um sich eine Penicillinspritze für ein krankes Lamm zu borgen, wirft er einen einzigen Blick auf den Vogel und fragt misstrauisch: »Was zur Hölle macht das Krähenvieh hier?«

»Es ist nur eine Saatkrähe«, sage ich beiläufig und wickle ihn in ein Handtuch ein, um seine immer deutlicher sichtbare graue Brust zu verstecken. Der Vogel zwinkert mir zu und drückt sich an meine Arme. Ich hole die Medizin aus dem Kühlschrank. Wenn ein Tier krank ist und die Veterinärbox der Insel halb leer, ist es gut, sich beim Nachbarn etwas leihen zu können. So lassen sich Zwistigkeiten überwinden, weil die Not weit größer ist als alte Animositäten.

Der Bauer kommt näher. »Das ist keine Saatkrähe«, stellt er fest. »Nur eine tote Nebelkrähe ist eine gute Nebelkrähe.«

»Er ist krank«, seufze ich. »Ich werde ihn schon wieder auswildern, versprochen.«

Am Nachmittag jucken meine Hände wie verrückt, als fräße sich etwas von innen ins Fleisch. Ich kratze mir die Finger blutig.

Meine Krähe beobachtet mich von ihrem kleinen, mit Stroh und Gras ausgelegten Verschlag nahe der Küchentür. Der Vogel ist noch immer zu krank, um zu hocken, also habe ich ihm ein Bett gebaut.

Ich sehe ihn mir genauer an. Als ich die Daunen und die Federansätze auseinanderschiebe, sehe ich seine nackte, mit Pusteln überzogene Haut, auf der es vor winzigen, fürs bloße Auge beinahe unsichtbaren Milben nur so wimmelt. In einer weichen Hautfalte in der sanften Höhle unterhalb seiner Schultern brummt eine dunkle Fliege, fett und schläfrig, die an einer offenen Wunde frisst. Vor Ekel erschaudere ich, doch ich weiß, dass ich mich darum kümmern muss. Ich bringe den Jungvogel hinaus zum dachlosen Schuppen und wasche ihn mit einem weichen Lappen. Ich finde drei weitere Fliegen, und es gibt keinen Teil seines Körpers, der nicht von Milben befallen ist. In meinem Medizinschrank habe ich Antibiotika, Schmerzmittel und etwas gegen Milben, was ich ihm einflöße. »Es tut mir leid, aber du wirst bis morgen hierbleiben müssen.«

Nachdem ich ihm ein frisches Nest gebaut habe, füttere und beruhige ich ihn, ziehe mich im Garten aus und spritze mich von Kopf bis Fuß mit Wasser ab. Dann renne ich zum Meer und springe in die Wellen. Später am Abend verbrenne ich die Klamotten, die ich getragen habe. Zum Glück juckt es nicht mehr. Was für eine Erleichterung, diese schreckliche Plage los zu sein. Bis es der Krähe besser geht und sie nicht mehr von den Parasiten befallen ist, wickle ich sie in ein Handtuch ein und trage Handschuhe. Jeden Morgen stelle ich ihr Bett auf das frische Gras unter den Bäumen. Der Vogel sitzt da und beobachtet mich, scheint jedes meiner Worte aufzunehmen. Erst nach fünf Tagen hat er den Befall hinter sich. Ich bringe ihn nicht mehr zurück ins Haus, denn er soll sich nicht von seinem natürlichen Lebensraum entfremden. »Du kannst ihn nicht behalten«, sage ich streng zu mir, trotzdem wünsche ich es mir. Er ist ein wunderbarer Begleiter, schlau und zutraulich.

Ich trage ihn mit mir auf dem Croft herum. Erst in ein paar Wochen wird er laufen oder fliegen können, bisher kann er nur unbeholfen herumhüpfen. Doch er gibt sich damit zufrieden, ruhig in meinen Armen zu sitzen. Wenn ich draußen grabe, hockt er auf dem Boden und sieht mir zu. Er liebt Eier, schwarze Käfer und kleine Melonenstückchen, doch seine Leibspeise sind rote Trauben. Als er wächst, zeigt sich immer mehr seine Federzeichnung.

»Wir sind eben, wer wir sind«, sage ich ihm.

Ich nenne ihn Feannag, Gälisch für Krähe, und rufe ihn kurz Fea.

Eines Tages wagt Fea sich an einen kurzen Flug durch den Garten. Doch seine Flügel tragen ihn nicht. Er versucht, in einem Baum zu landen, fällt jedoch auf den Boden. Ich hebe ihn auf, füttere ihn und setze ihn in die niedrigsten Äste der Kiefer bei den wilden Beerensträuchern. Ich habe einen Plan im Kopf, und an diesem Morgen beschließe ich, ihn in die Tat umzusetzen. In einer Studie habe ich gelesen, dass Krähen entgegen der landläufigen Meinung keine Jungtiere angreifen, um sie zu verletzen oder zu töten. Sie attackieren sie aus dem Grund, dass sie sich in der Höhe in Sicherheit bringen. Meine Nachforschungen ergeben, dass Krähen eine außergewöhnlich komplexe und hoch entwickelte Sozialstruktur aufweisen. Pärchen bleiben ein Leben lang zusammen, und manche von ihnen kümmern sich erwiesenermaßen um verwaiste, kranke oder verletzte Jungvögel außerhalb ihrer eigenen Familienstruktur, die sie adoptieren.

Also hoffe ich, dass eine andere Krähe Fea hören wird, wenn er hungrig wird und nach mir ruft. Ein gewagter Versuch, doch ich sehe keine andere Möglichkeit. Viel Zeit bleibt mir nicht: Nach etwa einer Stunde werden seine Kräfte schwinden. Es ist ein schöner, sonniger Tag, windig und frisch. »Ich kann dich sehen«, rufe ich ihm zu, als er mich von dem Baum aus beobachtet. Zu Beginn regt er sich, stupst die Zweige zurecht, bis er es bequem hat. Noch bevor eine Stunde vergangen ist, ruft er zunehmend verzweifelt nach Nahrung. Ich zwinge mich dazu, nicht zu ihm zu gehen, aber es ist eine Tortur, ihn zu hören und zu wissen, dass er mitkriegt: Ich komme ihm nicht zu Hilfe. Plötzlich flattert ein paar Äste über ihm etwas – eine riesige ausgewachsene Nebelkrähe. Ich beobachte, wie sie sich ihm nähert und sich duckt, um ihn zu erreichen. Als sie neben ihm steht, streckt sie den Schnabel aus. Ich bekomme Angst, dass sie ihm etwas tut. Fea ruft und schlägt herzzerreißend mit seinen Flügeln. Plötzlich springt die Krähe aus unerklärlichen Gründen auf und fliegt über den Hügel fort. Ich kann nicht hinsehen. Feas Stimme wird schriller und lauter, bis er schließlich verstummt und den Kopf einzieht. Ruf weiter, feuere ich ihn innerlich an. Heb die Stimme, wie soll dich sonst jemand finden? Eine halbe Stunde später fängt er wieder an, und derselbe riesige Vogel nähert sich erneut. Diesmal versucht Fea zu der Krähe zu gelangen und fällt dabei durch die Äste. Ich muss mich zwingen, mich nicht zu regen, dabei habe ich schreckliche Angst, dass er sich verletzen könnte, doch ein niedrigerer Zweig fängt ihn auf. Der ausgewachsene Vogel hüpft hinunter zu ihm und nähert sich, bis er direkt vor ihm hockt. Als Fea die Flügel ausbreitet, den Schnabel öffnet und jenes tiefe, gurgelnde Geräusch ausstößt, lehnt die Krähe sich nach vorn und steckt ihren Schnabel in seine Kehle. Es ist ein unglaublicher Moment. Ich mache mit meiner Kamera ein Video, um ihn mir später noch einmal in Ruhe anzusehen.

Als die Krähe wieder fortfliegt, ist Fea ruhig und entspannt, sein Hunger gestillt. Über die nächsten Stunden beobachte ich, dass er immer wieder gefüttert wird, wenn er ruft. Die Abstände zwischen den Fütterungen sind kürzer, als sie es bei mir waren. Ich bin überglücklich, denn nun hat er nicht nur eine Überlebenschance, sondern findet vielleicht sogar Anschluss an seine eigene Art. Und ich bin hellauf begeistert, dass sich das Risiko, das ich eingegangen bin, ausgezahlt hat, dass ich einen außergewöhnlichen Akt des Mitgefühls beobachten durfte, von dem viele vermutlich behaupten würden, er könne sich unmöglich so zugetragen haben.

Eine Woche später findet Fea mich im Garten. Er hat gerade erst das Fliegen gelernt, doch er schafft unbeholfene Probeflüge vom Baum zu den Gemüsebeeten. Ich spreche mit ihm, und er lässt mich nicht aus den Augen. Ich weiß, dass es ihm, gut geht, und bin dankbar, dass er noch immer meine Nähe sucht, obwohl dafür keine unmittelbare Notwendigkeit mehr besteht. Wildtieren bietet die eigene Gruppe oder Familienstruktur den größtmöglichen Schutz, genau wie beim Menschen. Der Corvus-Familie ist Abschottung ebenso ein Gräuel wie uns. Das Erlebnis mit Fea zeigt mir, dass Empathie und Toleranz gegenüber verletzlichen, nicht blutsverwandten Individuen möglich ist. Eine überaus hoffnungsvolle Entdeckung.

Ich stehe am Fenster und beobachte die Vögel. Langsam fallen die Blätter, im Hof wirbelt der Wind Schatten und Laub durchs helle Sonnenlicht. Cleodie, mein Star, lernt gerade das Picken, sie krallt sich an das Drahtgerüst meiner Kletterrose und sucht sich Nüsse, Samen und Trauben aus meinen Futterhäuschen. Cleodie habe ich als winzigen Nestling auf dem Boden gefunden, als sie erst wenige Wochen alt war. Sie ist nicht daran gewöhnt, um ihre Nahrung zu kämpfen, da sie sich nicht gegen ihre rabiaten Geschwister im Nest zur Wehr setzen musste. Dass sie nun den Himmel und die Bäume erkundet, ist ein freudiger Anblick. Doch nun steht ihr die erste große Prüfung bevor: Sie muss lernen, in den kälteren Monaten zu überleben, wenn das Jahr langsam abstirbt.

Plötzlich schießt ein Sperber im Sturzflug auf das Futterhäuschen zu. Zu meinem Entsetzen breitet Cleodie die Flügel aus und schreit um ihr Leben. Instinktiv mache ich einen Satz nach vorn und klopfe an die Fensterscheibe. Noch bevor ich sie erreiche, verjagt mein Schatten den Angreifer, er dreht ab, spannt seine gelbbraunen Flügel für einen eleganten Abflug und schwingt sich über die Rosen und das Gemüsebeet davon. Sogleich sehe ich eine riesige Krähe, die auf dem Schuppen sitzt. Es ist Feannags Ziehmutter. Sie krächzt zweimal schnell hintereinander. Doch mit diesem wohlbekannten Drohruf bin nicht ich gemeint, denn an mich ist sie gewöhnt, sondern ein anderer Eindringling. Mühelos gleitet sie in die Luft und jagt dem Sperber hinterher.

Sprachlos beobachte ich, wie sie ihn mutig verfolgt, an Höhe gewinnt und von hinten zu ihm hinabstürzt, um ihn anzugreifen. Langsam wirbeln sie über das Croft in die Ferne. Unerbittlich versuchen beide, ihr Territorium zu verteidigen. In ihrem Kampf auf Leben und Tod schrauben sie sich immer höher, bis sie nur noch winzige Punkte am Himmel sind. Als die Krähe zum Croft zurückkehrt, nachdem sie erfolgreich ihre Überlegenheit bewiesen hat, bin ich erleichtert, dass die Singvögel fürs Erste vor dem Sperber sicher sein werden und wieder Ruhe einkehren wird.

Die Szene ruft mir die merkwürdigen, häufig unsichtbaren Kräfte in Erinnerung, die in dieser Landschaft zu jeder Zeit am Werk sind. Im kreisenden Flug der beiden Vögel wurde ich Zeugin davon, dass Angriff und Verteidigung zwei Seiten desselben Instinktes sind. Auch die Krähe ist ein Raubvogel. Sie denkt an sich selbst, wenn sie ihr Revier verteidigt. Im Frühling wird sie die Eier der Singvögel räubern, die sie gerade noch verteidigt hat. Heute hat der Sperber die Singvögel angegriffen, und die Krähe hat ihn bezwungen. Morgen wird der gleiche Kampf vielleicht ein anderes Ende nehmen. In der Wildnis wie unter Menschen sind diese Kräfte in ständigem Wandel begriffen. Die Insel wird immer eine umkämpfte, unbeständige Sphäre bleiben, und genau wie die Singvögel bin ich einer ihrer immanenten Bestandteile.

6

STERNE

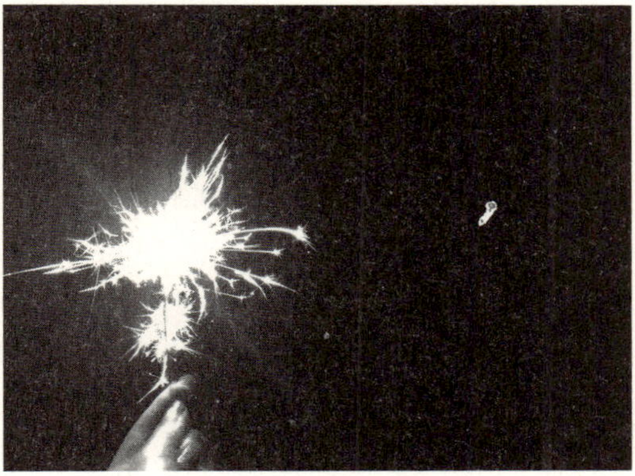

Ein weiterer Sommer vergangen. Es ist Spätherbst, und wieder stecken die strubbeligen Schafsfelle voller trockener Blätter, Heidekraut und Dornen, die meine Finger piksen und zerkratzen, als ich versuche, die Knoten zu entwirren. Haselnüsse rollen über den Küchentisch, glatt glänzende, braune Bällchen dichter Süße. Mittlerweile suche ich zum Vergnügen in der Natur nach Nahrung, und die Tage vergehen so geruhsam, wie draußen die Blätter zu Boden segeln. Sie werden kürzer, nach Sonnenuntergang bricht die Nacht schneller herein und legt sich über das Himmelszelt.

Ich sitze auf einem niedrigen rustikalen Stuhl am flackernden Kaminfeuer. Die draußen herrschende Dunkelheit fühlt sich mit einem Mal atemberaubend nahe an. Auf meinem Schoß liegt ein kleiner Koffer. Als ich ihn öffne, glänzt mir dunkles Holz in einem roten Samtpolster entgegen. Ich öffne die Halterung und hebe den langen Bogen heraus, der sich eng in seine Polsterung schmiegt. Seine Spitze, von der aus das Rosshaar aufgespannt ist, schimmert blass wie die Wintersonne. Als meine Finger über ihn gleiten, gibt er leise knisternde Flüstergeräusche von sich, die mich an den Frühsommer denken lassen: Die Gräser wuchern wild und frei über das Croft, und der Wind streicht durch Folas Schweif und ihre Mähne.

Es ist ein wunderschönes Instrument. Perfekt aus dem reichen blanken Holz modelliert, jedes Ende rund wie eine reife Frucht. Sanft zupfe ich mit dem Daumen eine Saite, und ein tiefes Summen erklingt. Ihr Klang ist warm, lebensfroh und unverwechselbar, sanfter als eine Geige. Zögernd hebe ich sie an, klemme sie unters Kinn und lasse den Bogen über sie gleiten. Ihre Kraft ertönt aus ihrem hohlen Körper. Wenn ich den Bogen neige, zittert ihre Stimme. Ich horche auf ihr Echo, so tief wie der dunkle, verschwommene Nachthimmel. Diese Bratsche ist mein kostbarster Besitz. Sie hat ihre ganz eigene klare Note, holt die Vergangenheit in die Gegenwart, hebt mit an und trägt mich mit sich fort.

Der Anruf kam unerwartet. Eine von Cristalls Töchtern aus Neuseeland. Ich hatte kurz vorher an sie gedacht, und sie rief an, als hätte sie es geahnt. Ihre Stimme traf mich wie ein Blitzschlag, so sehr klingt sie wie ihre Mutter. Wie helles Vogelzwitschern, auf und ab, genau wie in meiner Erinnerung, so lebendig und greifbar, dass mir die Tränen kamen. »Ich hab dich vermisst«, sagte ich ihr. »Ich dich auch«, gab sie zurück. Eine Zeit lang hatten wir den Kontakt zueinander verloren. Im Nachhinein war die Trauer, die wir in der jeweils anderen erkannten, wohl zu unmittelbar. Manchmal muss man die Vergangenheit loslassen, damit man eine Zukunft gestalten kann. Ich war sprachlos, als sie mir mitteilte, dass Cristall mir Geld hinterlassen habe. »Sie wollte, dass du es bekommst. Du warst ihre andere Tochter. Ich weiß, wie viel ihr einander bedeutet habt. So ist es genau richtig.«

Nachdem ich aufgelegt hatte, zitterte meine Hand. Was sollte ich mit einem derart großzügigen Geschenk anfangen? Auf jeden Fall wollte ich es für etwas Sinnvolles verwenden, für etwas von Dauer, statt es nach und nach zu verplempern. Ich ging in den Wald und setzte mich inmitten einer Gruppe von Schwarzpappeln, wo ich häufig nachdachte oder tagträumte. Sie bringen Klarheit in meine Gedanken.

Als das Geschenk ankam, spendete ich zuerst an die Wohltätigkeitsorganisationen, die Cristall am meisten geschätzt hatte. Danach rührte ich das Geld jahrelang nicht an, während ich mir den Kopf darüber zerbrach, was ich damit tun wollte. Tief in meinem Innern wusste ich, dass ich es in etwas investieren wollte, was unsere gemeinsame Vergangenheit mit meiner Gegenwart verband. Doch wie oder wodurch wäre dies möglich? Ich durchlebte erneut all unsere Erinnerungen, unsere Spaziergänge, wie wir Bäume und Pflanzen ausgesät hatten, das Kochen, Malen, Schachspielen, die vielen Stunden, die wir beim Weintrinken geplaudert haben. Eines Tages saß ich mit Isla draußen und schaute den Vögeln zu. Ihre Lieder ließen mich daran denken, wie sehr wir beide Musik liebten, die uns ermöglichte, uns der Natur noch näher zu fühlen.

Musik entzieht den Gedanken alles, was unharmonisch ist, und lässt Grenzen verschwinden. Sie rührt wortlos das Herz. Man fühlt sie mit seinem gesamten Sein. Musik ist ein Schlupfloch, durch sie kann sich das Bauchgefühl frei ausdrücken, Erfahrungen, über die man nicht gerne spricht, lassen sich durch sie verarbeiten. Als kleines Kind hatte ich Klavierstunden, doch hier auf der Insel war es mir nach Cristalls Tod jahrelang nicht möglich zu spielen. Mit der Zeit verstand ich, dass auch Musik uns Gesellschaft leisten kann.

Plötzlich wusste ich, was ich mit Cristalls Geschenk anfangen wollte.

Ein Instrument in der Hand zu halten, das man noch nicht beherrscht, kann ein wenig einschüchternd sein. Doch ich habe die Bratsche aus dem Grund ausgewählt, weil sie mir fremd ist. Ich möchte bei null beginnen, völlig vorurteilsfrei, ohne Vorkenntnisse oder Erwartungen. Meine Finger fühlen sich merkwürdig an, wenn sie den Bogen heben, nur das Rosshaar hat etwas Vertrautes. Als ich zum ersten Mal über die Saiten streiche, klingt der Ton wie ein vorsichtiges Fragezeichen. Eine Antwort habe ich noch nicht, also streiche ich wieder und wieder, bis das Zimmer vor Möglichkeiten vibriert. Meine Haut kribbelt bei diesem Klang. In den ersten Monaten scheinen mir nur offene Fragen zu gelingen. Es ist komisch und ein bisschen frustrierend, kein Gespräch entwickeln zu können. Doch mit der Zeit macht sich meine Geduld bezahlt. Es ist der Anfang einer wunderbaren Beziehung.

Ich gebe mir selbst das Versprechen, das Spielen nach Gehör zu lernen, statt die Noten vom Blatt abzulesen. So hört man noch genauer hin. »Keine Notenblätter«, sage ich meiner Bratsche mit einem Kopfschütteln. »Nur wir zwei zusammen.«

Beim ersten Ton eines Instruments schwebt eine ungelöste Spannung in der Luft. Es mag merkwürdig klingen, doch obwohl die Bratsche mir im Umgang nicht vertraut ist, öffnet sie etwas in mir, was zu lange verschlossen war. Wenn man seit so vielen Jahren allein lebt, kann jede neue Begegnung zunächst unbeholfen und schwierig sein. Als stünde man inmitten eines Orchesters auf der Bühne. Man hebt den Bogen oder öffnet den Mund zum Singen, doch sobald man ansetzt, merkt man, dass das Orchester ein Stück spielt, das man nicht kennt. Genau wie die Musik ist auch soziale Kompetenz etwas, was man mit Übung lernt. So wie man jede einzelne Note lernt, damit ein fließendes Lied daraus wird, muss man Small Talk, Körpersprache und Sozialverhalten, wovon jeder noch so kurze Austausch bestimmt wird, üben. Man muss sich mit Rhythmus, Tonfall und Tonlage vertraut machen. Wenn man aus der Übung ist, kann es schwer sein. Ich sehne mich nach Austausch, doch manchmal treffe ich nicht den richtigen Ton oder habe das falsche Timing. Ich arbeite an mir, auch wenn es ermüdend ist. Ich bin das Reden einfach nicht mehr gewohnt. Niemals hätte ich gedacht, dass mir einmal die Worte fehlen würden. Die Einsicht kommt wie ein Schock, dass ich nun etwas üben muss, was ich früher als selbstverständlich hingenommen habe.

Meine Bratsche zu spielen hilft mir dabei, diese Bühne zu betreten, die schwierigen Stellen im Stück zu identifizieren. »Du schaffst das«, sage ich mir. »Es ist wichtig, ohne Angst zu leben, ohne zu bereuen.« Das ist manchmal leichter gesagt als getan. Es ist schwer, Einsamkeit in ihre Einzelteile zu zerlegen, doch mit jedem Tag, an dem ich eine Notenabfolge übe, bemerke ich, dass sich die emotionale Struktur der Akkorde aus Misstrauen, Schmerz und mangelnder Unterstützung zusammensetzt.

Ich werde selbstbewusster, mein Spiel wird flüssiger. Es gelingt mir zusehends besser, einen schönen Klang zu schaffen, der von spirituellem und kreativem Wachstum erzählt, Kraft spendet und Lust auf Gesellschaft macht. Bei Musik geht es darum, sich in einem sicheren Rahmen verletzlich zu zeigen. Sich den eigenen Herausforderungen zu stellen und durchzuhalten, bis die Noten zusammenfließen. Ich verstehe jetzt, dass es nicht an der Anzahl der Sozialkontakte liegt, ob man sich voll oder leer fühlt, einsam oder geborgen, sondern ob diese Beziehungen laut in unserem Herzen klingen, mit richtigen oder falschen Tönen.

Das Schöne an der Bratsche ist, dass sie im Gegensatz zum Klavier leicht und mobil ist. Jeden Abend, wenn ich am Feuer spiele, regt sich in mir ein Gedanke. Ich frage mich, ob sie der Schlüssel sein könnte, der ins Schloss einer größeren musizierenden Gemeinschaft passt. An diesem Gedanken halte ich mich fest. Ich träume davon, zusammen mit anderen spielen zu können.

Der Winter ist eine Zeit, in der man sich zurückzieht. Und doch stelle ich mir zunehmend eine andere Art vor, die langen, dunklen, kalten Monate zu verbringen. Die Insel verändert sich, genau wie ich. Im November werden die Klippen von salziger Gischt und übers Meer peitschenden Böen geschliffen. Die Grauheiden werden heller, während das Gras verkümmert und sich die braunen Hügel dunkler färben. Hasen hoppeln flink umher, und an der kahlen Küste glänzen an die Steine geklammert Wellhorn- und Napfschnecken. Federn von Graugänsen überziehen den Kies. Die Wolken wandern gen Norden. Der Wind pfeift durch die alten Pflüge, die bei den Feldern stehen gelassen wurden, als bildete er mit diesen einen unsichtbaren Webstuhl, der noch immer die Fäden dieser Landschaft und ihrer Erinnerungen ineinanderwebt, jeden Tag eine andere Vergangenheit und Gegenwart. In der metallischen Vibration höre ich das Geklirr schwerer Zaumzeuge und die harschen Rufe, mit denen die alten Zugpferde über ihre gesenkten Köpfe hinweg bei der Arbeit auf diesen Feldern angetrieben wurden. Der Gedanke an die simplen Freuden und Entbehrungen dieser lange vergangenen Zeiten lehrt mich Demut.

Meine Augen gewöhnen sich an die Dunkelheit. Die Winterlandschaft liegt ruhig und still da. Hinter der zerklüfteten Landzunge bahnt sich ein scharfer Lichtstrahl seinen Weg, er strahlt goldgelb wie ein Fabelwesen. Ich sehe zu, wie die dunkle Silhouette der Landschaft deutlicher wird und sich verfestigt. Eine uralte Ruine zeichnet sich strahlend vor dem Horizont ab; einst muss sie Männern, Frauen und Kindern Schutz geboten haben. Ich bin froh, dass diese angstvolle mühsame Zeit vorüber ist. Die

Landschaft macht keine falschen Versprechungen. In ihrer simplen Natur erkenne ich eine Lebensart wieder, die mir über alle Maßen ans Herz gewachsen ist.

Ich frage mich, ob sich unsere Marotten und Ticks im täglichen Zusammenleben mit anderen normalisieren. Wir bitten die anderen um Verständnis für unsere Eigenheiten, und doch sind wir genau wie die Vögel auf der Hut vor Andersartigkeit. Es gab Zeiten, da ich mir die kleine Inselgemeinschaft hier wie einen Schwarm Trottellumme auf den Felsen vorgestellt habe: Wir sehen die Gezeiten kommen und gehen, zanken und vertragen uns, während die Sonne jeden Tag von Neuem auf- und untergeht. Nun verstehe ich, dass wir genau wie die Vögel einem eigenen Ruf folgen. Es gibt immer Zeit für einen fliegerischen Alleingang, um einen wilderen Ort jenseits von alldem zu suchen. Doch jeder von uns muss sich einen sicheren Heimathafen und ein Zuhause schaffen.

Die Musik bringt mir bei, anderen mit offenem Ohr zu begegnen, ihre ureigenen Schwingungen wahrzunehmen. Dem wohnt eine Zartheit inne, als würde man eine Stimmgabel anschlagen und seine ganz eigene Schwingung spüren, wie freundliches Zwitschern oder Warnrufe der Vögel. Die Musik entlarvt Oberflächlichkeit und Getue, enthüllt die tatsächlichen Absichten. Mir fällt auf, dass manche Menschen wahre Noten spielen, die mit einer mittleren oder hohen Frequenz klingen. Ihr warmer Tonfall ist anziehend, sodass man seine eigene Schwingung mit ihnen in Einklang bringen kann. Ich merke, wie sich meine Augen öffnen, meine Stimme heller wird, mein Kiefer entspannt und mein Körper sich lockert. Andere Stimmen klingen dünner, schief oder unharmonisch, sie verraten geheuchelte Worte oder Gebärden. Wieder andere sind schrill und offen ablehnend. Die Musik verändert meine Art zu denken, meine Gefühle und Reaktionen auf andere Menschen. Ich höre nicht nur neue Geräusche, ich höre auch genauer hin. Mir fällt auf, dass ich dadurch verwandte Leben anziehe. Und mitten in diesem musikalischen Dialog lerne ich den Klang meines eigenen wilden Rufes kennen.

Noch immer bin ich schüchterner und vorsichtiger, als ich früher war. Ich gehe selten aus und verbringe meine Tage allein auf dem Croft. Manchmal denke ich darüber nach, wie nachhaltig und unwiderruflich unsere Erfahrungen uns verändern können, und manchmal macht es mich ganz einfach traurig. Dies war, so erinnere ich mich, eine meine Befürchtungen, als wir auf die Insel kamen: dass Rab und ich zu anderen Menschen werden könnten. Wenn man ein Lied vergessen hat, muss man manchmal zurück zum Anfang gehen und den eigenen Fingern wieder beibringen, es zu spielen.

Vertrauen ist eine goldene, eindringliche Note. Glück ist ein starker dominanter Akkord, einer der schönsten, den ich kenne. Er birgt die Möglichkeit, Unsicherheiten, Schmerz und Sorgen zu vertreiben; einen fröhlicheren Ausklang nach dunkleren, rastlosen Mollakkorden. Was Vergebung anbelangt, improvisiere ich noch immer. Diese Tonart muss ich noch üben. Es ist schwer, die Vergangenheit loszulassen, doch mit der Zeit wird es leichter, und das macht mir Mut. Manche Dinge brauchen eine Weile. Ich hege die Hoffnung, eines Tages wieder genauso selbstbewusst und fröhlich wie früher zu sein. Manchmal muss man die Ärmel hochkrempeln und immer wieder versuchen, in dem besser zu werden, was einem am schwersten fällt.

Während ich die Laternen anzünde, steigt der Mond über den Bergen auf. Blass schimmert er über dem Süßwassersee jenseits des Crofts und des Meeres dahinter. Um ein Feuer herum haben sich einige Gestalten versammelt. Dunkle Silhouetten setzen sich deutlich von den flackernden goldenen Flammen ab. Der Ginster knackt unter einem großen Gerüst aus Stöckern und Ästen. Ich stehe oben auf dem Hügel neben meiner Lieblingsesche, wo ich vor nicht allzu langer Zeit über die Flammen gewacht habe, die den Ballast meines früheren Lebens verzehrten.

Heute bin ich von Musik und Lachen umgeben, von harmonischen Stimmen, Fiedeln, einer Flöte und Gitarren. Als ich meinen Baum ansehe, bin ich sicher, dass er zuhört und sanft mit seinen Blättern raschelt. Hinter uns grasen die Auen an kurzen Halmen. Zu meinen Füßen sehe ich Maudes strahlende Augen, in denen die Flammen leuchten. In diesem Moment, so denke ich, sind alle Menschen und Dinge, die ich habe, hier bei mir. Ich lächle, als ich meine Bratsche ans Kinn setze und den Bogen hebe. Diese Freundschaften sind noch im Entstehen begriffen, und ich beherrsche meinen Bogen noch nicht sehr gut, aber ich habe lange gesucht, um diese fröhliche Zusammenkunft zu finden. Ich hoffe, dass es mir immer gelingen wird, mit dem Licht meines eigenen Sternes zu ihrer funkelnden Konstellation beizutragen.

7

SONNE UND MOND

Meine Finger fächern winzige Wurzelknoten auf. Sie sind blass, durchscheinend, mit feinen Flimmerhärchen übersät. Sanft puste ich darauf. Als meine Fingerspitzen die warme Erde vorsichtig um den dünnen Stamm drücken, flüstere ich: »Hab ein schönes Leben.« Dann besprühe ich die Blätter der Weißbirke mit frischem Regenwasser und stelle sie in die Sonne. Der entstehende Pflanzensaft wird noch zusätzlich angereichert, da ich den Steckling kurz vor Monatsmitte eingepflanzt habe. Er ist einer von vielen, der eines Tages auf dem Croft einen großen Kreis von Birken neben dem Cottage bilden wird. Ihre helle Rinde verweist auf eine hoffnungsvolle Zukunft; ihre jahreszeitlichen Veränderungen stehen für das Vertrauen in die natürlichen Bewegungen des Kosmos und des großen Rads des Lebens.

Mittlerweise pflanze ich nach den natürlichen Phasen der Sonne und des Mondes. Die Sonne brennt auf meiner nackten Haut, während meine Hände weiche Schnur in ein altes Fischernetz weben. Es ist fest, rau, von Wind und Wetter gegerbt. In ihm hängt der Geruch von Salz und dem kalten Sog der Gezeiten, obwohl es jetzt Tage nur noch Regengüssen ausgesetzt ist. Die Platterbsen haben bereits ein dichtes Blattwerk, und die ersten Blumen öffnen ihre Blüten, während ich in dem Gewirr gewundener Stängel alte Weidenäste als Rankhilfen anbringe. Am Boden häufe ich um die kleinen Ableger etwas Erde, mit der ich die Wurzeln, die die Nährstoffe für Wachstum und Blühen herbeischaffen, festdrücke.

Ich lerne, im Einklang mit einem größeren, unsichtbaren Rhythmus zu leben. Als ich die Erde festklopfe, denke ich darüber nach, dass alles Leben, von der Keimung über das Wachstum und die Blüte bis zum Absterben, von Licht und Wasser beeinflusst wird, dass nichts von dem ohne Sonne und Mond möglich wäre. Für das Wachstum der Pflanzen ist es entscheidend, sie während des Monats zum richtigen Zeitpunkt auszusäen. So zu arbeiten erdet mich. Seit mehr als zweieinhalb Jahren tauche ich täglich durch das Schwimmen im Meer in diese Rhythmen ein, und die Gezeiten des Ozeans kommen und gehen in Harmonie mit den Mondphasen.

Ein Jahr ist vergangen, seit ich mir die Bratsche als Geschenk auserkoren habe. Vor sieben Jahren ist Cristall bei dem Autounfall gestorben. Als ich aufsehe, stürzt eine Schwalbe aus dem Himmel, dreht sich, vollführt eine Schraube, bevor sie mit ein paar Flügelschlägen graziös im Schuppen verschwindet. Dass die Schwalben zurückgekehrt sind, ist zauberhaft. Es fühlt sich wie ein Versprechen an. Der Anblick von Eiern in den vormals leeren Nestern ist wundervoll.

Der Frühling ist immer eine hoffnungsfrohe Zeit im Jahr. Nie sah das Croft schöner aus. An diesem Tag fällt etwas von meinen

Augen ab, was mir die Sicht versperrt hat. Ich habe hier so viel anzubieten, denke ich. Frische Luft, ein schönes Zuhause, eine ruhige Umgebung. Freundschaften, die noch jung sein mögen, doch sie sind mir eine Stütze, sie sind echt und verlässlich. Vor allem weiß ich, dass ich Liebe zu geben habe. Ich kann mir nichts vorstellen, was dazu fehlen könnte, den Traum wahr werden zu lassen, den ich schon so lange in meinem tiefsten Innern mit mir herumtrage. Jahre sind vergangen, doch ich habe ihn niemals losgelassen. Diese Sehnsucht hat mein Leben umspannt und seine Form und Struktur verändert.

Jahre bevor ich selbst versuchte, ein Kind zu bekommen, hatte ich mich bereits nach den Möglichkeiten einer Adoption erkundigt. Ich machte mir Sorgen, dass ich wegen meiner schweren Verletzungen durch den Autounfall selbst bei einer erfolgreichen Schwangerschaft nicht in der Lage wäre, das Baby auszutragen. Später entschied ich mich dennoch dazu, es zunächst einmal selber zu versuchen, obwohl meine Besorgnis nie ganz verschwand. Jahre verbrachte ich mit dem Bemühen darum, Mutter zu werden, um am Ende mit leeren Händen und gebrochenem Herzen dazustehen. Kurz nachdem wir auf die Insel gekommen waren, stellte ich im Ausland einen Antrag auf Adoption. Ich wählte China aus, wo durch die Ein-Kind-Politik weibliche Babys häufig der Gefahr ausgesetzt waren, verstoßen oder umgebracht zu werden oder im Waisenhaus zu landen. Eine Freundin hatte erfolgreich ein Kind aus dem Ausland adoptiert, und ich verfolgte mit großem Interesse, wie ihre Tochter vom Kleinkind zu einer wunderschönen Teenagerin heranwuchs. So erfuhr ich aus erster Hand alles über die Risiken, Schwierigkeiten, Herausforderungen, Erfolge und Unwägbarkeiten, die dieser Weg mit sich brachte. Es bedrückte mich, dass ein Kind von seiner Mutter und aus seiner Kultur fortgerissen wurde. Andererseits waren die Waisenhäuser zu jener Zeit in schlechtem Zustand, es fehlte an der alltäglichen Grundversorgung, Medikamenten und Personal. Was die Kinder erwartete, die nicht von einer Familie vor Ort oder aus dem Ausland adoptiert wurden, war unvorstellbar. Ich informierte mich über wirklich alles. An dem Tag, da meine Bewerbung angenommen wurde und das lange Warten begann, kam mir mein Traum, ein Kind zu bekommen, wie ein festes, bald erfülltes Versprechen vor.

Ich führte ein Tagebuch für meine Tochter, um den Beginn ihrer Reise zu uns festzuhalten. Die Worte an sich waren nicht wichtig, aber die Gefühle, die sie transportierten. Jeden Abend flüsterte ich: »Ich möchte, dass du weißt, dass du während dieser ganzen Zeit, die wir warten müssen, nicht bloß ein Gedanke bist. Für mich bist du lebendig.« Eines Tages wollte ich ihr diese Aufzeichnungen geben und mit ihr zusammen lesen, damit sie immer versichert wäre, dass sie geplant war und von Anfang an geliebt wurde.

Es machte mir nichts aus, dass es ein langwieriger Prozess war, denn er gab mir die Sicherheit, dass alle strengen Gesetze eingehalten wurden, die einen Missbrauch des Systems verhindern sollten. Ich rechnete mit mindestens achtzehn Monaten Wartezeit, und man warnte mich, dass es noch viel länger dauern könnte, doch jedes Jahr wurde meine Bewerbung aufs Neue bestätigt. Nach fünf Jahren wurde ich unruhig. Aufgeben wollte ich nicht, schon allein aus der Angst, nur Monate von einer erfolgreichen Vermittlung entfernt zu sein. Dieser Gedanke war nach der langen Zeit unerträglich. Ich tröstete mich, es würde schon irgendwann klappen. Vielleicht gäbe es dann durch die künstliche Befruchtung sogar schon ein Geschwisterchen – ich hatte mir immer mehr als bloß ein Kind gewünscht. Das war der Zeitpunkt, als meine Beziehung mit Rab in die Brüche zu gehen begann und ich alle Embryos verlor. Nachdem Rab gegangen war, hoffte ich, auch als alleinerziehende Adoptivmutter infrage zu kommen, doch traurigerweise wurde meine Bewerbung aufgrund dieser Änderung meiner Lebensumstände abgelehnt. Das war ein furchtbarer Rückschlag. Neun Jahre lang hatte ich auf eine Tochter gewartet, und nun musste ich den Traum loslassen.

Doch zu diesem Zeitpunkt war mein kleines Mädchen bereits fest in mein Herz gestickt. Und musste ich die Stiche lösen. Das war sehr schwer für mich. Zu schmerzlich. Beinahe viertausend Fäden – einer für jeden Tag, den ich auf mein Kind gewartet hatte – saßen tief in mir. Wenn ein Stoff so lange festgenäht war, sieht man, wo die Fäden saßen, selbst wenn sie nicht mehr da sind. Auf meinem Herzen kann man noch immer die weißen Narben dieser Stiche finden, und was mich mit ihr verbunden hat, lässt sich nicht auslöschen.

Niemals hätte ich mir träumen lassen, dass ein Kind zu bekommen so schwierig sein würde. Anderen scheint es buchstäblich in den Schoß zu fallen. Ich hatte immer eine enge Beziehung zu kleinen Kindern. »Es gibt so viele Möglichkeiten, am Leben eines anderen teilzuhaben«, sage ich mir. Doch mein Kinderwunsch bleibt so stark wie eh und je. »Du wärst so eine großartige Mutter«, ermutigt mich eine Freundin. »Hör auf dein Herz.« Und ich weiß, dass sie recht hat. Dass das alles ist, was man im Leben tun kann. Es ist wichtig, nichts zu bereuen, das Vertrauen nicht zu verlieren und in dem Wissen offen zu bleiben, dass nichts, was das Leben für uns bestimmt hat, an uns vorbeiziehen wird. Heute glaube ich daran und lebe danach.

Ich erkundige mich nach örtlichen Adoptionsagenturen.

»Sie leben zu weit weg«, höre ich von einer. »Sie liegen nicht in unserem einstündigen Umkreis.«

Ich rufe bei einer anderen an. »Sie sind als Kandidatin nicht erste Wahl«, informiert man mich.

»Das ist okay«, antworte ich. »Ich gebe mich auch mit dem zweiten Platz zufrieden.«

»Es ist ganz einfach so, dass Paare bevorzugt werden, um ein Kind großzuziehen.«

»Das verstehe ich. Aber ich habe viel Liebe zu geben und ein wunderschönes Zuhause.«

Wir verabreden, später weiter darüber zu sprechen. Ich bin voller Hoffnung. Ich bin zwar nur ein einziger Mensch, doch ich habe genug Liebe und Energie und einen Kreis von Unterstützern um mich herum, der mir Halt gibt. Und das ist die Wahrheit. Die harten einsamen Jahre sind vorüber. Meine Entscheidung bespreche ich mit einer engen Freundin. Sie hat drei kleine Kinder, die ich kenne und liebe. »Hier.« Eines davon, ein Mädchen, wirft mir ein Blatt Papier zu. »Das bist du.«

Sie hat mich als einen Vogel gemalt. Ich füttere einen kleinen Jungvogel. »Das ist dein Baby«, sagt sie.

Das Geschenk ist etwas so Besonderes, dass ich es rahme und aufhänge. Manchmal wird durch die Augen eines Kindes das Wesentliche eines Lebens herausdestilliert.

Ich nähe einen Quilt, weil ich beschließe, diese Zeit mit etwas Schönem festzuhalten. Eines Tages wird sein warmer Stoff hoffentlich meinen Sohn oder meine Tochter umhüllen. Das erste Patch habe ich bereits ausgeschnitten. Es ist eine Vogelmutter. Mit Heftstich nähe ich eine Applikation auf ein herrliches, mit wirbelnden Blättern und Beeren bedrucktes Stück Stoff.

»Macht ihr auch eines?«, frage ich meinen Bruder, meine Schwester, ihre Kinder und einige enge Freunde. Für alle habe ich ein Viereck zurechtgeschnitten. Ich sage ihnen: »Womit ihr es füllt, ist euch überlassen.« Zwischen ihre Teile nähe ich meine eigenen. Wenn ich den Quilt auswerfe, schaue ich mir häufig sein Design und sein Muster an. Das zentrale Viereck habe ich frei gelassen. Ich hoffe, dass diese Leerstelle eines Tages gefüllt und von meiner Hand für immer festgenäht werden kann.

Jedes Jahr pflanze ich einen neuen Baum auf dem Croft. Eines

Tages können wir beide durch einen Wald laufen, denke ich. Eines Tages werde ich eine Schaukel bauen und sie an einem Ast anbringen, damit der Wind sie wiegen kann. Wenn ich den Baum eingepflanzt habe, gehe ich auf den Hügel. Ich nenne ihn jetzt den Feuerhügel. Hier spreche ich all meine Wünsche aus, damit der Himmel sie hört und Sonne und Mond meine Zeugen sind.

Der Wind säuselt durch die Blätter meiner wunderschönen Esche. Dieser Baum ist mir so nah und vertraut. Jeden Tag sitze ich unter ihm und denke über all das nach, was mein Leben noch füllen wird. Ich habe mir seine würdevolle Silhouette und den aufsteigenden Pflanzensaft aufs Handgelenk tätowieren lassen, auf meinem Körper verewigt. Es fühlt sich machtvoll und heilsam an, dieses Symbol und unsere Verbindung auf der Haut zu tragen. Für immer wird es ein Teil von mir sein. Der Wind kräuselt am Rand des Sees die Wasseroberfläche. Die Pfützen füllen und leeren sich mit jeder neuen Welle glitzernden Wassers und weißen Sandes. Das Meer schimmert bis hinaus zum Horizont und weiter. Ich öffne dem Wind meine Arme und rufe meinen Wunsch in seinen Strom. Mein Herz schenke ich Sonne und Mond. Die schönsten Dinge passieren, wenn wir am wenigsten damit rechnen.

8

WILD

Die Hirsche traben, dunkle Hufe wirbeln Erde auf, fegen durch Äste und Laubhaufen. Die Tiere durchstöbern den Kies und äsen an den Felsen, während die Gezeiten wechseln. Im Mondlicht gleiten ihre Schatten einen Augenblick eher über die Hügel, als ich das pochende Leben in ihnen entdecken kann. Mit flinken Sprüngen zerfleddern sie das Farnkraut, dichte Körper sausen durch die Dunkelheit, bevor sie im kalten Wasser mit einem Erschaudern zum Stillstand kommen. Ihrer kraftstrotzenden Anwesenheit gewahr, halte ich meinen Atem. Feuchte Geweihe glitzern, umspült vom dunklen Schaum. Stolz stehen sie da, feiner Atem sprüht aus geblähten Nüstern, ihr aufgepeitschtes Blut lässt die Adern an ihren Hälsen pulsieren, ihre festen Flanken glänzen dunkel vor Schweiß. Was würde ich dafür geben, sie berühren zu können! Es ist ein unglaublich verlockender Moment, der mich über den eisigen Griff des Meeres erhaben macht.

Im Wasser löst sich mein harter Umriss unter dem kalten Feuer der Sterne auf. Nachts zu schwimmen fühlt sich wie eine Wiedergeburt an: ein feinerer, zarterer Teil des eigenen Selbst, sicher umhüllt von Dunkelheit und Mondlicht und reingewaschen von der kalten, funkelnden See. Es lässt staunen, bietet die Möglichkeit, eine wildere, mutigere und schönere Welt zu entdecken, in der wir von allem frei sind, was uns zurückhält oder herunterzieht. Im Mondlicht zu schwimmen ist atemberaubend. Im eisigen Wasser wird man gänzlich in die eigene Körperlichkeit eingeschlossen, und doch kann sich der Geist ungehindert ausbreiten, selbst gesteckte Grenzen oder Hemmungen überwinden. Es fühlt sich wunderbar an, wenn die Haut umspült und vom Salz geküsst wird. Wie die Vögel verlieren auch die Wildtiere ihre Angst, wenn man im Wasser schwimmt, und nähern sich auf eine andere Art. Es neutralisiert den Teil von mir, der als Angreifer wahrgenommen wird. Wir stehen einander gegenüber, und obwohl ich für diese kostbaren Minuten im Wasser lebendig bin und atme, sehen sie mich nicht. Ich betrachte die scharfen Umrisse der Hirsche, die sich von der marmornen Küste absetzen. Ihre muskulösen Hälse recken sich, als sie ihre stolzen Köpfe in den Wind am Rande des Wassers heben, um Witterung aufzunehmen, und dabei ihre langen weißen Schneidezähne entblößen.

Nie habe ich Hirsche aus solcher Nähe gesehen. Das Wasser ist dunkel, glitzernd und samtig. Während das Meer an meiner Haut leckt, ist mein menschlicher Geruch verschwunden, ich aber nehme den Hauch ihres tiefen Moschusgeruchs wahr, den eine Brise zu mir trägt. Süß und beißend ist er, wie feuchtes Laub, das zu reichhaltigem Humus fermentiert. Ihr rasselnder Atem, hell und rau, durchschneidet die Luft. Ich frage mich, ob die Hirsche nicht nur unsere Haut riechen, sondern auch unseren Atem.

Eine einzelne Hirschkuh macht Rast, stellt die Ohren auf, spitzt die Lippen, die Augen starr, und sieht eine Weile zu, wie mein blasser Körper auf dem Wasser schwimmt. Was sieht sie wohl? Ich rege mich nicht, lasse mich von den Wellen tragen, nur mein dunkler Kopf und meine Augen lugen aus dem Flutwasser hervor. Als sich unsere Blicke für eine Sekunde treffen, bläht sie die Nüstern, öffnet die Lippen, wie um Alarm zu schlagen. Ruhig senke ich die Schultern, entspanne meinen Blick. Nicht nur, um zu zeigen, dass ich beobachte, statt zu wachen, sondern damit sie meine Anwesenheit nicht als Bedrohung interpretiert. Langsam atme ich aus und leere die Lunge, versinke im Meer. Ebenso langsam hebt sie ihren Kopf und frisst das silbrige Küstengras. Als ich lautlos mit einer Welle wieder auftauche, sehe ich, dass sie ein Kalb säugt.

Seit Jahren faszinieren mich diese scheuen majestätischen Geschöpfe. Sie ziehen mich an, nur um sich in ihr Hinterland aus Erde, Blättern, knackenden Zweigen und Heidekraut zu flüchten. Ich bewundere ihre Standhaftigkeit. In diesem Jahr wurden überflüssige Tierbestände blutig bekämpft, ihre Anzahl brutal dezimiert – eine privat organisierte Treibjagd, um neu gepflanzte Bäume auf einigen wenigen Crofts und Höfen zu schützen. Von einer dreißigköpfigen Herde sind nur vier Hirschkühe übrig geblieben. Ich habe Glück, diese Überlebenden zu sehen. Doch nun sind sie besonders misstrauisch.

Früher war die Insel dicht mit Bäumen bewachsen, deren Dickicht die Hirsche schützte. Ich selbst habe mir mithilfe eines scharfen Messers meinen Weg hindurch gebahnt, um über die vergessenen oder verlorenen Pfade in eine andere Welt aus Mythen, Legenden und Volksüberlieferungen zu streifen. Alte Texte besingen das Geweih der hier vorkommenden Hirsche als ebenso kräftig gewunden und herrlich herangewachsen wie das der Elche. In frühesten Zeiten war das Wild der heilige Hüter der Insel, bewundert für seine schamanische Kraft. Ihr Geweih wuchs himmelwärts, krönte die Erde, die Hirsche waren Symbole spiritueller Macht. Doch als die Bäume gefällt wurden, um als Bauholz, Brennmaterial und Werkstoff zu dienen, verlor das Wild seinen Lebensraum. Mit dem Verlust der Tiere gingen wohl auch die ursprüngliche Weisheit und das alte Herz verloren.

Wenn das Wild in diesen Tagen zurück zur Insel schwimmt, kommt ihm die Rolle des Außenseiters zu. Die Tiere traben scheu, ängstlich. In meinem Herzen heiße ich sie willkommen. »Kommt«, flüstere ich. »Die alten Wege gibt es noch immer.«

In den Jahren, in denen ich ihnen auf ihren stillen Pfaden gefolgt bin, nach Hinweisen und Spuren ihrer versteckten und doch offenkundigen Anwesenheit gesucht habe, konnte ich sie im Sonnenaufgang sehen, wie sie flüchtig im Innern der Insel ästen, ins Dämmerlicht und wieder hinaus glitten, ganz offen grasten, getrieben von heftigem Hunger. Die seltenen Sichtungen dauern nur Minuten, denn die Tiere sind schreckhaft und ziehen sich schnell zurück; länger kann man sie nur still und bedacht aus weiter Ferne beobachten.

Manchmal zupfe ich ein Fellbüschel aus einem der Stacheldrahtzäune, mit den Fingern fahre ich über die rauen Haare. Sie sind struppig, dicht und störrisch, beige und torfschwarz wie eine Drahtbürste.

Es braucht Übung und Durchhaltevermögen, den Hirschen durch die Landschaft zu folgen. Ihre Klauen bestehen aus mehreren Teilen, doch der Abdruck zeigt nur zwei hübsche, sich gegenüberliegende Sichelmonde. Ihre Spuren sind größer als die ebenfalls gespaltenen Hufe der Schafe, von dunklen, dicken Kötteln übersät, die größer und härter als die anderer Wiederkäuer sind. Ich brauche eine Weile, um zu verstehen, was mit einem Mal offensichtlich scheint. Im Licht des Tages sind ihre heimlichen Aktivitäten für mich unsichtbar, doch nach Einbruch der Dunkelheit wird die Insel durch sanftes Rascheln, bebende Büsche und hastig blähende Atemzüge lebendig. Auf meinen nächtlichen Spaziergängen über die Insel schleiche ich mit gespitzten Ohren herum, die Augen hellwach, um ihre dunklen Umrisse zu erspähen. Nachdem ich gelernt habe, meine Augen an die Dunkelheit zu gewöhnen, bietet sich mir ein nächtliches Bild von verschiedenen, sich teilweise überlappenden Schatten, begleitet von dem Nachhall unregelmäßiger Geräusche.

Wenn man sich dem Lärm der modernen Welt entzieht, entdeckt man nicht nur eine neue Innenwelt, sondern auch all die wilderen Instinkte, die wir verloren haben. Sich auf sie einzustellen erfordert Zeit und Stille. Mit allen Sinnen wahrzunehmen ermöglicht uns, die Welt neu zu erfinden und zu erkunden. Diese Intuition schlummert in uns allen. Mit ihr in Verbindung zu treten lässt uns ein tieferes, freieres Selbst finden.

Nach einer Weile geht es mir in Fleisch und Blut über. Seine Körpersprache anzupassen erfordert Übung, doch man kann es lernen. Durch vorsichtiges Beobachten und Ausprobieren lässt sich das Verhalten der Tiere verstehen und vielen Spezies näherkommen. Jeden Tag mit Tieren zu arbeiten ist ein wunderbarer Weg, um durch eine andere Wahrnehmung unseren Blick und unser Bewusstsein zu füllen.

Ich hoffe, dass ich mich den Hirschen eines Tages nähern kann, um das Verhalten der Tiere zu studieren und dabei mitwirken zu können, einen Weg zu finden, der uns allen ein harmonisches Zusammenleben auf dieser Insel ermöglicht. In den alten Legenden war ein Hirsch, der einem über den Weg lief – sei es in Wirklichkeit oder im Traum –, ein göttlicher Bote. Eine Erscheinung, die das Mitgefühl in einem erwecken sollte. Der Hirsch steht für das Überwinden von Hindernissen mit friedlichen Mitteln, sich der

Erde und all ihren Elementen und Jahreszeiten zu stellen. Mit jeder Jahreswende feiere ich die Hirsche. Indem ich so nah an den rauen Elementen und der natürlichen Welt lebe, habe ich mich daran gewöhnt, diese alten Glaubenssätze, Riten und Rituale zu ehren. Es hilft mir dabei, meinen Blick zu weiten und offen für neue Wege zu bleiben, mich mit allem, was um uns herum und in uns selbst wild ist, intuitiv, körperlich und spirituell zu verbinden.

Mit der Fähre aus Oban kehre ich zurück zur Insel. Auf offener See ist das Meer frisch und lebendig. Über mir verdunkelt sich der Himmel, während sein sanfter Schein in den Wellen versinkt. Ich komme von meinem ersten Termin in der Adoptionsagentur zurück. Der Weg ist noch lang, doch es ist ein Anfang, und jede Reise beginnt mit dem ersten mutigen Schritt. Irgendwo dort draußen wartet eine Stimme darauf, meine zu finden. Ich atme die glitzernde, salzige Luft ein und denke, dass Veränderung neu, motivierend und belebend ist.

Die Möwen suchen wieder einen Platz. Sie kommen mit einer südöstlichen Brise und fliegen gegen den Wind, statt sich von ihm tragen zu lassen, also suchen sie eine reiche Futterstelle oder sicheren Unterschlupf. Sie erinnern mich daran, wie ich zum ersten Mal auf der Suche nach einem Zuhause über dieses unbekannte Gewässer auf die Insel kam. Ich weiß, wie weit ich seit jener schönen, verzweifelten Zeit gekommen bin – und dass ich jedem einzelnen strahlenden harten Jahr Dank schulde. Alles muss zusammenbrechen, damit man neu anfangen kann.

Die fröhlichen Rufe der Möwen, ihre verwehten Federn und die hellen Klänge, die sich in den sonnenerfüllten Fischernetzen verheddern, sind für mich ein Symbol dafür, wie großzügig uns allen gleichermaßen die Wildnis geschenkt wird. Und doch wandeln wir selbstvergessen durch die Welt, ohne auch nur einmal den Blick durch ihr offenes Fenster zu werfen. Wild zu leben lehrt uns, mit leisen Sohlen aufzutreten, zu horchen, nicht nur mit Augen und Ohren, sondern mit einem feineren Instinkt, der tiefer im Herzen vergraben liegt. Alles, was es braucht, um uns aus all unseren Verwicklungen zu befreien, die uns von dieser wunderbaren Erde trennen oder uns entwurzeln, ist, diesen animalischen Instinkt wiederzufinden. Am Ende ist irgendwo hinzugehören eine ganz simple Angelegenheit. Trotzdem sperren wir uns ein, unterwerfen unsere Intuition der Vernunft und plagen uns mit unseren Alltagssorgen herum, die beinahe jeden Aspekt unseres Lebens dominieren. Sich ein wenig Zeit zu nehmen, damit wir unser ursprüngliches inneres Selbst finden, den Teil von uns, der mit unserer Umgebung harmoniert, ist der erste Schritt in Richtung der Freiheit, die so vielen von uns fehlt, um unsere wildere Seele und Stimme zurückzuerobern.

Ich lausche den Möwen und stelle mir all die anderen Inseln vor, zu denen sie die salzige Luft noch tragen könnte, weit draußen, wo der Himmel auf das Meer trifft, und unendlich weiter jenseits davon. Wann immer ich sie nun höre, stelle ich mir nicht mehr vor, sie seien unglücklich, wie ich es früher tat. Es gab eine Zeit, in der ich mich danach sehnte, die Insel zu verlassen, doch unterschiedlichste Gründe hielten mich davon ab, bis das Gefühl verging. Während der Motor tuckert, wende ich mich den Klippen zu, den Stränden darunter und den winzigen unangetasteten Höhlen, die ich nun so gut kenne und liebe. Die weiten Wiesen der Insel, ihr hartes Felsengesicht, ihre Hügel und Täler haben sich in mein Herz eingebrannt, ihr salziger Wind und ihre heftigen Gezeiten in meinen Körper.

Heute werde ich, wo immer ich stehe, von der rhythmischen Stimme der Landschaft und der seufzenden See gewiegt, dem leckenden und tosenden Wasser, das sich mir öffnet und sich mir wieder entzieht. »Ich weiß nicht, was kommt, aber ich bin bereit«, murmle ich. Als die Möwen laut kreischen, über das glitzernde Wasser gleiten, um den Umriss der schützenden Insel zu erreichen, blicke ich hinauf in den wolkenlosen Himmel, und ihre freudigen rauen Schreie ziehen mich in ihren Bann. Ich hebe die Arme und rufe in den Wind. Meine Stimme verschmilzt mit ihren und schickt meinen eigenen wilden Schrei über die Wellen.

Ich kann nicht wissen, was die Zukunft für mich bereithält oder wer vielleicht einmal an meiner Seite gehen wird. An manchen Tagen frage ich mich, ob ich dazu bestimmt bin, für immer allein hierzubleiben, eine Insel in einem Meer der Einsamkeit, oder ob sich eines Tages eine kleine Hand nach meiner Hand ausstrecken wird, um sich an ihr festzuhalten. Wenn ich die Augen schließe, stelle ich mir vor, wie wir am Strand nach Muscheln suchen oder feuchte Eimer fürs Abendessen mit Herzmuscheln füllen oder sich unsere Arme heben, um den Möwen zuzuwinken. Manchmal höre ich neben meiner eigenen, tiefen Stimme eine höhere, die mit mir spricht, ihre eigenen bohrenden Fragen erklingen lässt, während wir zusammen all die Schönheit und Geheimnisse entdecken, die diese Insel für uns bereithält.

»Jede Insel wird von ihrem Meer gehalten«, flüstere ich leise in den Wind. »Und eines Tages wird deine herrliche Flut kommen, um mich zu finden.«

DANK

Beim Schreiben dieses Buches standen mir liebe Freunde zur Seite und ermutigten mich: Antoinette Wysocki mit der ersten Inspiration; Tree Sheriff durch ein frühes Gespräch, Eleanor Mills durch ihre unglaublich tolle Unterstützung und ihren frühen Einsatz für meine Arbeit. Ihre Liebe und ihr Rückhalt kamen zu einem wichtigen Zeitpunkt, und ohne sie hätte dieses Buch vielleicht nie das Licht der Welt erblickt.

Ein besonderer Dank gilt meiner Agentin Sarah Williams bei der Sophie Hicks Agency für ihren Fleiß, ihre Sorgfalt und ihre bemerkenswerte Art, mit der sie mich immer wieder zurück zur eigentlichen Geschichte geholt hat – so schaffte ich es, manchen Wahrheiten, denen ich nur schwer ins Auge blicken, geschweige denn sie anderen erzählen konnte, näher zu kommen. Ich danke meiner Verlegerin Susanna Wadeson für ihren unglaublichen Support, ihren Rat und ihre Expertise, meiner Lektorin Helena Gonda, der Lektorin Caroline North, der Publizistin Tabitha Pelly und dem gesamten Team bei Transworld. Das hier ist unser Buch – ich schätze mich mehr als glücklich, dass wir wie eine Familie zusammenarbeiten konnten und so ein schönes Zuhause für es gefunden haben.

Danke, lieber Rab – für diese harten, schönen Inseljahre und deine Großzügigkeit, für unser Wiedersehen und die Freundschaft, die beim gemeinsamen Lesen dieses Buches entstanden ist.

Mein Dank gilt auch der Community, sowohl für die guten als auch die schwierigen und kämpferischen Zeiten. Euer einzigartiger Einfluss hat maßgeblich dazu beigetragen, mich zu formen und meine Stimme zu finden. Dass ich diese Insel mein Zuhause nennen darf. Und weiß, dass Zugehörigkeit für jeden von uns etwas anderes bedeutet.

Meine Liebe und meine Dankbarkeit gelten Jane Garnett und den Frauen des My Heart is in the Highland Retreats, vor denen ich die erste Lesung hielt – eure Liebe, die Verbindung zu euch und eure Unterstützung bedeuten mir alles. Achara Tait und ihrer Familie und Georgina Martin für eure Freundschaft und dafür, dass euer Radar immer nach Westen ausgerichtet ist; und an Sarah Belfield dafür, dass sie mich ermutigt hat.

Und an meine anderen engen Konstellationen aus Liebe, Inspiration und Unterstützung. Besonderen Dank an Damian und Tassya und meine Familie, an Elena für dein schönes Herz und deine Weisheit und vor allem an David und Ginnie, Liz und Familie – einfach dafür, dass ihr da seid.

Das meiste hat mir die Natur um mich herum gegeben: das wilde Meer, die rauen Elemente, die mächtigen Berge, die Wildtiere und die wechselnden Jahreszeiten. Schöne Momente gaben mir die Stärke, wieder meinen Platz in der Welt zu finden: allein mit festem Stand zu stehen, Kraft und Mut aus dieser Quelle zu schöpfen, die Dämmerung kommen zu sehen und den willkommenen Rausch der Gezeiten.

Doch vor allem ist dieses Buch Cristall gewidmet, die meine Inspiration war. Und Maude, meiner geliebten Hündin, Freundin und Begleiterin, die immer an meiner Seite war.